藤井譲治 Joji Fujii

戦国乱世から太平の世へ

シリーズ日本近世史①

岩波新書
1522

はじめに

戦国時代から信長《のぶなが》・秀吉《ひでよし》・家康《いえやす》の時代を描くとき、「天下《てんか》」という語が使われることがとても多い。「天下」という語は、「天が下《あめした》」とも読まれ、一般的には漠然と広く日本を指し、また時に幕府や将軍によって作り上げられている政治秩序・体制の意で用いられることもある。一方、この時代の「天下」が、当時、地理的・空間的にどの地域を指す語として使われていたのかを史料に即して考えてみると、秀吉期までは日本全土を指すことは極めて少なく、京都あるいは京都を核とする畿内《きない》(上方《かみがた》)を指すことがほとんどである。こう書くと、多くの人は違和感を感じるだろう。

「天下」の語の意味について、信長期に関しては、高木傭太郎・神田千里・池上裕子氏が論じ、それぞれニュアンスの違いを含みつつも、信長期の「天下」は、空間的には主として京都あるいは畿内の意であるとした。

そこでここでは、信長の跡を受けた秀吉の時代の「天下」の意味するところを確認しておこう。天正一〇年(一五八二)本能寺《ほんのうじ》の変のあと秀吉が明智光秀《あけちみつひで》を破った山崎《やまざき》の戦い直後に出した書状に、光秀の重臣斎藤利三《としみつ》を生け捕りにし京都において車に乗せ引き回したうえで、首を刎《は》ね、それをさらしたことが書かれている。その原文は「蔵助《くらのすけ》(斎藤利三)ハ生捕ニ仕、なわ《(縄)》をかけ来候《きたりそうろう》条《じょう》、天下において、車ニ乗せわたして、首を切り、かけ申候」である。この出来事が京都でのことであるのは他の史料からも確認でき、ここでの「天下」は京都ということになる。

同じ年の一〇月、正親町《おおぎまち》天皇は、秀吉に綸旨《りんじ》を出す。この綸旨の本旨は、秀吉に昇殿を許可し少将に叙任する意向を伝えたものであるが、その理由を、本能寺の変で信長父子が明智光秀の逆意によって討ち果たされ、さらに誠仁《さねひと》親王の御所《ごしょ》である二条御所に光秀が乱入したことは前代未聞の狼藉《ろうぜき》であると非難したうえで、秀吉が「西国成敗《さいごくせいばい》」のために備中《びっちゅう》の城々を取り巻き「西戎《せいじゅう》」(毛利《もうり》氏)と対陣していたにもかかわらず、即刻馳せ上り、明智一類をことごとく「追《つい》伐《ばつ》」し、「天下太平《てんかたいへい》」を申し付けたのは「古今希有之武勇《ここんけうのぶゆう》」である、と述べている。ここでは天皇が西国での「西戎」(毛利氏)との対峙という状況を認識しつつ、「天下太平」が実現したというとき、「天下」は日本全土ではなく、「太平」となった京都を中心とする広く見ても畿内ということになる。

こうした理解を支えるのは、一五八三年度(天正一一)のイエズス会日本年報である。その記事のなかに「信長の死後、日本で生じた戦《いく》さと諸事の情況、ならびに天下、すなわち都に隣接する諸国からなる君主国の支配と政治を誰が手にしたかを記してある」とみえる。ここでは「天下」は、「日本」とは区別され、「都に隣接する諸国からなる君主国」とされる。さらに宣教師ルイス・フロイスが、翌一五八四年一月の書翰《しょかん》に、柴田《しばた》勝家《かついえ》が滅ぼされた記事に続けて秀吉が「天下ならびに多数の国の君主である」と記したように、「天下」は「多数の国」とは別の存在と認識されている。このように秀吉の段階になっても「天下」は空間的には、依然として日本全土ではなく、京都あるいは京都を核とする畿内の意で使用されている。

では、秀吉は、日本全土をどのように表現していたのであろうか。意外と素直に「日本」「日本六十余州」と表現する。「天下」をもって日本全土を表す例は極めて少ない。天正一一年五月、秀吉が柴田勝家滅亡の経緯を詳しく小早川隆景《こばやかわたかかげ》に報じた書状の最後に、「東国《とうごく》は氏政《うじまさ》(北条《ほうじょう》)、北国《ほっこく》は景勝《かげかつ》(上杉《うえすぎ》)まて、筑前《ちくぜん》(秀吉)覚悟に任せ候、毛利《もうり》右馬頭《うまのかみ》(輝元《てるもと》)殿秀吉存分次第に御覚悟なされ候へハ、日本の治、頼朝《よりとも》(源)以来これニハ争《いかで》か増すべく候哉」と、毛利氏に服属するよう求めているが、ここでは「東国」「北国」そして毛利氏の西国を含め「日本の治まり」と述べ「天下の治まり」とはいっていない。

また、天正一五年の島津《しまづ》攻めの直後、島津義久《よしひさ》に帰属を許した秀吉の直状《じきじょう》の冒頭には「日本六十余州の儀、改めて進止《しんじ》すべきの旨、仰せ出さるの条、残らず申し付け候」すなわち日本六十余州のことを天皇から命じられたので残らず申し付けたとある。天皇の命であったか否かはいま措くとして、ここでも「天下の儀」とは書かれていない。

天正一八年の小田原攻め、それに次ぐ奥羽《おうう》仕置《しおき》の最中に秀吉が出した五か条の仕置令の冒頭にも「日本六十余州にこれある百姓、刀・脇指《わきざし》・弓・鑓《やり》・鉄砲一切武具類持ち候事御停止ニ付て、悉《ことごと》く召し上げられ候、然者《しかれば》今度出羽《でわ》・奥州《おうしゅう》両国の儀同前ニ仰せ付けられ候」と、ここでも「天下」ではなく「日本六十余州」といっている。

それでは、私達が普通使用している日本全土、全国を意味する「天下」は、いつごろから使われるようになるのだろうか。信長の時代も秀吉の時代にも祈禱などにおいて使われる「天下太平」「天下安全」などの「天下」は日本全土とも解されるが、それが日本全土を指すものと確定することはなかなか難しい。

数少ない例ではあるが日本全土を意味する事例をあげると、天正一六年八月、薩摩《さつま》の島津義久が琉球中山王《りゅうきゅうちゅうざんおう》に宛てた書状で「京都 弥《いよいよ》静謐《せいひつ》故、東西一国残らず、御下知に偃《ふ》す、天下一統御威晃、更に禿筆《とくひつ》に覃《およ》ばず」と述べたときの「天下」は日本全土を指す語として使用されている。この「天下一統」の語は信長の末期にもみられる。天正一〇年五月、以前能登《のと》を本拠としていた長景連《ちょうかげつら》の書状に「天下一統之御代、其上越中さえ未だ落着せざる処」とみえるが、「越中」さえ未だ落着していないとしていることを踏まえると、「天下一統之御代」の「天下」は、なお日本全土の意ではなく、京都あるいは畿内の意と解釈せざるを得ないだろう。

天正一七年、小田原攻めの直前に秀吉が北条氏直《うじなお》を糾弾した朱印状《しゅいんじょう》に「所詮、普天下、勅命に逆らうの輩、早く誅伐を加えざるべからず」とあるが、ここでの「普天下」は「普《あまね》く天が下」の意で「普く」を付けることで日本全土を指す語として使われているといってよいだろう。また、翌年四月、小田原城を取り囲むなかで、秀吉が正妻おねに書き送った自筆消息で「わかき《(若君)》ミこい《(恋)》しく候へとも、ゆく〳〵《(行々)》のため、又ハてんか《(天下)》おたやか《(穏)》に申《もうし》つく《(付)》可《べく》候と存候へ者、こい《(恋)》しき事もおもいきり候まゝ、心やす《(安)》く候へく候」と記したときの「天下」は、日本全土と解しえるが、「てんかおたやか」が「天下静謐《せいひつ》」と同意であること、さらに秀吉政権前半には「天下静謐」の「天下」は京都ないし京都を中心とした畿内を意味していたことを踏まえるならば、ここも同様の脈絡で読むこともでき、日本全土としきれない。

一方時代が下って、一六〇三年にイエズス会宣教師によって編纂された『日葡《にっぽ》辞書』では「天下」は、「Tenca. テンカ(天下) Amega xita. アメガシタ(天が下) 君主の権または国家」とのみ記され、最早そこには「都に隣接する諸国からなる君主国」の意は姿を消している。

公家の山科言緒の日記、慶長二〇年(一六一五)閏六月二一日条に、将軍秀忠の参内についての記事があり、そのなかに「天下諸大名御供」とみえる。この「天下」は全体の文意からして日本全土の意で使われている。また細川忠利《ほそかわただとし》は、同年閏六月の一国一城令《いっこくいちじょうれい》による城割りを「天下の事ニ候間」と家臣に報じ、さらに元和《げんな》九年(一六二三)家光《いえみつ》が将軍となった直後に三河吉田《みかわよしだ》藩主松平忠利《まつだいらただとし》がその日記に「天下、将軍様(家光)へ御渡し」と秀忠から家光へ「天下」が渡されたことを記し、秋田藩佐竹《さたけ》氏の家臣梅津政景《うめづまさかげ》が、江戸城で「天下御仕置」を家光にまかすとの申渡しのあったことを書き留めている。これらの「天下」は、もはや京都や畿内の意ではなく、日本全土が念頭におかれている。

このように、日本全土を意味する語としての「天下」は秀吉の後半ころから除々に使われ始め、江戸時代初期には、日本全土を意味するものとなり、京都あるいは畿内の意で用いられることはなくなる。

本書は、こうした「天下」の意の変遷が、時代のどのような変化に対応したものなのかを考えつつ、足利義昭《あしかがよしあき》が織田信長に奉じられて入京した永禄《えいろく》一一年(一五六八)の少し前から、江戸幕府三代将軍徳川家光が死去する慶安《けいあん》四年(一六五一)四月までのおよそ一〇〇年を対象として、その時代像を「戦国乱世《らんせ》から太平《たいへい》の世へ」という流れのなかで描くことにする。

目　次

第一章　戦国乱世

1　信長入京前夜

永禄《えいろく》一一年(一五六八)九月、織田信長《おだのぶなが》が、足利義昭《あしかがよしあき》を奉じて入京する。これ以降の歴史の展開、殊《こと》に日本の近世社会の成立を見通そうとするとき、この出来事が極めて大きな画期であったことを認めぬ人はいないだろう。

しかし、このことの歴史的位置あるいは意味が、当時の人々にとって自明のことであったわけではない。まず入京前の信長について、ついで信長入京前夜の京都を中心とした畿内《きない》近国、そして遠国《おんごく》がどのような状況にあったかをみ、入京以前の信長を位置づけておこう。

尾張・美濃統一

織田信長は、尾張《おわり》下四郡の守護代《しゅごだい》織田大和守《やまとのかみ》の老臣三奉行《ぶぎょう》の一人、織田信秀《のぶひで》の嫡男として天文《てんぶん》三年(一五三四)に生まれる。信秀が死去した天文二〇年三月、信長は家督を継ぐが、この後も家督をめぐる抗争の日々が続く。そうしたなか信長は、弘治《こうじ》元年(一五五五)四月、那古野《なごや》より清洲《きよす》に本拠を移す。

永禄二年(一五五九)二月、信長は初めて上洛し、将軍足利義輝《よしてる》に謁見する。この時の上洛は、尾張統一にむけての布石であったと思われる。尾張に戻った信長は、翌三月、尾張の北四郡を押さえ美濃《みの》の斎藤義竜《さいとうよしたつ》と結んだ一族の織田信賢《のぶかた》を攻め落とし、尾張統一を成し遂げる。

翌永禄三年五月、西進してきた今川義元《いまがわよしもと》を尾張桶狭間《おけはざま》に奇襲しその首級《しゅきゅう》をあげる。この戦いでの勝利は東からの脅威を和らげ、また後に同盟関係に入る徳川家康《とくがわいえやす》が今川氏の人質から解放され三河岡崎《みかわおかざき》に帰る契機となる。そして翌四年春には織田・徳川は同盟関係に入る。信長は東の防衛線を確保し、家康は今川氏から独立する条件を手にする。

いっぽう、同年五月、美濃の斎藤義竜が病死し、子の竜興《たつおき》が跡を継ぐ。これを好機とみた信長は、西美濃に侵攻するが、竜興の反攻にあい、美濃攻略を果たせない。

永禄六年、信長は小牧山《こまきやま》に本拠を移し、ついで甲斐《かい》の武田信玄《たけだしんげん》を牽制するため越後《えちご》の上杉輝虎《うえすぎてるとら》(謙信《けんしん》)と使者を行き来させ、他方で武田信玄とはその娘と嫡男信忠《のぶただ》の婚姻を約束するなど、美濃攻略の布石を一つ一つ置いていく。

信長の美濃攻めは、永禄一〇年八月、竜興の老臣三人の内通を機に、斎藤氏の居城稲葉山《いなばやま》城を攻め落とし、ようやく完了する。この直後、信長は、斎藤氏の城下井ノ口《いのくち》を岐阜《ぎふ》と改め、本拠をここに移す。これと機を一にして「天下布武《てんかふぶ》」の印章を使い始める(図1-1)。「天下布武」は、「天下に武を布《し》く」の意である。「天下布武」の印章使用は、従来、信長の天下統一への強烈な意志が込められたと位置づけられてきたが、当時の「天下」が、「はじめに」で述べたように、京都を核とする畿内の意であることを踏まえると、「天下布武」は、信長が京都を核とした畿内を武をもって制圧する意図を込めたものとなる。

図1-1　織田信長の花押(上)と天下布武の印章(下)

入京前夜の畿内・近国

阿波《あわ》・讃岐《さぬき》・淡路《あわじ》・播磨《はりま》・摂津《せっつ》・丹波《たんば》・大和《やまと》までその勢力を広げた三好長慶《みよしながよし》が、永禄七年(一五六四)に死去する。長慶の死後、その後を継いだ三好義継《よしつぐ》、三好長《なが》逸《ゆき》ら三好一門、重臣の松永久秀《まつながひさひで》の三者のあいだに緊張が高まっていく。こうしたなか、永禄八年五月一九日、久秀の子久通等が、一万の軍勢で将軍御所を取り巻き攻めたてる。多くの奉公衆が討ち死にするなか将軍足利義輝も自刃し果てる。

義輝死去後の三好政権は、三好義継、三好長逸・三好政康《まさやす》・石成友通《いわなりともみち》のいわゆる三好三人衆、松永久秀の三者が離合しながら相争い、深刻な内部分裂に陥る。こうしたなか、三好三人衆は、義輝の従兄弟で阿波にいた足利義栄《よしひで》の擁立を計る。阿波から摂津越水《こしみず》そして富田《とんだ》に入った義栄は、永禄一一年二月将軍宣下《せんげ》を受け室町幕府一四代将軍となるが(図1-2)、入京することなく、信長が入京した同年九月に摂津富田で死去する。

信長入京前夜の畿内近国のうち山城《やましろ》・摂津・河内《かわち》・和泉《いずみ》は不安定ながらも三好三人衆の勢力下にあり、ただ摂津では本願寺《ほんがんじ》が石山《いしやま》(大坂)に居を構えた。播磨では別所《べっしょ》氏が三好三人衆方につく。大和は多聞山《たもんやま》城によった久秀が押さえ、紀伊《きい》には根来《ねごろ》寺の僧兵がおり、丹波は旧国人層が三好氏に叛旗を翻し、丹後《たんご》でも反三好勢力が勢いを増す。近江《おうみ》南部は観音寺《かんのんじ》城を居城とする六角義賢《ろっかくよしかた》(承禎《じょうてい》)・義治《よしはる》父子の、湖北は小谷《おだに》城を居城とする浅井《あざい》氏の勢力下にあった(図1-3、4)。

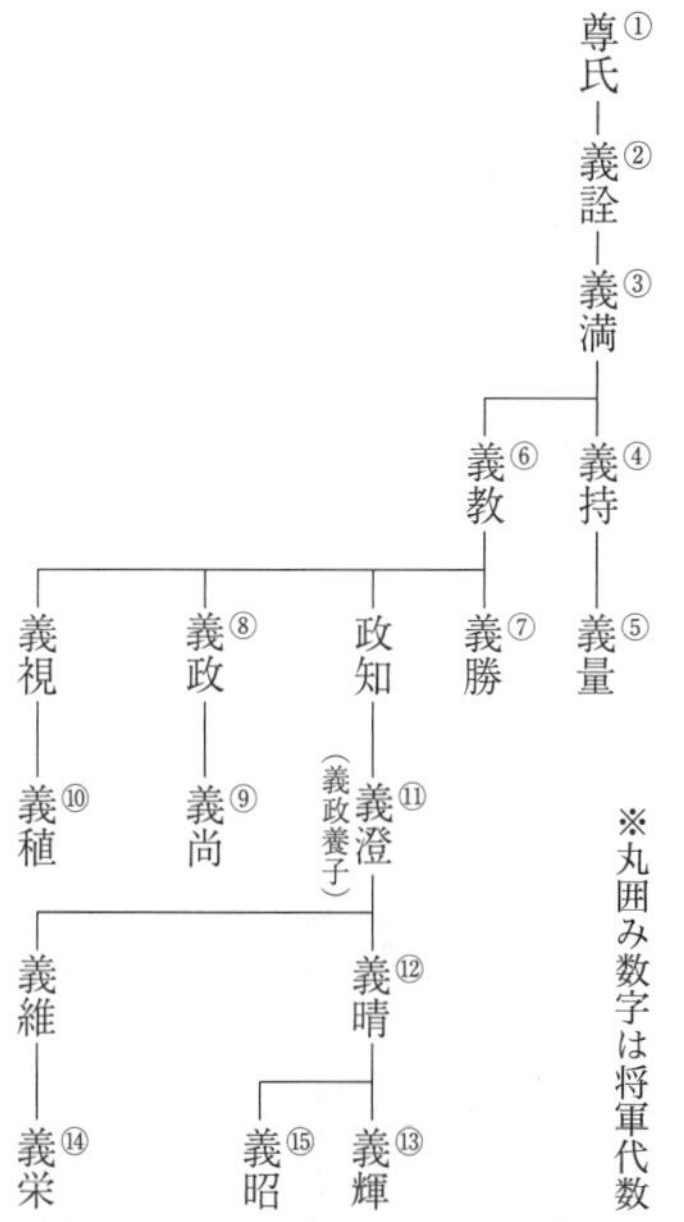

図1-2　足利氏略系図

遠国では

北陸では、若狭《わかさ》は守護武田氏の、越前《えちぜん》は一乗《いちじょう》谷《だに》に居を置いた朝倉《あさくら》氏の、加賀《かが》は一向一揆《いっこういっき》の勢力下にある。越中《えっちゅう》では神保長職《じんぼうながもと》が有力であったが、上杉謙信の勢力が浸透し始める。越《えち》後《ご》は、ほぼ上杉氏の勢力下にあるが、北越後は武田信玄と結んだ本《ほん》庄繁長《じょうしげなが》が上杉氏に背いたことで不安定となる。

美濃・尾張は信長の、三河は家康の領国であり、北伊勢《いせ》は永禄一〇年信長によって攻略される。伊賀《いが》は惣国《そうこく》一揆が握り、遠江《とおとうみ》・駿河《するが》は桶狭間の戦い後も今川氏の領国である。相模《さがみ》・伊豆《いず》は小田原《おだわら》北条《ほうじょう》氏の領国である。北条氏は、武蔵《むさし》・下総《しもうさ》・下野《しもつけ》・常陸《ひたち》へ勢力を拡大するが、なお領国とはいえず、国人《こくじん》領主たちがとりあえず北条方に付いた状況といってよい。上野《こうずけ》・武蔵・下総・下野・常陸では大きな影響力をもった越後上杉氏の力が減退し、安房《あわ》は里《さと》見《み》氏が押さえ、上総《かずさ》で北条氏に対抗している。甲斐を拠点に信濃《しなの》をほぼ勢力下においた武田信玄は武田・今川・北条の三国同盟から離脱、ついで西上野へ侵攻する。常陸は上杉氏と連携した佐竹《さたけ》氏が押さえ、南陸奥《むつ》への勢力伸長を計っている。

陸奥は会津《あいづ》の蘆名《あしな》氏、米沢《よねざわ》(米沢は近世前期までは陸奥)の伊達《だて》氏の両雄があり、陸奥北部・東部に南部《なんぶ》・九《くの》戸《へ》・葛西《かさい》・大崎《おおさき》・相《そう》

拠を移す頃までの信長は弘治元年(1555)に尾張小牧山へ，そして同江安土へと変遷する

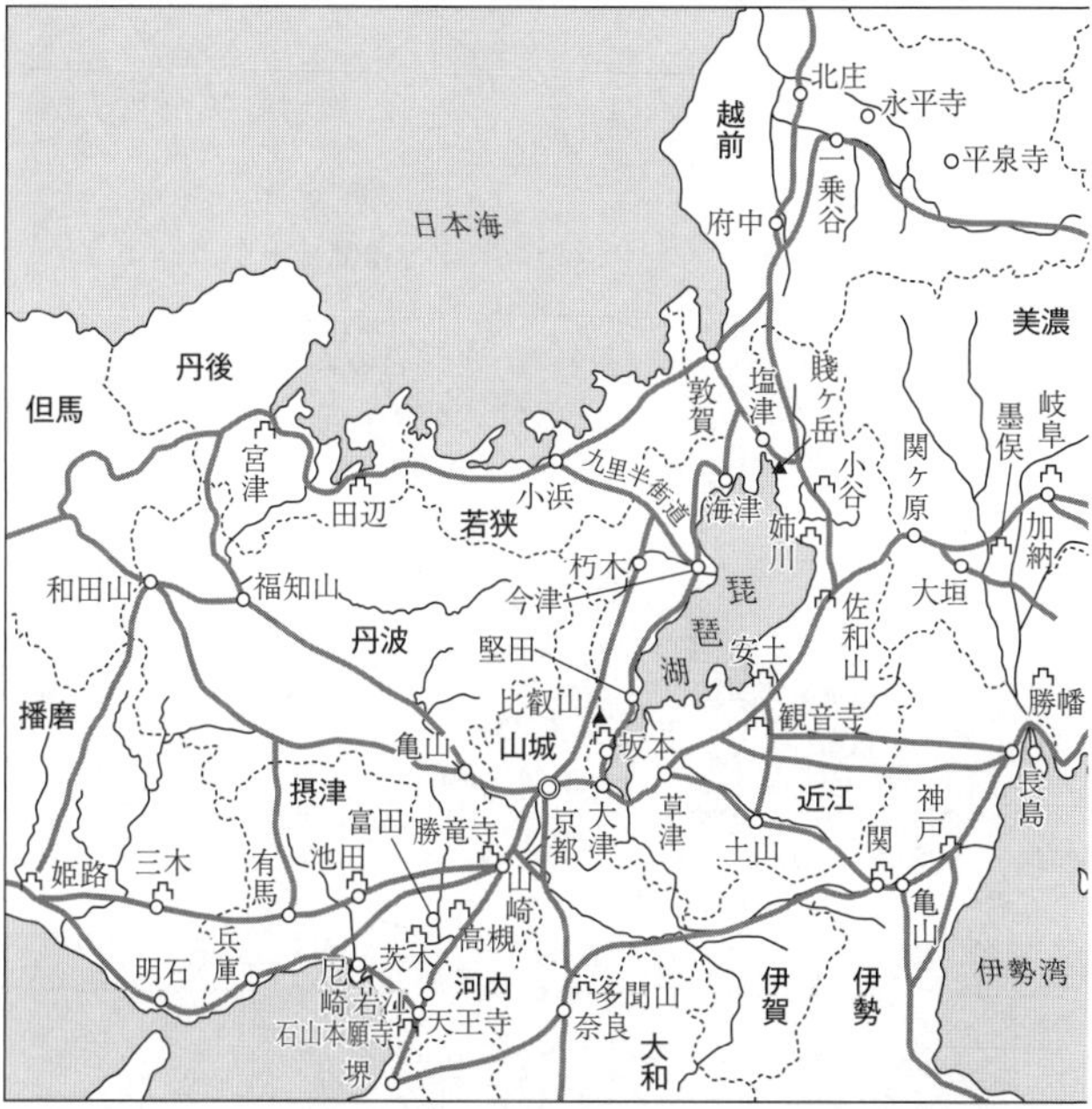

図1-3　信長期の畿内近国図
永禄3年(1560)頃から天正4年(1576)に安土へ本
に関わる地名や城郭などを主に示す．信長の居城
張那古野より同国清洲へ，永禄6年(1563)に尾
10年(1567)に美濃岐阜へ，さらに天正4年に近

馬《ま》・岩城《いわき》など有力国人がおり、伊達氏と相馬氏は抗争を続け、岩城氏は伊達氏に付くなど伊達氏を中心に離合集散している。出羽《でわ》では最上《もがみ》・秋田・戸沢・小《お》野寺《のでら》氏等が割拠した。

　西国では、東備前《びぜん》と東美作《みまさか》は浦上《うらがみ》氏の、西備前と西美作は浦上氏に属した宇喜多《うきた》氏の、但馬《たじま》は山名《やまな》祐豊《すけとよ》の勢力下にある。安芸《あき》を拠点とする毛利《もうり》氏は、早く

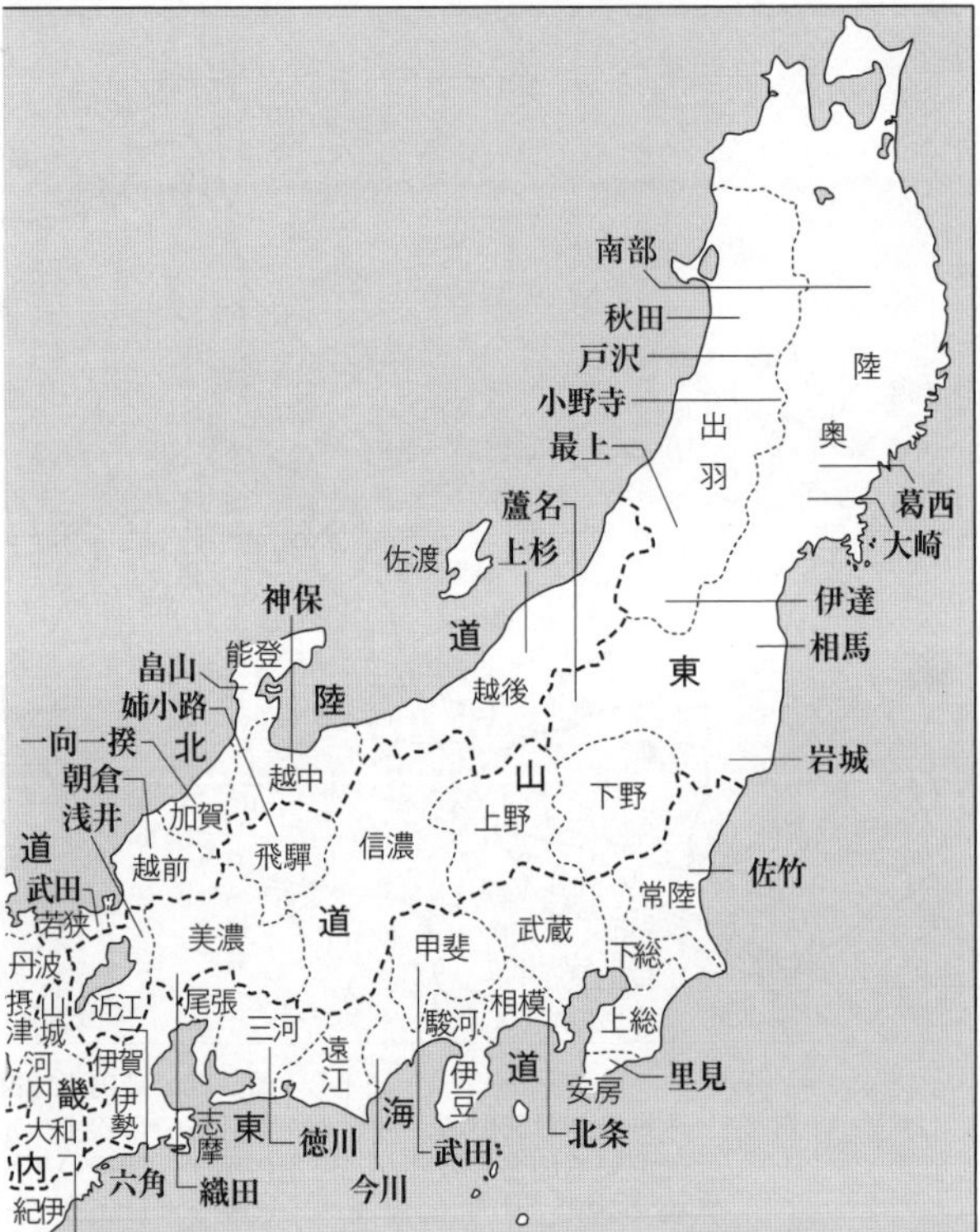
南部
秋田
戸沢
小野寺
最上
陸
奥
出
羽
葛西
大崎
蘆名
上杉
佐渡
伊達
相馬
神保
道
能登
畠山
姉小路
陸
越後
東
一向一揆
北
越中
山
岩城
朝倉
浅井
加賀
上野
下野
道
越前
飛騨
信濃
武田
若狭
常陸
佐竹
道
美濃
甲斐
武蔵
丹波
下総
摂津
山城
近江
尾張
三河
相模
上総
河内
伊賀
遠江
駿河
伊豆
道
里見
畿
伊勢
海
安房
大和
志摩
東
徳川
武田
北条
内
六角
織田
今川
紀伊
松永

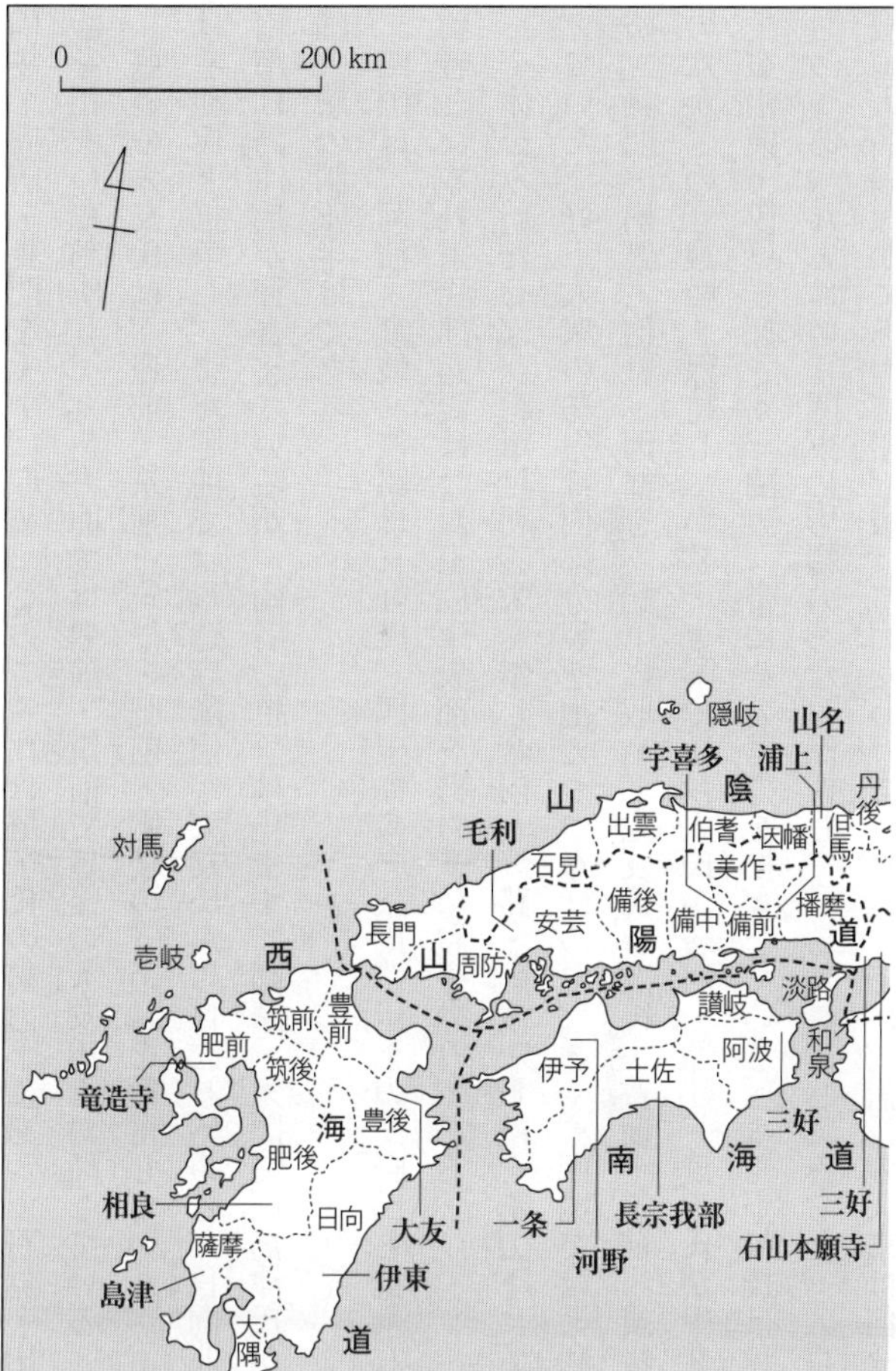

図 1-4　信長入京前夜の戦国大名配置図

備後《びんご》・周防《すおう》・長門《ながと》を手中に収め、このころには尼子《あまご》氏の勢力下にあった石見《いわみ》・出雲《いずも》・伯耆《ほうき》・因幡《いなば》を相次いで制圧し、九州方面では豊前《ぶぜん》・筑前《ちくぜん》で豊後《ぶんご》の大友《おおとも》氏と対峙している。

豊後の大友氏は、豊前・筑前・筑後《ちくご》・肥前《ひぜん》・肥後《ひご》の守護職を獲得していたが、豊前・筑前では毛利氏と抗争し、また肥前では竜造寺隆信《りゅうぞうじたかのぶ》が大友氏から自立し始める。日向《ひゅうが》北部は伊東《いとう》氏が、南部は島津《しまづ》氏が押さえているが、両者の抗争は止まず、薩摩《さつま》・大隅《おおすみ》では島津氏が同国内の有力国人層の制圧半ばである。

四国は、阿波・讃岐・淡路は三好氏、西土佐《とさ》の一条氏が伊予《いよ》の河野《こうの》氏と抗争し、後に四国の覇者となる長宗我部《ちょうそかべ》元親《もとちか》はなお土佐中央部を勢力下に置くのみである。

全体をみわたせば、将軍足利義栄を奉じ畿内と淡路・阿波・讃岐を勢力下に置き京都を押さえていた三好三人衆の勢力は内部分裂を抱えつつも極めて大きく、西国では毛利氏が安芸・周防・長門・出雲・伯耆・因幡を支配下に収め、大友氏が豊後・豊前・筑前・筑後・肥前・肥後の六か国の守護職を保持している。東国では今川氏が駿河・遠江、武田氏が甲斐・信濃、北条氏が相模・伊豆を押さえ、関東一帯にその勢力を拡大している。また上杉氏は越後を領し減退しつつあったとはいえ関東に影響力をなお保持している。こうしてみると、入京直前の信長が、戦国大名のなかにあってずば抜けていたわけではない。では、信長の入京は何故に可能であり、どのような意味を持つものだったのか。

飢餓と濫妨・狼藉

戦国の戦が「領土拡張戦争」であっただけでなく「食うための戦争」であったことを活写したのは藤木久志氏である。氏の仕事によりながらみていこう。なお、この時代の「濫妨《らんぼう》」は現在の乱暴とは意を異にし、キリシタン宣教師が作成した『日葡《にっぽ》辞書』に「Ranbō. ランバゥ(乱妨・濫妨)　略奪すること、あるいは強奪すること」とあるように「略奪」を意味し、それは家財・米穀に限らず生身の男女子供にも及んだ。これに対し「狼《ろう》藉《ぜき》」が現在の乱暴とほぼ重なる。

島津氏の戦場での戦果を記した天文一五年(一五四六)の日記には「五十余人討取り候、男女・牛馬、数知れず取り候」とみえる。そこには戦いで討ち取った人数だけでなく、生け捕った多数の男女・牛馬が戦果としてあげられている。同じ天文一五年、甲斐の年代記には「世間ことごとく餓《が》死《し》致し候て、言説に及ばず……男女生け取りになされ候て、ことごとく甲州へ引っ越し申し候、さるほどに、二貫・三貫・五貫・拾貫にても、親類ある人は承《う》け申し候」と、世間が餓死するなかで、戦争によって男女の生け捕りがなされ、生け捕られた人が親類の手によって銭で請け戻されたとされる。こうした事例は特異なものでなく、九州でも、駿河や遠江でも、越後・信濃・甲斐でも、奥羽でも確認することができる。戦場で生け捕られた人たちは、戦勝者の国へ連れ帰られ召し使われるものもあったが、多くは売り払われ、また銭をもって取り戻される。この生け捕りは、少しずつ様相を変えつつも大坂夏の陣までみられる。醍醐寺《だいごじ》の座主《ざす》の日記、慶長《けいちょう》二〇年(一六一五)五月一〇日条に「将軍(家康)昨日伏見《ふしみ》城へ御入云々、女《おんな》・童《わらべ》共取《とり》て陣衆《じんしゅう》帰る、浅間敷《あさましき》」とみえる。

生け捕り以外にも、戦場と化した地域では、町や村を焼く放火、田畑の作物を荒らす苅田《かりた》、人や物を奪う乱取《らんどり》が、当然のごとく行われた。

越後の上杉謙信は、永禄三年以降一〇回以上関東に兵を出す。季節は大半が秋から春・夏にかけてであり、目的は雑兵たちの領国での冬場の飢餓を避け戦場で食いつなぎまた乱取で稼ぐことにあった。戦場で生け捕った男女の売買もこうした流れのなかにある。同様の様相は各地にみられるが、特に永禄初年から続いた凶作・疫病《えきびょう》・飢饉《ききん》でそれが増幅される。

このように戦乱だけでなくこの濫妨・狼藉と飢餓も「戦国乱世《らんせ》」の実像であり、「太平《たいへい》の世」には、戦乱の終息とともに、飢餓そして濫妨・狼藉からの脱出・解放が希求された。こうした戦場における生け捕りを含めた濫妨・狼藉は、領土拡張戦が主要な戦いとなっていくなか、「味方の地」と禁制を得たところでは禁止されていくが、「敵地」では当然のこととして続く。

2　一五代将軍足利義昭

義昭を奉じて

一五代将軍となる足利義昭は(図1-5)、一三代将軍義輝の弟で奈良興福寺《こうふくじ》一乗院《いちじょういん》に入り覚慶《かくけい》と称していた(図1-2参照)。義輝自刃直後は松永久秀の監視下にあったが、永禄八年(一五六五)七月奈良を脱出、近江に逃れ、ついで若狭武田氏さらに越前朝倉氏を頼り一乗谷に移る。この間諸大名に幕府《ばくふ》再興を訴えそれへの協力を求める。こうして義昭を核に天下の情勢は大きく動き始める。

義昭は、朝倉義景《よしかげ》に出兵を求めるが義景はこれに応じず、また上杉・武田・北条の「三和」を勧め、謙信に出兵を求めるが、謙信は越後国内の状況から動くことができず、義昭の思いは届かない。そこに信長から誘いがあり、義昭はこれに応え岐阜へと移る。義昭にとっては幕府再興への第一歩であり、信長にとっては入京の一つの名分《めいぶん》を手にしたことになる。

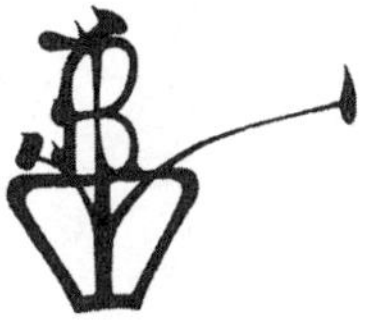

図1-5　足利義昭の花押

さらに信長の美濃統一を聞いた正親町《おおぎまち》天皇は、信長に綸旨《りんじ》と女房奉書《にょうぼうほうしょ》とを送り、美濃攻略の成就を祝し、信長を「古今無双之名将《ここんむそうのめいしょう》」と褒めちぎったあと、尾張・美濃の御料所《ごりょうしょ》(朝廷の領地)に加え「目録」にあげられた御料所の回復を命じ、また誠仁《さねひと》親王の元服費用の拠出を求める。これに信長はすぐには応えないが、信長にとってこの綸旨は天下掌握へと踏み出すためのもう一つの名分となる。

永禄一一年九月七日、信長は岐阜を発し、近江観音寺城の六角氏を攻め、それを落とすと、二二日に義昭を近江桑実寺《くわのみでら》に迎え、二六日、義昭とともに入京する。

信長の侵攻が京都に伝わると、京都を押さえていた三好三人衆の一人石成友通が坂本まで兵を出す。このころまで京都の公家《くげ》達にとって三好三人衆は「味方」であり、信長は「敵」であった。ところが、観音寺城が落ちた一四日に京中が「大騒動」となるなか、天皇は信長にこの日、京都での「乱逆」防止と禁裏《きんり》の警固を求める綸旨を発す。この出来事をきっかけに朝廷にとって信長は「敵」から「味方」へと変わりだす。

入京した義昭は、信長とともに桂川を越え、三好三人衆を攻撃、山城勝竜寺《しょうりゅうじ》城の石成友通、摂津芥川《あくたがわ》城の三好長逸らを追い、芥川城に入る。そこに天皇から「めでたきとの」勅使が来て、義昭へは太刀を、信長へは一〇合一〇荷(酒肴《しゅこう》)を贈る。これによって義昭は朝廷を守護するものとされ、また義昭への太刀、信長への一〇合一〇荷の下賜《かし》は、義昭を信長の上位とすることを意味した。

一〇月一四日京都に凱旋した義昭は、六条本圀寺《ろくじょうほんこくじ》に入り、一八日に征夷大将軍《せいいたいしょうぐん》に任じられる。将軍となった義昭は、恩賞として信長に副将軍でも幕府の最重職である管領《かんれい》でも望み次第と持ちかけるが、信長はそれを固辞し、堺《さかい》・草津《くさつ》・大津《おおつ》に代官《だいかん》を置くことを求め、早々に岐阜へ帰る。

義昭と信長

義昭を奉じて入京した信長の位置は、形の上では、義晴《よしはる》を将軍として戴いた六角定頼《さだより》、義輝を戴いた三好長慶、義栄を戴いた三好三人衆と変わるところはない。実質的には信長の力がなければ成り立たないものの、形のうえではこれまで同様、室町《むろまち》幕府が再興され、その頂点に義昭が座ったのである。

こうした関係を、将軍義昭の意を奉じて出される奉行人奉書と信長が出す朱印状《しゅいんじょう》からみてみよう。入京間もない永禄一一年一〇月九日、将軍宣下の前であるが、義昭は従来の室町幕府奉行人奉書と同形式で、仁和寺《にんなじ》領および境内の領地を安堵《あんど》する奉行人奉書を出している。これと同時に信長も朱印状を出すが、そこには「御下知《げち》の旨にまかせられ」すなわち義昭の下知を前提に領地を安堵する旨が記されている。つまりここには、義昭が信長の上位にあることが示されている。こうした形は義昭が将軍となって以降も続く。ただ注意しなければならないのは、領地安堵などの案件であっても義昭が関わらず信長が単独で執行する例もまた多くみられる点である。

同様のことは、大名《だいみょう》への対応にもみえる。一例をあげると、永禄一二年二月、義昭は越後の上杉輝虎(謙信)に「越甲」の「和与《わよ》」すなわち甲斐の武田氏との和睦を命じる御内書《ごないしょ》を出すが、そこには信長に相談するようにとあり、また同時に信長は上杉輝虎の重臣直江景綱《なおえかげつな》に「越甲御間和与」についての御内書が出ているのでそれに従うよう求めている。この義昭の御内書の形式は、殿書が「とのへ」など薄礼であるのに対し、信長の書状は、宛名は輝虎本人でなく重臣の直江景綱に宛られ、輝虎に対して厚礼である。このように義昭と信長の立場は、実力はともかく形の上では義昭が上、信長が下であった。

縛られる義昭

永禄一二年正月五日、息を吹き返した三好三人衆は、信長京不在の間隙をついて義昭の居所六条本圀寺を攻める。この報を岐阜で聞いた信長は、わずか数騎を従え急遽上洛するが、信長が京に着いたときには、三好三人衆は撃退されていた。

上洛した信長は、「殿中御掟《でんちゅうおんおきて》」九か条と「追加」七か条を定め、義昭の行動を縛る。「殿中御掟」は、幕府殿中での規範を定めたもので、日常召し仕う者・公家衆・惣番《そうばん》衆の出仕・祗候《しこう》の仕方、公事《くじ》訴訟(裁判)の手順等が定められ、「追加」には、寺社本所《ほんじょ》領の押領《おうりょう》禁止、喧嘩《けんか》・口論《こうろん》の停止《ちょうじ》、将軍への直訴禁止、訴訟の奉行人経由などが盛り込まれた。

義昭の行動を統制・抑圧するいっぽう、信長は、もと義輝の古城であり当時は真如堂の寺地であった地に義昭の居所となる二条城を築く。二月に石垣普請《ふしん》が始まり、四月には義昭は完成した二条城に移る。ついで信長は、二条城に続いて禁裏の普請を行う。岐阜に帰った信長は、八月、伊勢国司《こくし》北畠具教《きたばたけとものり》を攻め、北畠の家督に信長の二男信雄《のぶお》をつける。ここに伊勢は信長の領国に組み入れられる。

一方、義昭は毛利元就《もとなり》と大友宗麟《そうりん》、上杉謙信と武田信玄との講和を勧めるなど、独自の動きをみせる。こうした義昭の動きに対し信長は、永禄一三年正月、義昭に五か条の「条々」を突き付ける。そこでは、義昭の政治工作を制限するため義昭が遣わす御内書には信長の書状を添えることが求められ、また天下のことは信長に任された以上信長の専権事項であると宣言され、義昭は禁中のことを油断なく勤めるよう求められる。しかし義昭は、その後もこの条々を反故にする行動をしばしばみせる。

五か条の条々を義昭に呑ませた信長は、五畿内・紀伊・近江、西は播磨・備前・丹波・丹後・但馬・因幡、東は美濃・飛騨《ひだ》・伊勢・三河・遠江・甲斐、北は若狭・能登《のと》・越中の諸将に、禁裏の修理、将軍の御用、そのほか天下静謐《せいひつ》を進めるため近く上洛するので、それぞれ遅滞なく上洛し、将軍に挨拶するよう求める書状を送る。ここでの「天下」も日本全土ではなく京都を核とする畿内の意とするほうが素直に理解できよう。

諸将を上洛させ、将軍に挨拶させることは、将軍義昭の自尊心を満足させるとともに、信長の実力を認めさせ、また朝廷・公家・寺社そして民衆にその力を見せつける効果を持った。さらに拒否するものは領域の平和を乱すものとして討伐する名目ができる。

信長の撰銭令

永禄一二年三月、京都では銭による売買が忌避され、米によらねば物が買えなくなる。信長が二月末から三月半ばにかけて相次いで出した撰銭令《えりぜにれい》が原因であった。撰銭令は、市場に流通するさまざまな質の悪い銭を一定の基準を設け選別を命じる法令であるが、信長以前にも室町幕府から繰り返し出された。しかし室町時代には流通に多少の支障が生じたものの、それほど深刻化しなかった。ところが信長の出した撰銭令は、これまで幕府の出した撰銭令と大きく異なっていた。従来の撰銭令が比較的高額の銭一〇〇文程度を念頭に出され、「ころ・焼銭《やけせん》・宣徳《せんとく》」等の悪銭を撰ることを認めたのに対し、信長の撰銭令は、銭一枚の取引を念頭に、従来の撰銭令が排除してきた「ころ・焼銭・宣徳」などの悪銭をも二倍、五倍、一〇倍の打歩《うちぶ》を付して通用させるよう命じる。

この悪銭使用強制に京都の商人たちは、銭での取引を拒み、米での取引を求める。これに対し信長は、糸・薬・緞子《どんす》など高額商品の金銀による取引を認めるなど緩和措置をとりつつも、米での取引を禁じ、改めて銭での取引を命じる。

この銭使用をめぐる混乱は、信長に従って入京してきた武士や雑兵たちが銭を路銭・雑用の費用として携え、それを京で使用しようとし、かつかれらが京に持ち込んだ銭が悪銭であったことで生じた。さらに義昭のための二条城とそれに続く禁裏普請のため、数万におよぶ人数が一機に入京したことで京都の市場規模が爆発的に拡大し、それが混乱に拍車をかけた。

キリシタン禁令の周辺

キリスト教は、天文一八(一五四九)年、鹿児島に上陸したフランシスコ・ザビエルによって日本に伝えられ、九州そして西国で多くの信者を得、かなりの広がりをみせる。ザビエルは、布教の許可を求め上洛するが、天皇に会うことができず、京都を去る。その後も布教許可工作が続けられるがうまくいかない。しかし永禄三年(一五六〇)ガスパル・ヴィレラが将軍義輝に謁見し、布教の許可を獲得、さらに当時京都を押さえていた三好長慶からも布教の許しを得、京都での布教が本格的に開始される。

だが、永禄七年に三好長慶が没し、永禄八年に義輝も自刃し果て、キリシタンは京都での庇護者を失う。こうしたなか永禄八年七月、長慶の跡を継いだ三好義継が朝廷に申し入れ、それをうけて正親町天皇は「大《だい》うすはらい」を命じる。「大うす」とは、「デウス」が訛ったもので、キリスト教のことである。日本で最初に出されたキリシタン禁令である。この結果、宣教師たちは京都から堺に落ちのび、その後さまざま画策するが、しばらくはうまくいかない。状況の転換は、信長によってもたらされる。永禄一二年四月、和田惟政《わだこれまさ》の尽力で上京したフロイスは、信長ついで義昭から布教を認められる。

ところが同月、天皇は、ふたたび宣教師追放を命じる綸旨を出し、その執行を将軍義昭に求める。この綸旨に義昭は京都居住の許可や追放の権限は天皇には属さず将軍のものであると答え、信長は天皇に一任すると答える。追放撤回のために岐阜を訪れたフロイス等に信長は、天皇も将軍も気にするには及ばぬ、すべては予の権力の下にあり、予が述べることのみを行い、汝は欲するところにいるがよいと布教を認める発言をする。結果、京都での布教は黙認され、天正《てんしょう》三年(一五七五)には教会が京都に建つ。

キリシタンを京都から追放しようとする天皇の意志は、ほんの一時効力を持ったが、義昭や信長によって無視される。このように三者それぞれが自己主張するも、決定的な対立にはいたらない。そこにはこの時期の三人の力の微妙なバランスをみることができる。

劣勢の信長

元亀《げんき》元年(一五七〇)年四月、信長は、上洛要請に応えなかった朝倉義景を攻めるため越前敦賀《つるが》まで兵を進めるが、浅井長政《ながまさ》が朝倉に味方したことで、京都への撤退を余儀なくされる。その報復として六月、信長は、家康とともに北近江姉川《あねがわ》で浅井・朝倉勢と戦い勝利する。しかし、この勝利によって北近江の地が信長の勢力下に入ったわけでもなく、浅井氏は依然としてこの地に勢力を保持し続ける。南方では三好三人衆がふたたび挙兵し、摂津野田《のだ》・福島《ふくしま》に拠る。八月、信長は義昭とともに三好勢を攻める。こうした情勢をみた本願寺顕如《けんにょ》は、三好方に味方し、反信長の態度を明確にする。

一方、近江では、朝倉・浅井勢が、比叡山《ひえいざん》・六角氏とも手を結び、大津、山科《やましな》、伏見へと侵攻し、京都を脅かしはじめる。三好方から水攻めされた信長は、石山攻めを中断し、京都へと軍を戻し、浅井・朝倉勢を攻めるため坂本《さかもと》に軍を進める。織田勢に攻められた浅井・朝倉勢は、比叡山に軍を引く。これをみた信長は、延暦寺《えんりゃくじ》を恫喝するが、延暦寺は浅井・朝倉勢を山上に入れることでこれに応える。信長勢の撤退で勢いをえた三好三人衆は、南山城に軍を進め、近江では六角承禎父子が南近江の一向一揆とともにふたたび蜂起し、信長勢は、南北から攻め立てられる。さらに一一月には伊勢長島《ながしま》の一向一揆が尾張小木江《こきえ》城の城将織田信興《のぶおき》を討ち取るなど、信長は窮地に追い込まれる(図1-6)。

追い込まれた信長は、局面打開のために、正親町天皇の綸旨を得、将軍義昭をも前面に立てて講和を進め、どうにか浅井・朝倉氏と講和を結び、この窮地を脱する。

元亀二年(一五七一)になっても、五月に伊勢長島の一向一揆を攻めるも反撃にあい撤退する。

また摂津では高槻《たかつき》城の和田惟政が三好方となった池田氏に攻められ戦死するなど、信長方の劣勢は続く。九月、信長は南近江の一向一揆を攻撃、ついで前年信長に背いた比叡山を焼き討ちにし、延暦寺を徹底的にたたく。

元亀三年正月、本願寺顕如が信長を挟み撃ちにすべく信玄に出馬を要請する。また近江では金森《かながもり》・三宅《みやけ》の一向一揆が六角承禎父子と呼応してふたたび兵をあげる。一方信長は、正月小谷城近傍の虎御《とらご》前山《ぜんやま》に築城し、浅井氏の動きの封じ込めを計るが、朝倉義景がすぐさま出陣し小谷城に入り、信長は岐阜へと軍を引く。四月に入ると、これまで信長方であった松永久秀・三好義継が信長に叛旗を翻す。しかしこの年は決定的な衝突はみられない。

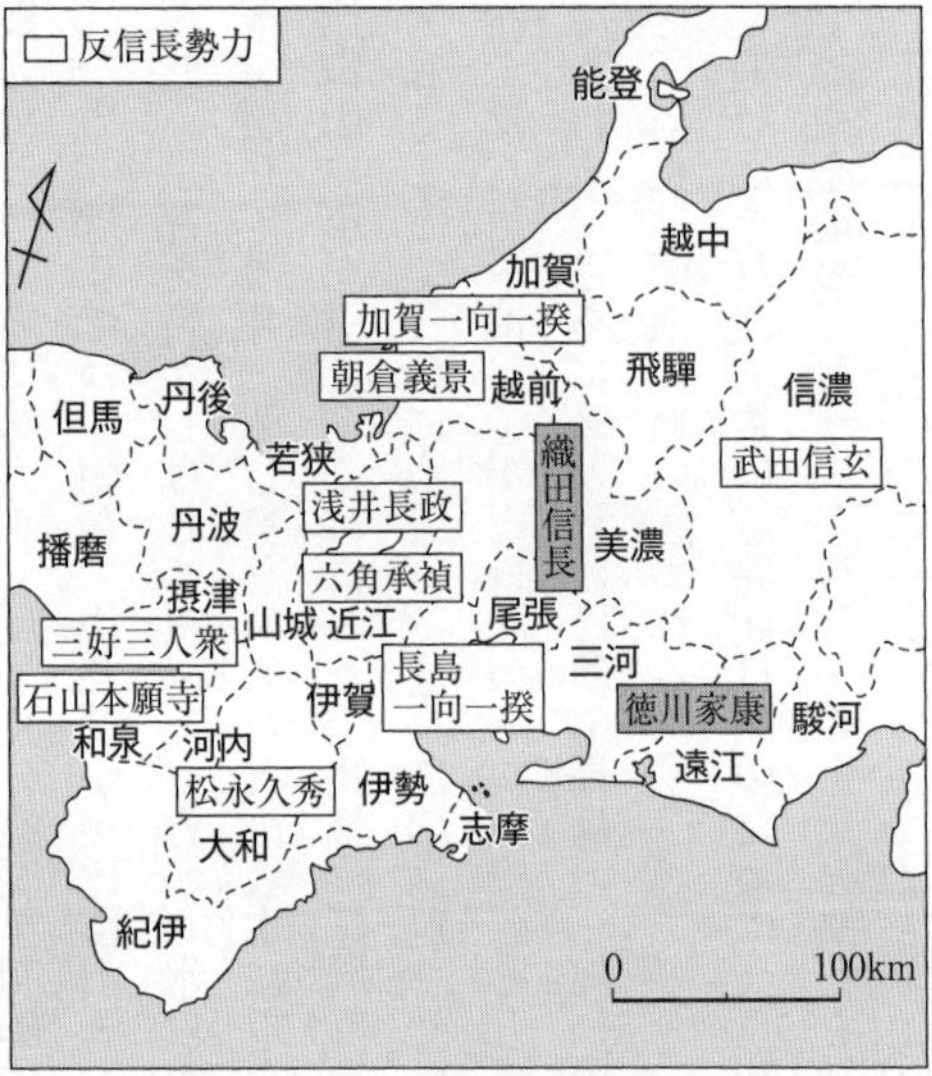

図1-6　信長包囲網地図

遠国の情勢

少しさかのぼって永禄一〇年(一五六七)七月、武田信玄は、武田・今川・北条の三国同盟から離脱し、翌年一二月には駿河の今川氏を攻める。この攻撃に抗しえなかった今川氏真《うじざね》は遠江掛川《かけがわ》城に退去する。その結果駿河は武田氏の勢力下に入るが、駿河東部では北条氏と対峙することになる。一方掛川の今川氏真を徳川家康が攻め、永禄一二年五月には氏真はその軍門に降る。ここに名門今川氏は滅亡する。

武田氏の駿河進出の動きのなか北条氏康《うじやす》は、永禄一二年越後上杉謙信と同盟を結び、子の景《かげ》虎《とら》を謙信の養子とし越後に送り込む。しかし、元亀二年一〇月に死去した氏康の遺言に従い跡を継いだ氏政《うじまさ》は、上杉氏との関係を断ち、武田氏との同盟関係に入る。これは信玄にとって西上の条件が調ったことを意味する。

西国に目を転じると、永禄一二年以降、毛利氏包囲網が離合を繰り返しながら展開し、争乱が続く。その一つが尼子氏の動きである。永禄一二年六月、毛利氏の九州攻めの間隙を突いて、尼子氏再興を掲げた山中鹿之助《やまなかしかのすけ》らが但馬から渡海し出雲を奪還する勢いを示す。これに対し、毛利氏は信長に合力を求め、信長はそれに応え但馬に兵を出す。筑前立花《たちばな》の陣を払った毛利氏は、出雲に兵を入れるが、尼子勢の抵抗は続き、出雲奪還はようやく元亀二年八月のことである。この間、元亀二年六月、毛利元就が死去する。元就の跡は孫の輝元《てるもと》が継ぎ、一族の吉川元《きっかわもと》春《はる》・小早川隆景《こばやかわたかかげ》が支えることになる。

もう一つの動きは備前を領した浦上宗景《むねかげ》が、尼子勢と協力しながら美作・備中に侵攻し、また豊前の大友氏とも協力関係を築く。そして瀬戸内を押さえる村上《むらかみ》氏が毛利氏に叛旗を翻しまた与同するなど複雑な動きを示す。このように一旦広大な領国を形成した毛利氏の支配が大きく揺れ動く。南九州では、島津氏が元亀元年ようやく薩摩統一をなしとげるが、大隅・日向の統一はなおなされていない。

この時期の戦国大名間の同盟は、周辺大名との利害が対立するなど情況が変化すると、たちどころに破棄され、それまで対抗関係にあった相手と新たな同盟が結ばれる。

武田信玄の西上

元亀三年(一五七二)五月、信玄が義昭に忠節を誓う起請文《きしょうもん》を出し、これに応えて義昭が天下静謐に奔走するよう信玄に御内書を与える。ここに信玄西上の大義名分が調う。一〇月、信玄は、大軍を率いて甲府を出陣、西上を開始、同時に反信長勢力である浅井・朝倉両氏、本願寺にこのことを伝える。駿河から遠江に入った信玄は、合代島《ごうだいじま》に本陣を置き、二股《ふたまた》城を攻撃しこれを落とす。こうした信玄の動きに信長は、上杉謙信との間で誓紙を交わし、信玄を背後から脅かそうとする。また幸いなことに、信長包囲網の一翼を担っていた朝倉義景が、突然、近江から越前に軍を引き、その包囲網の一角が綻びる。

それでも信玄は、合代島を出発、三河へと軍を進める。それを知った家康は、信長からのわずかな援軍とともに、三方原《みかたがはら》で武田軍を背後から襲うが、反撃にあい敗退する。信玄の勝利を聞いた義昭は反信長の姿勢を鮮明にし、本願寺も各地の一向一揆に決起を促す。

遠江で越年した信玄は、翌元亀四年正月、三河野田《のだ》城を囲み、二月それを攻略する。しかし、病が重くなり、やむなく軍を返し、四月一二日、信濃駒場《こまば》で五三歳の生涯を閉じる。運は、ここでも信長に味方する。

3　信長政権の成立

室町幕府の倒壊

永禄一三年の五か条の条々以降も義昭と信長の間はギクシャクし続けていたが、元亀三年(一五七二)九月、義昭は、信長に改めて一七か条の「異見書」をつきつけられる。そこでは内裏《だいり》のことを疎かにし、先年定めた御内書への信長の添状を無視し、忠節の家臣等への十分な処遇がなく、訴訟の裁き方も妥当でなく、諸国から進上の金銀を秘かにため込んでいるなど、具体的事例をあげて非難する。そして最後は、いまの義昭は万事において貪欲で、道理も外聞も考慮することがないと噂されており、下々の土民・百姓までが義昭を「あしき御所」といっており、赤松満祐《あかまつみつすけ》に殺された六代将軍義教《よしのり》も同様にいわれたとも伝え聞いている、なにゆえにこのように陰口をたたかれるのか分別すべきだ、と結ばれている。

信玄が野田城を攻めた元亀四年二月、義昭は二条城の堀を掘らせ、防備をかためる。「公儀《こうぎ》(義昭)御逆心《ごぎゃくしん》」の報はすぐさま信長の元に伝えられたが、信玄が西進する状況下で信長は岐阜を動けず、義昭との和睦を計るが、信玄の西上を信じる義昭はこれを一蹴する。

三月上洛した信長は、再度義昭に和議を申し入れるが、義昭に拒絶される。それに対し信長は上京《かみぎょう》焼き討ちという挙に出る。この焼き討ちにより二条城は裸城同然となり、孤立した義昭は、禁裏に斡旋を依頼し、信長と和睦する。和睦後信長は岐阜に戻るが、義昭は二条城にあって再挙兵を画策し続け、七月、二条城から宇治槙島《うじまきしま》城に移り、ふたたび挙兵する。しかし、すぐさま上洛した信長に攻められ降伏、そして槙島を退去する。この後も義昭は征夷大将軍の職を保持するが、この降伏は、事実上の室町幕府の倒壊を意味した。

天正元年・二年の情勢

天正元年(一五七三)八月、信長は、浅井攻めのため軍を近江に進める。これに対し朝倉義景は近江へ援軍を出すが、信長勢に進路を遮断され撤退、それを追って信長は越前に入る。この侵攻に義景は本拠の一乗谷を捨て、大野《おおの》郡賢松寺《けんしょうじ》へ逃げ、そこで自刃し果てる。軍を返した信長は、小谷城を攻め、浅井久政《ひさまさ》・長政父子を自刃させる。

このころ毛利輝元側から信長に義昭帰洛の要請があるが、人質問題で成立せず、義昭は紀伊由《ゆ》良《ら》へと移る。情勢の変化を読んだ本願寺顕如は、名物の茶碗「白天目《しろてんもく》」を献じて信長と講和する。

天正二年正月、越前で蜂起した一向一揆が、守護代桂田長俊《かつらだながとし》(前波吉継《まえばよしつぐ》)を一乗谷に攻め敗死させ、ついで北庄《きたのしょう》の織田三人衆を追い出し、越前は加賀同様、一揆が一国を支配する「一揆持ち」の国となる。

他方、信長は、三月松永久秀の降伏を入れ、久秀の城である大和多聞山城に入り、勅許《ちょっきょ》を得て正倉院《しょうそういん》秘蔵の香木蘭奢待《らんじゃたい》を一寸四方二片、一片を天皇へ、一片を信長が拝領分として切り取る。これは足利義政《よしまさ》以来の出来事であり、信長の威光を示すものとなる。

紀州に退去した義昭は、武田勝頼《かつより》・上杉謙信・北条氏政の三和を計り、石山本願寺に援助を求める。これに応え本願寺は三たび挙兵する。本願寺が挙兵すると、近江の六角承禎、河内・摂津の諸将が呼応する。東に目を向けると、五月、武田勝頼が遠江に侵攻し、家康側の遠江高《たか》天神《てんじん》城を落とす。信長にとって勝頼は東の大きな脅威となる。いっぽう分国周辺での劣勢のなか信長は出陣し、九月、伊勢長島の一揆を殲滅する。

この時期、越後の上杉謙信は、正月に西上野に出兵し、四月まで関東各地を転戦するが、目立った成果もなく越後に引き上げ、七月には加賀へ侵攻する。一方、小田原の北条氏政が、上野厩橋《うまやばし》城を攻める。これに対し、謙信はふたたび上野に出陣するが、上杉氏の拠点の一つであった下総関宿《せきやど》城を北条軍が落し、関東の過半を北条氏が制圧する。

長篠の戦い　天正三年四月、信長は、前年叛旗を翻した河内高屋《たかや》城の三好康長《やすなが》を攻め降伏させ、ついで石山本願寺を攻め、上洛、そして岐阜に帰る。この直後、塙《ばん》(原田《はらだ》)直政《なおまさ》を大和守護に任じる。大和は源頼朝《よりとも》以来守護が置かれず、興福寺が事実上の守護として大和を支配していたが、信長による守護設置は大きな衝撃であったようで、興福寺の僧はその日記に「先代未聞《せんだいみもん》ノ儀」と記している。

同じ四月、武田勝頼は三河へ侵攻し、徳川方の長篠《ながしの》城を攻めるが、城主奥平信昌《おくだいらのぶまさ》の奮戦にあい城を落とせない。救援を求められた信長は、五月一三日岐阜を発ち、岡崎で徳川家康と合流し、武田軍との合戦場となる設楽原《したらがはら》に堀を掘り柵を構築し、さらに鉄砲《てっぽう》一〇〇〇挺《ちょう》(鉄砲数については諸説ある)を準備し、武田の騎馬隊を迎え討つ。二一日早朝に始まった戦いは、未《ひつじ》の刻(午後二時)ころまで続くが、織田・徳川軍の鉄砲隊に武田軍の騎馬隊が大敗を喫して戦いは終わる。長篠の戦いである。あらたな武器「鉄砲」と鉄砲隊という戦法が合戦の帰趨を決定する出来事であった。しかし、この戦いで勢力図が大きく変化したわけではない。

六月、信長は、明智光秀に丹波・丹後平定作戦を命じる。この平定戦は、断続的に続けられるが、その終結は天正七年を待たねばならなかった。

鉄砲伝来とその広がり

日本への鉄砲伝来については、教科書を含め、従来、天文一二年(一五四三)に種子島《たねがしま》に漂着したポルトガル人の所持した鉄砲二挺を島主の種子島時尭《ときたか》が譲り受け、翌年、銃底を塞ぐ技法を再来した船に乗っていた鉄砲匠から学び、一年余りで数十挺を作り、それ以降、時をおかずその製法を学んだ者によって紀伊根来寺、和泉堺でも作られるようになり、その威力の大きさから戦国合戦の場で使用されるようになったとしてきた。この説は、種子島時尭の事蹟を顕彰するために慶長一一年(一六〇六)に書かれた『鉄砲記』によっている。これに対しヨーロッパ側の史料から、天文一一年に中国のジャンクに乗り込んでいた三人のポルトガル商人によって伝えられたとする説がある。さらに近年、鉄砲の実物資料を広く海外にも調査を広げ研究した宇田川武久氏は、『朝鮮実録』等の記事や遺された鉄砲の装備から、その伝来を倭寇《わこう》によるものとする。村井章介氏は、こうした研究の流れを整理し新たな史料を加え、なお問題点が残るものの、天文一一年を鉄砲伝来の年とするのがより蓋然性が高いとする。

種子島に伝えられた鉄砲は、種子島から西南九州へと伝わり、さらに天文末年には京都にも姿をみせる。しかしこの段階では贈答用のものであり合戦に使用されてはいない。合戦における鉄砲使用は、まず薩摩島津氏、ついで豊後で、弘治三(一五五七)年ころには毛利氏が使用し、永禄五年(一五六二)の史料には「鉄砲放中間《てっぽうはなちちゅうげん》」の語がみられ、鉄砲の軍事的使用が急速に進んでいたことが窺える。

鉄砲の製造は、まず種子島で始まり、その後、紀伊根来寺、和泉堺そして近江国友《くにとも》へと伝わり、合戦の場での使用が広がっていく。長篠の戦いでの大量の鉄砲使用はそれを象徴するが、鉄砲使用は、長篠の戦いの翌年石山本願寺を攻めた織田軍が本願寺側の鉄砲で打ちのめされたように、信長の専売特許ではない。

越前一向一揆攻め

天正三年(一五七五)八月、信長は越前の再占領に踏み出す。越前は「一揆持ち」であったが、大坊主衆と各地の一揆とのあいだには軋轢があり、その中は一枚岩ではなかった。信長は、息子の北畠信雄・神戸《かんべ》信孝《のぶたか》そして柴田《しばた》勝家《かついえ》・丹羽《にわ》長秀《ながひで》・滝川《たきがわ》一益《かずます》ら直属のほぼ全軍を率いて出陣。先陣は、明智光秀と羽柴《はしば》秀吉《ひでよし》が勤める。越前府中に入った信長は、所司代《しょしだい》村井《むらい》貞勝《さだかつ》へ「府中町にて千五百ほどくびをきり、その外、近辺にて都合二千余きり候、……府中町は死がいばかりにて、一円あき所なく候、見せたく候」と申し送ったように、伊勢長島同様の殲滅作戦を行う。

九月、平定を終え越前を去るにあたって信長は、柴田勝家に一国八郡を任せ、府中に前田利《まえだとし》家《いえ》・佐々成政《さっさなりまさ》・不破光治《ふわみつはる》を勝家の目付として置き、越前仕置《しおき》(支配)の基本方針ともいうべき「越前国掟《えちぜんくにおきて》」九か条を定める。そこでは、国中への非分な課役《かやく》の禁止、信長が領地を安堵した侍《さむらい》の恣意的使役の禁止、要害への気遣い、ひいきなき裁判、公家衆領地の信長の朱印状に基づく還付、関所の停止、大国を預けおくにあたっての心得、鷹狩りの停止、忠節のものへの領地の設定、新たな事態に際しては信長の意向に従うこと、そして最後に、信長を「崇敬」し、「影後」にてあだに思ってはならず、信長のいる方には足をむけない心持ちが肝要であり、そのようにすれば「侍の冥加《みょうが》」があり、その身も長久であると結んでいる。そこには絶対者信長という言説が形作られている。

「天下」の掌握

義昭の槇島退去直後、信長は、毛利輝元に「いわんや天下棄て置かるうえは、信長上洛せしめ取り静め候」と申し送る。信長の「天下」支配の宣言である。そして、村井貞勝を京都支配の要である所司代に任じ、また信長の奏上によって年号は「元亀」から「天正」へと改められる。「天正」の出典は『老子経《ろうしきょう》』の「清浄なるは天下の正と為る」による。この一連の出来事は、京都の支配者が将軍義昭から信長に代わったことを示すものとなる。

天正三年一〇月上洛した信長は、上洛してきた武将達から礼を受ける。反信長の立場にあった本願寺顕如も信長に請うて和議を結ぶ。一一月、信長は、権大納言《ごんだいなごん》ついで右近衛《うこのえ》大将に、嫡男信忠も秋田城介《じょうのすけ》に任じられる。これを機に、信長は、公家衆や寺社に新たな知行《ちぎょう》を朱印状をもって与え、信長がかれらの庇護者であること、そしてその領地を保障するのは信長であることを明確にする。

右大将任官直後、信長は、北関東の大名や有力武将に書状を送る。そこには、甲斐武田勝頼の近年の動きは信長への「不儀」であり、長篠の戦いで勝頼を討ち漏らしたため本拠の甲斐を攻めるつもりで、その折の信長への味方は、「天下」のため「自他」のためであると記されている。ここに「天下」がスローガンとして改めて打ち出される。

岐阜に帰った信長は、美濃・尾張両国と岐阜城を嫡男信忠に譲り、翌四年正月、近江安土《あづち》に拠点となる城、安土城の築城に着手する。安土は、信長領国のほぼ中央にあり、東海道《とうかいどう》・中山道《なかせんどう》が近くを通り、岐阜も京都も一日行程の地にあり、琵琶湖《びわこ》の水運で若狭・越前さらには北国《ほっこく》へと繋がる地にあった。

信長は、当座の屋敷ができた二月、岐阜から安土に居を移すが、安土城の普請が本格化するのはその後である。四月から尾張・美濃・伊勢・三河・越前・若狭および畿内の諸侍が動員され、石垣の築造が始まり、ついで天主《てんしゅ》築造のために京都・奈良・堺の大工や諸職人が徴発される。

二つの城下政策

天正五年六月、信長は、ほぼ完成した安土の城下に一三か条の定を公布する。そこには、安土における楽市《らくいち》・楽座《らくざ》、徳政《とくせい》の免除、普請役・伝馬《てんま》役・家並《いえなみ》をはじめとする役負担の免除、安土への移住者の先住者同様の待遇、往還商人の安土通過の強制、馬売買の安土での独占などの城下振興策と、放火による火事、亭主が関知しない不知の借家人・同居人の犯罪は亭主不処罰、喧嘩・口論、押し売り・押し買いの禁止、町中への譴責使《けんせきし》入部の制限などの都市秩序維持策とが定められている。これら諸政策は、城下町の住人に多くの特権を与え、城下の市場としての振興を計る都市優遇政策である。

翌年正月、安土の侍町で、国元岐阜に家族を置く一人暮らしの弓衆《ゆみしゅう》の失火による火事が起こった。国元に家族を置き安土で一人暮らししているものを調査してみると、その数は直属の弓衆で六〇人、馬廻《うままわり》衆で六〇人、合計一二〇人にのぼった。この結果を聞いた信長は激怒し、安土集住を命じたにもかかわらず国元に家族を残していた家臣の居宅を、岐阜の信忠に命じ、見せしめとして焼き払い、屋敷地の樹木を伐り尽くさせる。これを見た他の家臣たちは相次いで家族を安土へと引っ越させる。武士の城下町集住を推し進めることになった事件である。

天正四年二月、足利義昭は、紀伊由良から毛利氏領内の備後鞆《とも》に移り、毛利氏に出馬を求め、さらに上杉謙信に武田・北条と和解して上洛するよう働きかける。義昭の反信長工作のなか本願寺顕如は、四月、四たび挙兵する。五月、信長は、石山本願寺を攻撃するも、有力武将の原田直政を失い、撤退を余儀なくされる。

第二次信長包囲網

一方毛利輝元が、義昭の懇望に応え反信長の旗幟を鮮明とし、それを島津氏をはじめとする西国大名や上杉謙信・武田勝頼にも通報する。これに喜んだ義昭は、武田・北条・上杉の三和を命ずるとともに、謙信と加賀一向一揆の講和を進めるよう顕如に働きかける。この呼びかけに謙信は、顕如とも和約し、親信長から反信長へと立場を変える。ここに強力な信長包囲網が完成する。七月には毛利の水軍が、石山本願寺を包囲する織田方の水軍の包囲網を突破し、石山本願寺に兵粮を入れる。

天正四年の秋、謙信は、越中を制圧したのち加賀・能登へと侵攻する。甲斐の勝頼は、翌年正月、北条氏政の妹をめとり、両者は同盟関係に入る。西では三月、毛利方についた備前の宇喜多直家《なおいえ》が播磨に、ついで室津《むろつ》に侵攻し、さらに毛利輝元が三原に陣を進める。

一方信長は、天正五年二月、和泉貝塚《かいづか》で一向一揆を退け、本願寺に味方した紀伊雑賀《さいか》一揆を降伏させる。閏七月には足利義昭のために建てた二条城の跡地に新たに二条屋敷を建て、そこに移る。八月になると、雑賀の一揆がふたたび蜂起する。北国では、九月謙信が能登七尾城を落とす。この結果、上杉氏の領国は、越後・上野に加え越中・能登そして加賀の北半分に大きく拡大する。一〇月に入ると、石山包囲網に加わっていた松永久秀が、居城の信貴山《しぎさん》城に引き上げ信長に叛旗を翻すが、織田信忠・明智光秀らに攻められ自刃する。

信貴山城落城直後、信長は、秀吉に中国攻めを命じる。秀吉は、播磨姫路城を本拠とし、播磨に侵攻してきた宇喜多勢を押し返し、播磨上月《こうづき》城に、毛利氏に敗れ鳥取から逃れてきた尼子勝久《かつひさ》を入れる。さらに但馬に進出し、竹田《たけだ》城を攻略、城代として弟の秀長《ひでなが》を入れる。

4　領国の拡大

信長辞官　天正六年(一五七八)二月、播磨三木《みき》城の別所長治《ながはる》が毛利方につき、これに東播の諸城が同調する。一方、三月に上杉謙信が四九歳の若さで歿し、信長包囲網の北辺に綻びが生じる。謙信亡き後、家督をめぐる争いが起こり、上杉氏は外へ向かう余裕はない。しかし謙信の死を機に信長を取り巻く情勢が一気に信長優位に展開した訳ではない。四月に嫡男信忠を大将として石山本願寺を攻めるが、思わしい戦果はない。

同じ四月、大納言、内大臣、右大臣と急速に官位を上昇させてきた信長が、突然右大臣・右大将の官を辞す。その理由を信長は、「「征伐」がいまだ終わっておらず、それを成し遂げたときには、ふたたび登用の勅命に応じたい」と述べるとともに、嫡男信忠にその職を譲りたいとの意向を示す。これに対し天皇は、辞官は受け入れたものの、信忠への任官要求には応えず無視する。

七月、小早川隆景・吉川元春が播磨上月城を包囲し落城させたことで、秀吉は西播から撤退し東播の三木城攻めに専念するが、三木城でも兵粮補給が海上から毛利方によって続けられる。一〇月、信長方であった摂津有岡《ありおか》城主の荒木《あらき》村重《むらしげ》が本願寺に与同し、さらに茨木《いばらき》城の中川清秀《なかがわきよひで》、高槻城の高山右近《たかやまうこん》等も敵方となる。信長方にとって不測の事態であり、京都・安土と西国との間が遮断される恐れが生じる。こうしたなか、信長は、大坂方・毛利方に対し、天皇の綸旨をもって講和を計ろうとするが、本願寺は応じない。

一方七月、九鬼嘉隆《くきよしたか》・滝川一益が率いた伊勢・志摩《しま》の水軍が、雑賀や淡輪《たんのわ》等の本願寺方の水軍を蹴散らし、大坂湾の制海権を手中にする。これに対し毛利の水軍が大坂湾の制海権奪回を計るが、九鬼率いる大船から乱射され壊滅的打撃を受ける。この報に接した信長は、講和交渉を中断し、高槻城・茨木城を攻め開城させる。しかし村重の有岡城は落ちず、村重が有岡城をす尼崎城《あまがさき》へと去るのは翌天正七年九月のことである。

九州では、天正六年一一月、豊後の大友宗麟と薩摩の島津義久《よしひさ》が日向耳川《みみかわ》で戦い、義久が勝利する。この島津氏の勝利は毛利氏にとっては大友氏の圧力の減退となり、毛利輝元は、翌年正月に村重加勢のための出陣を触れ、同時に武田勝頼にも通報し、西上を求める。

こうした毛利氏の動きに、信長は大友宗麟と通じ、毛利氏を背後から牽制させる。同年正月、毛利氏重臣の杉重良《すぎしげよし》が大友氏と通じ豊前で蜂起したことで、毛利軍の東上は頓挫し、三月には毛利方の宇喜多直家が信長方につき、情勢は信長方優位に新たな展開をみせる。

安土城天主の完成

天正七年五月一一日、信長は、安土城天主に入る。『信長公記《しんちょうこうき》』によれば、天主の高さは、約三七メートル、内部は七階、一階は石垣の中で土蔵、二階は書院造りで信長の居室をはじめ部屋・納戸《なんど》、三階以上は、狩野永徳《かのうえいとく》らによる金箔《きんぱく》の上に極彩色を施した濃絵《だみえ》が描かれ、その画題は花鳥や中国の故事、六階は釈迦説法の図など仏教画、最上階の七階は三間《けん》四方、内外とも金色、中国古代の三皇・五帝・孔子十哲《じってつ》などが描かれている。

天主完成直後の二七日、信長は、当時都市を中心に力を持った法華宗《ほっけしゅう》の弾圧を意図し、安土で法華宗と浄土《じょうど》宗の高僧に対論をさせる。結果は、信長の介入により、法華宗が敗北、その場で法華僧たちの袈裟《けさ》をはぎ取り、さらに法華宗本山一三か寺に侘証文《わびしょうもん》を書かせ、そのうえ莫大な償金を出させる。この一件は、統一権力による日蓮《にちれん》宗弾圧の最初の事件であり、安土宗論《しゅうろん》と称されている。

六月、明智光秀が攻めあぐねていた丹波八上《やかみ》城が落ち、八月には丹波黒井《くろい》城も落ちたことで、

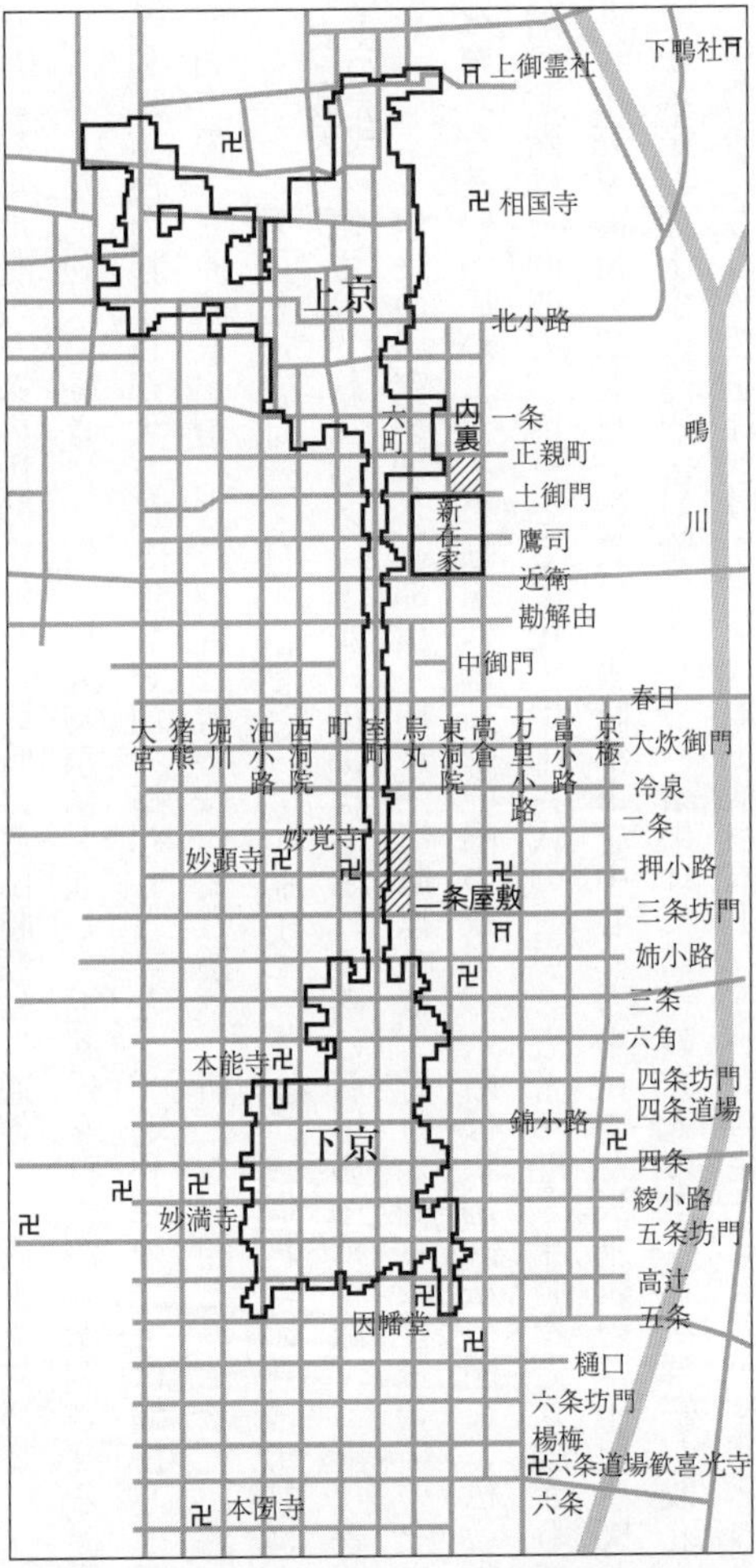

図1-7　戦国期の京都市街図　村井康彦編『京の歴史と文化4』を元に作成．太線の内側が当時の市街地(原図：高橋康夫)

天正三年に始まった丹波戦がようやく終結する。光秀は細川藤孝《ほそかわふじたか》とともに丹後へ侵攻、一〇月には平定する。一一月、信長は、自らの京都屋敷として建てた二条屋敷を信長の猶子《ゆうし》(養子)となった誠仁親王の子である五宮《ごのみや》に、実質的には誠仁親王に進献する。その後の信長は、二条屋敷築造前と同様、上洛の際には妙覚寺《みょうかくじ》・本能寺《ほんのうじ》など法華宗寺院を宿所とする(図1-7)。

天正八年正月、荒木村重とともに信長方に頑強に抵抗し続けていた三木城は、のちに「三木の干殺《ひごろ》し」と称される秀吉の兵粮攻めにより落ち、城主の別所長治は自刃して果てる。

石山本願寺開城

こうした状況のなか、朝廷を介した本願寺との講和工作が開始される。天正七年一二月末、天皇の意向が本願寺に示され、ついで翌年三月には「叡慮《えいりょ》」が伝えられ、加えて信長は、籠城《ろうじょう》衆の赦免、退去を保証する人質の差し出し、加賀二郡の返付、石山退去は七月盆前とすること、摂津花隈《はなくま》・尼崎城の引渡しなど七か条の講和条件を本願寺に提示し、それに勅使の二人宛の血判起請文《けっぱんきしょうもん》を添える。

三木城が落ち毛利方の援助も期待できないなか、顕如は閏三月、年寄名で五か条の血判起請文を勅使に呈し、信長側の人質提供、往還・末寺の保証、加賀二郡の返付、石山からの盆前の退城、支城の明渡し等を、天皇の命として受け入れる。顕如の立場は、天皇の命に従ったので信長に屈服したのではないというものだが、実体は、石山退城が示すように本願寺の屈服である。四月、顕如は石山から紀伊雑賀の鷺森御坊《さぎのもりごぼう》に移る。顕如の子、教如《きょうにょ》は、なお抵抗を続けるが、八月に石山を退去する。

石山開城直後の八月、信長は、明智光秀に丹波を、細川藤孝に丹後を宛行《あてが》う。藤孝の丹後転封にあたり、一国総検地《けんち》の実施、指出《さしだし》による国侍《くにざむらい》の本知《ほんち》保証、知行相応の軍役、指出を上回る検地の「出来分《しゅったいぶん》」の直轄化などを命じ、新たな領国支配の指針を示す。

大和では同じ八月、筒井順慶《つついじゅんけい》に国中諸城の破却を命じ、翌月には明智光秀・滝川一益を派遣し、一国検地のため有力寺院だけでなく国衆《くにしゅう》にも所領の指出を命じる。

本願寺との和睦が成立する以前に信長は、毛利方に付いた水軍の村上一族を誘い、ついで毛利方の湯原《ゆはら》豊前守を出雲一国をもって誘う調略をかける。さらに島津義久に書を送り、大友との「和合」を求めるとともに、来春の安芸毛利攻め出馬を伝える。いずれも毛利攻めに関わってのものである。北国では同年四月、柴田勝家が加賀の一向一揆を攻め、尾山《おやま》(金沢)御坊を落とす。ここに九三年におよぶ「一揆持ち」の国が姿を消す。

禁裏馬場での馬揃え

天正九年(一五八一)二月二八日、信長は、禁裏東側に新たに設けた馬場で大規模な馬揃《うまぞろ》えを実施する。天皇をはじめ公家衆や女官らが見物するなか、丹羽長秀と摂津・若狭衆、蜂屋頼隆《はちやよりたか》と河内・和泉衆、明智光秀と大和・上山城《かみやましろ》衆、村井貞成《さだなり》と根来・上山城衆、嫡男信忠ら一門衆、近衛前久《このえさきひさ》ら公家衆、旧足利幕府の旧臣、信長の馬廻と小姓《こしょう》衆、柴田勝家と越前衆、そして最後に信長が先手頭《さきてがしら》などを引き連れ馬場を進む。

この馬揃えを見物した公家の吉田兼見《かねみ》はその日記に「各結構をつくし、中々筆端に述べ難し」と、また『信長公記』は、「貴賤群衆の輩、かゝる目出たき御代に生まれ合わせ、天下安泰にして黎民烟戸《れいみんかまど》さゝず、生前の思出、ありがたき次第にて、上古・末代の見物なり」と記す。

この馬揃えは、天皇の希望を入れて実現したものだが、実質的には、丹波・丹後の平定、本願寺の石山退去、加賀平定、荒木村重の謀叛の鎮圧を経て、畿内近国に確固たる支配を打ち立てたことを内外に示す信長の一大デモンストレーションとなる。

三月、天皇は、馬揃えの褒美として信長に左大臣への任官を求めるが、信長は譲位を「申沙汰」する際に請けたいと返事する。この返事に朝廷は早急に譲位の「申沙汰」を求める。しかし信長は、当年は普請開始や移転・嫁取りに不都合な「金神《こんじん》」の年であることを理由に譲位の「申沙汰」には応じない。譲位はまたも先送りとなる。

甲斐武田攻め

天正九年春に予定されていた信長の西国出兵は、禁裏馬場での馬揃えもあって延期されるが、一〇月には秀吉が吉川経家《つねいえ》が守る因幡鳥取《とっとり》城を落とす。同じ月、信長は、府中三人衆の佐々成政に越中を、前田利家に能登を与える。その折、越前の知行の明渡し、今年の年貢の処理法、妻子の能登への引越し、府中の要害と家臣家屋の引渡しなどが指示される。これは、江戸時代の大名転封の時とほぼ同様のものである。

翌一〇年二月、信長は、高野山・雑賀への手宛《てあて》を河内・和泉の衆に命じ、三好康長には四国への出陣を命じ、羽柴秀吉を中国一円の手宛としたうえで、甲斐武田攻めを開始する。三月には、武田攻めで最大の難関とされた信濃高遠《たかとお》城が落ち、これを機に武田方は総崩れとなり、勝頼は落ち延びるが甲斐田野《たの》で自刃する。安土を発った信長は、伊奈谷《いなだに》で勝頼父子の首級を実検し、その後甲斐、駿河を経て四月に安土に帰る。

礼銭のない禁制

戦乱のなか、軍勢の濫妨・狼藉、竹木伐採、放火、寄宿、課役などからのがれるために、寺社に限らず、軍勢が侵攻してくる郷村《ごうそん》・町では、その軍勢の大将が発給する禁制《きんせい》を獲得しようとした。禁制の獲得には、軍勢の大将、取次《とりつぎ》、筆耕者への礼銭が求められるのが通例である。信長も信濃・甲斐へと軍勢を進める際にも禁制を発給するが、従来のものとは少し違った。信濃国安曇《あずみ》郡吉野郷に出したものを一例としてあげよう。

禁制　　　吉野郷

一、甲乙人等、濫妨・狼藉の事、

一、還住の百姓以下に対し、煩《わずら》いを成す事、
一、非分の課役の事、付けたり、御判銭《ごはんせん》・取次銭・筆料等、一切禁制の事
右条々、若《もし》違背の輩あらば、忽ち厳科に処されべきもの也、仍《よっ》て下知件《くだん》の如し、
天正十年三月　日
(信長朱印)○印文「天下布武」

濫妨・狼藉、還住の百姓への煩い、非分の課役の禁止については従来と変わらない。従来と異なるのは第三条の付けたりに禁制発給に際しての礼銭である御判銭・取次銭・筆料の徴収が禁止されている点である。これは、この地が最早略奪の対象ではなく新たに信長の領国となり平穏の地であることを百姓に訴えかけようとしたものと言える。ただ、こうした施策は、この後の秀吉・家康の時代にはそのままでは受け継がれない。

信長の最期　武田攻めの結果、信長の領国は、信濃・甲斐だけでなく、関東にも及ぶ。家康には駿河、滝川一益には上野と信濃二郡、河尻秀隆《かわじりひでたか》には穴山梅雪《あなやまばいせつ》の本領を除く甲斐、森長可《もりながよし》には信濃四郡が与えられ、相模の北条氏も敵対的な態度を示さなかった。また上野に入った滝川は、「関東八州御警固」と「東国の儀御取次」の任を与えられる。さらに六月初めに

は伊達輝宗《てるむね》の重臣が佐竹氏の一族に宛てた書状で、信長の側からの申入れを受け、奥羽の諸家の過半が申し合わせて信長へ挨拶をし、「年来信長様御入魂《ごじっこん》に候条、弥々《いよいよ》天下一統の御馳走申さるべく候」と申し送ったように、信長の威勢は奥羽の地まで及びつつあった。

一方武田氏との同盟関係にあった上杉氏は危機を迎える。南の信濃からは森長可が北上し、西からは柴田勝家が加賀を収め、越中の上杉氏の拠点である魚津《うおづ》城を攻め立てる。

西国では、三月に姫路を発した秀吉が備中高松城の清水宗治《しみずむねはる》を攻めるが、容易には落ちず、毛利方も毛利輝元・小早川隆景・吉川元春が参陣、両者が、高松城を挟んで対峙する。秀吉から毛利方が動き始めたとの報に接した信長は、すぐさま西国出陣を決定、明智光秀・細川忠興《ただおき》・高山右近・中川清秀らに先陣を命じ、自らは五月二九日上洛、本能寺に入る。そして二日後の六月二日、明智光秀の奇襲にあい、四九年の生涯を京都本能寺に閉じる。本能寺の変である。

光秀が「謀叛」を起こした理由については、野望説・怨恨説・政権奪取説・派閥抗争説・幕府再興説など百家争鳴の状況にあるが、恐らくどれか一つで説明することはできないだろう。ただ、光秀は、どれだけの展望があってのことかは措き、この時を「天下」を握る千載一遇の機と捉えたのだろう。

5　正親町天皇と信長

ここまでは信長を中心にしつつ戦国大名たちの動きをみてきたが、この時期の天皇の位置を知るために、信長と天皇・朝廷との関係を、できるかぎり天皇の側から、言い換えれば天皇を主語としてみてみよう。

信長の入京前後

正親町天皇は、永禄一〇(一五六七)年美濃攻略直後の信長に綸旨と女房奉書を送り、信長を「古今無双之名将」と褒めちぎったあと、尾張・美濃の御料所等の回復と誠仁親王の元服費用の拠出を求め、また翌一一年、信長入京直前には信長に京都での「乱逆」のなきよう、また禁裏を警固するよう求める。さらに天皇は、摂津芥川城にいた義昭・信長のもとに勅使を立て、義昭へは太刀、信長へは酒肴を送る。

義昭への将軍宣下の二日後、天皇は、公家の山科家領の回復を義昭と信長とに求める。しかし、義昭・信長とも容易に応じないが、天皇は再度義昭に女房奉書を出し、義昭から「宜《むべ》」の返答を引き出す。同じ時、京口に設けられた関所の収入確保を義昭に命じるが、これには義昭・信長とも応える。そして一一月、天皇は、信長から銭三〇〇貫の進上をうけて、年来の課題であった誠仁親王の元服を行う。

翌一二年三月、天皇は、在京中の信長に「副将軍」任官を持ちかける。信長を副将軍にとの動きは将軍宣下直後に義昭が持ち出すが信長に断られていた。天皇からの申し出にも信長からはなんの返答もなく、事実上無視される。同じ四月の末、前述のように天皇はキリシタン追放の意向を示し、義昭・信長に要請するが、これも両者から拒否また無視される。

一〇月上洛した信長が修造の様子を見に禁裏に来た際、天皇は、信長に長橋局《ながはしのつぼね》において天盃を下賜する。これに応え信長は太刀と銭三〇貫を進上する。

こうした一連の流れで注目すべきは、禁裏修造など信長側からの働きかけもなくはないが、その大半は天皇の側からの働きかけであった点である。天皇は決して受け身ではない。

室町幕府倒壊まで

永禄一三年三月、天皇は、信長から勅勘《ちょっかん》した久我通俊《こがみちとし》の赦免を求められるが、首を縦には振らない。他方同月、山城西岡の宝菩提院《ほうぼだいいん》から信長家臣に押領された所領の回復を求められた天皇は、女房奉書をもって信長に命じるが、信長はそれを無視する。

翌四月の朝倉攻めに際し、天皇は、信長の戦勝を願って石清水八幡宮《いわしみずはちまんぐう》で法楽《ほうらく》を執行する。また朝倉攻めに失敗し京都に逃げ帰った信長の近江出陣には勅使を送り、信長の戦勝と上洛とを期待する言葉を伝えさせる。

元亀元年(一五七〇)六月の姉川の戦いでの戦勝を聞いた天皇は、信長に勅使を派遣し「本意に属し早速上洛珍重の由」を伝え、九月、信長の三好三人衆攻め最中に本願寺が蜂起した際、顕如に「一揆」を起こし義昭・信長へ敵対するのは「不相応」であり、すぐに干戈《かんか》を収めるべきだとの勅書を出す。元亀二年の浅井・朝倉軍との戦闘に際しても、天皇は綸旨を出し和睦成立に関与する。この和睦は、天皇の側からすれば、信長を助けるとともに、京都の安穏を確保するためのものでもあった。

天皇と信長の距離

元亀四年四月、信長は上京を焼き尽くし、二条城を裸城同然とする。この戦禍が禁裏に及ぶことを危惧した天皇は、すぐさま義昭と信長の両者に和睦を働きかける。そして両者の和睦が勅命によって成立する。この天皇の行動は、信長への配慮というより、禁裏の被災を免れ、その安穏を確保するためのものであった。

七月の改元に際し、天皇は信長の意向に従い「天正」を採る。その年の末、信長からの譲位の申入れを受け、天皇は、譲位費用の献上を求め、また生前の譲位を後土御門《ごつちみかど》院以来望むところであり申し出は奇特であり、朝家再興の時であると、女房奉書をもって答える。それに信長は、来春の譲位の申沙汰を約したものの、譲位は天正二年(一五七四)春には実現しない。

天正二年三月、信長から蘭奢待の切り取りを申し入れられた天皇は、それを不快に思いつつ、呑まざるを得なかった。しかし天皇は、許可と同時に信長に京に戻り朝儀《ちょうぎ》(朝廷の儀式)を再興することが肝要であると伝える。許可するうえは朝儀再興への尽力を求めたのである。

天正三年四月に河内・摂津攻めのあと帰洛した信長に、天皇は値一〇〇〇疋といわれる太刀を贈る。また長篠の戦いに勝利し六月上洛した時にも信長に勅使を遣わす。信長の動きを見ながら、機を捉えて勅使を派遣するという気の遣いようである。

六月、天台《てんだい》・真言《しんごん》両宗のあいだで絹衣《けんえ》着用をめぐる争論がおき、天皇は、真言宗徒の絹衣着用を禁ずる天文二四(一五五五)年の綸旨は謀書であるとする綸旨を出し、謀書作成に関わった従一位柳原資定《やなぎわらすけさだ》を勅勘する。この一件での混乱をみた信長は禁裏に公家の「五人の奉行」を定め、信長への直奏《じきそう》を求める。この奉行設置は、信長の朝廷運営への介入を招くことになる。

八月、越前の再占領に出陣した信長に、天皇は勅作の薫物《たきもの》、誠仁親王は唐墨《からずみ》を贈る。そして天正四年四月、本願寺の四度目の挙兵に際しても、信長の陣所へ勅使を派遣し、禁裏清涼殿《せいりょうでん》で信長出陣の祈禱を行い、さらに信長の戦勝祈禱を吉田兼見に命じる。翌年二月の信長の河内・和泉への出陣にも、信長のための祈禱を内侍所《ないしどころ》で行う。

天正三年一一月、天皇は、信長を権大納言・右近衛大将に、嫡男信忠を秋田城介に任じることで、信長を朝廷の官位制のもとにともかくも取り込むのに成功する。その後、天皇は、翌年一一月信長を正三位《しょうさんみ》内大臣に昇進させる。信長はその御礼として銀一〇〇枚を進上する。さらに翌五年一一月、従二位《じゅにい》右大臣に昇進させ、信長の朝廷官位制への取り込みを急速に進める。この右大臣任官にともない天正六年正月、信長の申沙汰により、退転していた元日の小朝拝《こちょうはい》と節会《せちえ》が再興される。

義昭を追い天下を掌握することになった信長に対し、天皇は、信長をさまざまな機会に自らの側に取り込もうとする。いっぽう信長は、その誘いには容易に乗らないものの、自らに必要なときには朝廷に接近し、朝廷とは即《つ》かず離れずの態度をとり続ける。

辞官をめぐる駆引

天正六年四月、信長は突然、右大臣・右大将の官を辞す。天皇へは、「征伐」がいまだ終わらず、成し遂げたときには、ふたたび登用の勅命に応じたいとし、さらに嫡男信忠にその地位を譲りたいとの意向を示す。信長は、信忠に自らの地位を譲ることで、自らはその上位に立つことを目論んだかと思われるが、天皇は、それを無視する。両者の駆け引きがそこには見て取れる。

一〇月、信長は、本願寺との戦闘が膠着状態に陥るなか、それを打開するため天皇に和睦交渉に乗り出すよう求める。派遣された勅使に対し、本願寺方からは和睦の条件として毛利氏への綸旨発給が提示される。それに応えて出された綸旨には、信長と輝元の間での「相剋」は「都鄙《とひ》錯乱の基」であり、はなはだ宜しくないので、両者に和談を命じる、よくよく思慮するならば「忠功」であり、この旨を本願寺にも伝えた、とある。しかし、天皇のヘゲモニーのもとで和談が成立するかにみえたが、信長有利に戦況が変化すると、毛利氏への勅使派遣は見送られる。天皇の綸旨であっても、信長の都合次第であり、天皇の権限や位置は脆弱なものであった。他方、天正七年一二月の石山本願寺との講和では、天皇の「叡慮」が本願寺に示され、同時に信長から提示された「赦免」の条件を、顕如が天皇の命として受け入れる。このときには天皇が機能する。

天正七年一一月、誠仁親王は、信長の京都屋敷を進献され、そこに移る。以降、天皇の居所は「上御所《かみ》」、進献された屋敷は「下御所」と呼ばれる。この進献を通して信長は、前年の辞官に続き天皇との距離を置きつつ、禁裏との新たな関係を作り上げる。

天正九年二月、天皇は京都での馬揃えの執行を信長に求め、信長もそれに応じ、天皇はその褒美として左大臣に推任する。しかし信長は譲位の申沙汰と関わらせて、それを受けない。

翌年三月、甲斐武田攻めの出陣にあたって、天皇は、石清水八幡宮や興福寺に信長戦勝の祈禱を命じ、また禁裏で信長のために「八幡御法楽《はちまんごほうらく》」百首を催し、さらに下御所でも「千返御《せんべんぎょ》楽《がく》」が執行される。そして信長の陣へ勅使が派遣され、戦勝の祝儀として天皇から掛香三〇、誠仁親王より薫物一〇が贈られる。

信長が京都を掌握して以来、天皇は、信長の軍事行動に対し、一貫して支持する姿勢をとる。さらに、この姿勢は、越前一向一揆、本願寺との講和交渉と段階を経て、強いものとなっていき、信濃・甲斐出陣にあたっては、朝廷をあげての戦勝祈禱を執行する。こうした展開は裏をかえせば、天皇の信長への依存が時を追うごとに強くなっていったことを示すものといえよう。

予が王であり、内裏である

天正一〇年四月、東国平定を祝う勅使を勤めた勧修寺晴豊《かじゅうじはれとよ》は、所司代村井貞勝に信長を太政大臣《だいじょうだいじん》か関白《かんぱく》か将軍に推任したいとの天皇の意向を伝える。五月四日、晴豊とともに安土に下った女房衆の一人大御乳人《おおおちのひと》は「天下はいよいよ平和になって、朝家は古今比類なく満足なので、望みの官に任じて国務に尽力するように、いずれ上洛のとき申すであろう」との誠仁親王の手紙を届ける。

朝廷からの使者に接した信長は、小姓森蘭丸《らんまる》に命じて用件を聞かせる。それに対し同行した晴豊は、「関東打《うち》はたされ珍重に候間、将軍になさるべきよし」と伝えたところ、信長は天皇の「御書」を受け取る。しかし信長は改めて返事すると任官については明確な返事はしなかったようである。勅使に会ったあと、信長は一行を船で大津に送り返す。

天皇は、高い位階官職への叙任、戦勝祈禱、信長から求められた和睦交渉への関与などを通じて信長の取り込みを計るが、それに信長は禁裏普請、誠仁親王元服費用をはじめとする禁裏への財政援助、譲位中沙汰の約束、年々の贈り物、禁裏での馬揃えなどさまざまに応えながらも、禁裏・公家・寺社の所領回復への対応、天皇のキリシタン禁制の意向の無視、高官への任官の固辞など、天皇側に取り込まれることを慎重に回避していたようである。

こうした信長の姿勢は、室町将軍が行った献儀をともなう正式の参内においても確認できる。後の秀吉・家康がたびたび参内しているのに対し、朝廷に接近した時期も含め信長は参内していない。参内しない理由を天皇の方に求めることは難しく、信長の側にそれを求めれば、参内という場での天皇との関係、天皇上位が目に見える形となることを信長は嫌ったのではあるまいか。

信長が天皇との関係をどのようなものと考えていたのかを象徴的に示すものとして、キリスト教宣教師ルイス・フロイスの一五八四年一二月の書翰の一節を紹介しよう。

信長に対し、天皇に謁見できるようにと助力を求めたが、信長は「汝等は他人の寵《ちょう》を得る必要はない。何故なら予が王であり、内裏である」と私に語った。

この言をそのまま信じれば、信長は、「天皇」であると公言していたことになる。宣教師の記録や発言にはしばしば誇張がみられ、ここでの発言も宣教師が天皇に会えない理由に対する方便とすることもできようが、これまで述べてきた信長の態度からすれば、信長自身が天皇の上位に自らを置いていた可能性も十分想定し得るのではなかろうか。

第二章　全国統一と朝鮮出兵

1 秀吉の天下掌握

山崎の戦い

天正一〇年(一五八二)六月三日備中高松で光秀「謀叛」の報を手にした秀吉は、信長の死を伏せたまま、毛利方と和平交渉に入り、その夜の内に高松城主清水宗治《しみずむねはる》の切腹と開城とを条件に講和を成立させる。和睦した秀吉は、六月五日陣を払い七日姫路に戻る。そして九日姫路を発ち、大坂の神戸《かんべ》(織田)信孝・丹羽長秀、伊丹の池田恒興《つねおき》、中川清秀《なかがわきよひで》・高山右近《たかやまうこん》らに参陣を誘い、一二日に摂津富田へ進む。一三日夕刻に始まった山崎における光秀との戦いは二時間たらずで終わり、敗れた光秀は勝竜寺城に入るがすぐにそこを脱出し近江坂本城へと向かう。しかし途中の山科小栗栖《おぐるす》で百姓の槍を受け傷をおい、家臣の介錯で自刃する(図2-1)。

一六日秀吉は、織田信孝とともに安土に軍を進め、二二日に美濃、二四、五日ころ清洲《きよす》に入る。清洲に集まった織田信雄《のぶお》・信孝兄弟と織田家老臣たちによって、織田家の家督は、柴田勝家が支持した信孝ではなく、秀吉が主張した信長の嫡男信忠の遺子でわずか三歳の三法師《さんぼうし》(の

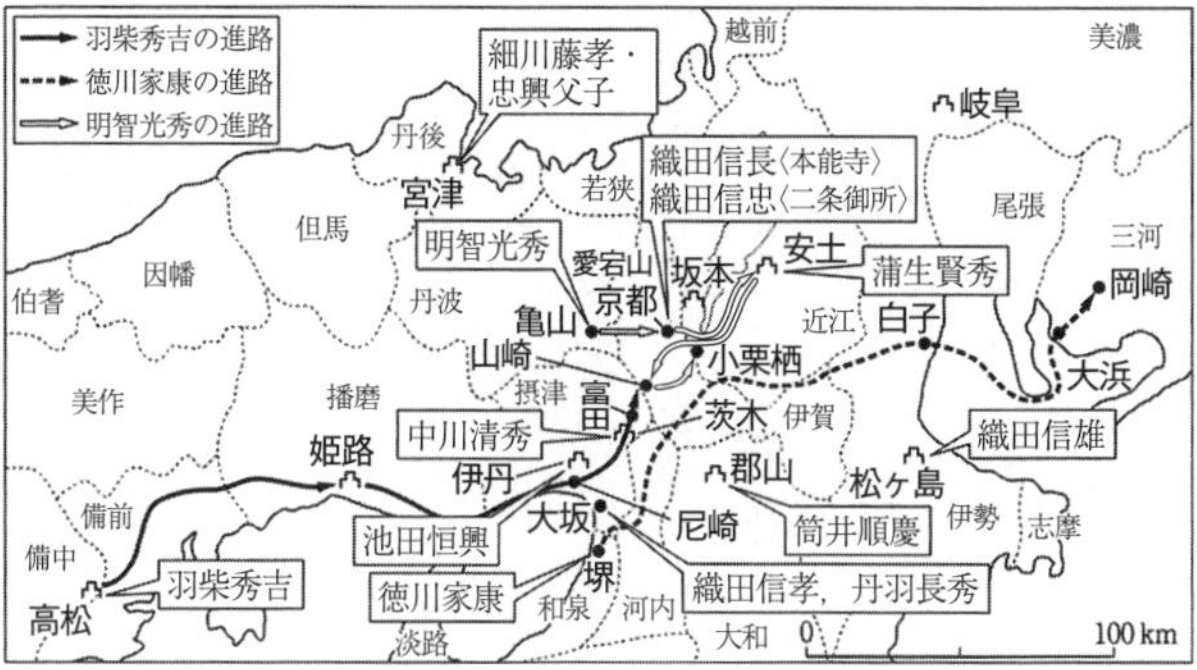

図 2-1　本能寺の変関係図

ちの秀信《ひでのぶ》）と決する。さらに、信長の旧領は、伊勢・尾張が信雄に、美濃が信孝に、越前のほか近江長浜《ながはま》周辺が柴田勝家に、播磨のほか山城・河内・丹波が秀吉に、若狭のほか近江二郡が丹羽長秀に、摂津池田・伊丹のほか大坂・尼崎・兵庫が池田恒興に、丹羽長秀の旧領が堀秀政《ほりひでまさ》に分割される。この様子を奈良興福寺多聞院《たもんいん》の僧英俊《えいしゅん》は「天下の様、柴田（勝家）、羽柴（秀吉）、丹羽五郎左衛門（長秀）、池田紀伊守（恒興）、堀久太郎（秀政）、以上五人して分け取りの様にその沙汰あり、信長の子供は何も詮に立たずと云々」と記す。

　この後七月一一日に秀吉は、上洛、そこへ公家達が相次いで訪問し、信長の後継者のごとく秀吉を扱う。ついで秀吉は、京都の南に位置する山崎に新城を築き、一〇月一五日に京都の大徳寺《だいとくじ》で信長の葬儀を挙行し、信長の後継者は秀吉であることを見せつける。

本能寺直前の東国は、上野《こうずけ》に入った滝川一益のもとに上野の国人達が出仕し、下野《しもつけ》の宇都宮国綱《うつのみやくにつな》、皆川広照《みながわひろてる》、上総《かずさ》の武田豊信《とよのぶ》らにも出仕が求められ、さらに会津黒川の蘆名氏も信長を「上意」として認め、出羽米沢の伊達輝宗《てるむね》、常陸の佐竹義重《よししげ》、安房の里見義頼《よしより》も一益へ使者を派遣するなど、東国・奥羽は信長の勢力下に入りまた入りつつあった。

本能寺の変直後の遠国

しかし本能寺の衝撃は、こうした状況を大きく変える。信長の死を聞いた北条氏は滝川一益を攻め勝利し、ついで甲斐・信濃に侵攻する。これに対抗して家康は甲斐へ出陣、北条氏と対峙する。一方上野の真田昌幸《さなだまさゆき》が北条氏から離れ家康方につき、関東の佐竹・結城《ゆうき》・宇都宮氏が反北条の立場から家康と通じ、関東は北条氏を中心に争乱状態に戻る。

こうしたなか織田信雄・信孝兄弟の勧告をうけ、家康と北条氏直《うじなお》とは、信濃・甲斐を家康が、上野を氏直が自力によって領有することを互いに認め和睦する。また奥羽では「惣無事《そうぶじ》」に向かっていた佐竹・岩城・蘆名・白河《しらかわ》氏と伊達《だて》・田村氏の抗争が再燃する。越後の上杉景勝《かげかつ》は、苦戦していた越中・能登の情勢を有利にし、信濃川中島《かわなかじま》を制圧する。

中国では、秀吉が毛利氏に五か国の割譲を求めるが、備前・美作・伯耆《ほうき》三郡・備中高梁《たかはし》川以東でひとまず決着する。九州では、島津氏が、薩摩・大隅・日向を押さえ、肥後制覇に向け北進を開始する。肥前は天正七年以降、竜造寺氏《りゅうぞうじ》が統一し、筑後をその勢力下におく。大友氏の領国である豊後は、島津氏との和睦により脅威が減じたものの、国内が混乱し、さらに豊前・筑前では反大友勢力が勢いを増し始める。

四国は、信長が、阿波を三好康長に、讃岐《さぬき》を神戸(織田)信孝に支配させるべく四国攻めに取りかかった矢先に本能寺の変が起こり、それに乗じて八月、土佐の長宗我部元親《ちょうそかべもとちか》が阿波に侵攻、それを食い止めるために秀吉は九月黒田孝高《くろだよしたか》を淡路に、また仙石秀久《せんごくひでひさ》等を阿波に送り、長宗我部氏の北上を押さえる。

賤ヶ岳の戦い

天正一〇年末、秀吉は近江に軍を進め、柴田勝豊《かつとよ》の長浜城を攻略、ついで信孝の岐阜城を攻め、信孝のもとにあった三法師を安土に移す。翌一一年閏《うるう》正月、秀吉は、信雄を安土に迎え、三法師に代って政治を委ねる。この時期、秀吉は、対外的には信雄を「殿様」と遇している。二月末、柴田勝家が江北《ごうほく》に進出したのを受けて、三月一七日、木ノ本《きのもと》に本陣を構えるが、しばらく膠着状態となる。

四月一六日秀吉は、岐阜の信孝挙兵の報を受け、自ら軍を率い大垣に急行する。これを機に江北の戦線は動きだす。二〇日、柴田方の佐久間盛政《さくまもりまさ》が秀吉方の中川清秀の大岩山砦《おおいわやまとりで》を落とす。この報に接した秀吉は、すぐさま木ノ本に戻り、柴田勢を攻撃。支えきれなくなった勝家は、本陣を払い北庄《きたのしょう》へと逃れる。いわゆる賤《しず》ヶ《が》岳《たけ》の戦いである。

秀吉は、勝家の跡を追って越前に入り、その居城北庄城を包囲し、二四日に城を落とす。一方信孝は、五月二日、兄信雄によって自害させられる。この結果、摂津を領していた池田恒興が美濃に移り、摂津は秀吉が領することになる。また越前と加賀二郡を丹羽長秀が、能登と加賀二郡を前田利家が、滝川一益の旧領北伊勢を信雄が、丹波を秀吉の養子秀勝《ひでかつ》が、但馬《たじま》・播磨を秀吉の弟秀長が領することになる。

摂津を手にした秀吉は、畿内の要としての大坂に新城を築き始める。この直後に秀吉が関東の領主に送った書状で「大坂は、五畿内の廉目《かどめ》よいところであるので、ここを居城と定めた」と述べている。九月一日、大坂城普請の鍬初《くわぞ》めがあり、天正一二年八月はじめ正式に秀吉は大坂城に入る。ちなみに一五八四年一月に発信された一五八三年度(天正一一)のイエズス会日本年報には秀吉は大坂の地に内裏《だいり》、寺院、町を移転するよう命じたとの伝聞が記されている。この後、大坂城は、天正一五年九月、京都内野《うちの》の地に新たに築かれた聚楽第《じゅらくだい》に秀吉が移徙《いし》するまで秀吉の本城であり、その後も本城に準じる重要な城と位置づけられつづける。

小牧・長久手の戦い

天正一一年、家康は大名物《おおめいぶつ》の茶入れ初花肩衝《はつはなかたつき》を秀吉に贈り、賤ヶ岳の戦勝を賀す。それに応え秀吉は不動国行《ふどうくにゆき》の刀を家康に贈る。こうしたなか家康は、自らの手で関東の「無事《ぶじ》(和平)」、具体的には北条氏と関東の諸領主との和睦を実現させると秀吉に伝える。これを認めていた秀吉は、一〇月末、関東の「無事」がいまだ実現していないが「如何」かと家康に問いただし、「無事」が調わないのであれば、家康と談合のうえ軍勢を派遣し成敗したい旨の書状を送る。この時点では秀吉と家康両者の関係は対等である。

秀吉の書状を受け取った家康は、北条氏政に秀吉から「関東惣無事」のことを言ってきたのでそれを伝えるが、よくよく考え返事をするよう求める。しかし、この要請が実現しないうちに秀吉・家康の関係が悪化し、うやむやとなる。

秀吉から「殿様」とされていた信雄は、秀吉の勢力拡大を嫌い、天正一二年三月、家康を味方につけ秀吉との対決姿勢を鮮明にする。同時に四国の長宗我部氏に働きかけ、また紀州の雑《さい》賀《か》一揆・根来衆《ねごろしゅう》に信雄・家康の連名で大坂攻撃を求め、さらに家康は同盟関係にあった北条氏に援軍を求め、越中の佐々《さっさ》成政《なりまさ》にも働きかける。これに対し秀吉は、美濃の池田恒興・森長可《ながよし》を味方につけ、北国の丹羽長秀・前田利家、越後の上杉景勝を秀吉側につけ佐々成政の動きを牽制する。さらに宇喜多秀家《ひでいえ》・毛利輝元《てるもと》に中国筋の警戒を求め、四国に対しては淡路の仙石秀久を、紀州雑賀に対しては岸和田城の黒田孝高等を備えさせる。

小牧・長久手の戦いは、尾張小牧山に信雄・家康が本陣を、楽田《がくでん》に秀吉が本陣を置く、両者対峙が基本構図である。この戦いで最も大きな戦闘は、秀吉の甥秀次《ひでつぐ》を主将とした軍勢が家康の後方攪乱のために三河へと兵を動かし、それに気づいた家康が秀次軍を背後から攻め、長久手で破ったもので、秀吉にとっては大きな痛手となった。この戦い後は、膠着状態となるが、秀吉が北伊勢に侵攻し信雄に圧力をかけたことで、一一月に両者のあいだで講和が成立する。

この講和後、家康のもとに秀吉から使者が派遣され、両者の講和も成立する。この講和は、家康が次男の於義丸《おぎまる》(のちの結城秀康《ひでやす》)を養子として秀吉の元に送り、家康が秀吉に屈したかたちでひとまず決着する。その後も秀吉と家康のあいだで人質をめぐる交渉が続くが、天正一三年一一月には決裂、秀吉は、「家康成敗」へと向かう。

太閤検地と石高制

秀吉の検地は、一般に太閤《たいこう》検地と呼ばれる。その初発は、信長のもとで領有していた播磨にみることができるが、本格化するのは天正一一年以降であり、検地の方式や基準も年とともに試行錯誤が繰り返され、ようやく天正一七年の検地条目を定めた美濃での検地で整ったものとなる。

検地は、村ごとに田畠屋敷など地目《ちもく》を定め、それぞれ一筆《いっぴつ》ごとに字《あざ》、等級、面積、石高《こくだか》、名請人《うけにん》を確定し、それらを集計して村高《むらだか》とした。検地にあたっては、一間《けん》を六尺三寸、一間四方を一歩《ぶ》、三〇〇歩を一反《たん》(段)、公定枡《ます》を京枡とし、村の善し悪しを勘案して、耕地の等級、たとえば上田《じょうでん》ならば一反一石五斗といった斗代《とだい》を定め、それに面積を乗じて高を算出した。また、従来一片の耕地に名主職《みょうしゅしき》・作職《さくしき》・下作職《げさくしき》、本役のほかに加地子《かじし》(地主の得分)、さらに段銭《たんせん》(田畑一段ごとの課銭)など複数の権利や負担が重なりあっていたが、これらを整理し、一片の耕地には一人の耕作者とする一地一作人制が実施される。

検地によって田畑とその斗代とを定め、耕作者と年貢《ねんぐ》納入者を一致させ、村に年貢納入の義務を課し、さらに検地で定まった高を基準に知行《ちぎょう》・領地を武士に宛行《あてが》った。検地によって年貢を基本的には米納とし、さらに中世にあった雑税の万雑公事《まんぞうくじ》は小物成《こものなり》など一部を残し存続するが、守護の国単位の支配の根拠ともなっていた段銭は姿を消す。こうした検地の結果、百姓は耕作権を保証されると同時に年貢・夫役《ぶやく》等の負担義務を負うことになる。

そして、この石高が、秀吉より大名をはじめとする諸領主への知行宛行《ちぎょうあてがい》の単位となり、また大名より家臣への宛行にも使用され、さらにその宛行高が大名や家臣が主人に負担する軍役の基準ともなった。このように太閤検地は、近世日本の土地制度・社会制度の根幹をなす石高制の基礎となった土地政策であり、その歴史的重要性は、極めて大きい。

百姓への条々

秀吉子飼いの武将で秀吉の蔵入地《くらいりち》支配にも関与していた浅野長吉《ながよし》は、若狭一国を与えられた天正一五年、領内の村々に七か条の条々を与える。第一条で、隣国より年貢未進のまま逃散《ちょうさん》してきた百姓の抱えを禁じ、第二条で盗賊人等の抱えを禁じ、第三条で給人《きゅうにん》・代官《だいかん》が百姓に対し理由なき人夫などを懸けたときはそれを受け入れてはならない、無理に付加しようとしたときには直訴するようにと定め、第四条では年貢収納は定升《さだめます》により、年貢未進は百姓「曲事《くせごと》（違法行為）」とする。第五条で以前に走った（逃散した）百姓を呼び返し田地が荒れぬよう申し付けること、年貢は荒地は半納、「年々荒（数年にわたる荒田）」は翌年の夫役免除、荒地の開墾また主なしの田地を作付けしたときには末代その支配を認めるとする。

最後の二か条は、一九五〇年代の太閤検地論争の過程で特に知られるようになったものであるが、第六条で、「おとな百姓」が下作に申し付けて「作《さく》あひ（作得）」を取ることを禁じ、従来から耕作する百姓の直納を命じる。そこには太閤検地の原則の一つである作合《さくあい》否定が明示されている。第七条は「おとな百姓」や「しやうかん（庄官）」などが「ひらの百姓」を使役することを禁じている。ここから小農自立政策が読み取られた。

2　関白秀吉の時代

秀吉関白となる

小牧・長久手の戦いの状況を読んだのか、朝廷は天正一二年(一五八四)一一月に秀吉を従三位《じゅさんみ》権大納言に叙任する。ついで翌一三年三月、秀吉は正二位《しょうにい》内大臣に昇進する。こうしたなか同年五月、左大臣近衛信輔《のぶすけ》(信尹《のぶただ》)と関白二条昭実《にじょうあきざね》とのあいだで関白職をめぐって争論となり、その処理が秀吉のところに持ち込まれる。これを受けて秀吉は、「いずれが非となってもその家の破滅となり、それでは朝家のためによろしくない」とし、自らが関白となることを近衛信輔に提案する。信輔はその提案に逡巡するが、秀吉が信輔の父前《さき》久《ひさ》の猶子《ゆうし》となり、信輔と兄弟の契りを交わし、いずれは関白を信輔に譲ろうと持ちかけ、さらに近衛家には一〇〇〇石、他の摂家《せっけ》には五〇〇〇石を与えることを約束する。

秀吉の攻勢のもと前久は「関白ノ濫觴《らんしょう》ハ一天下ヲアツカリ(関り)申(白)ヲ云也、而《しかる》ニ今秀吉四海ヲ掌《たなごころ》ニ握レリ、五家ヲコト〳〵ク相果《あいはた》サレ候トモ、誰カ否《いな》ト申ヘキニ、如此《かくのごとく》再三ノ届ノ上、剰《あまつさえ》当家ノ養子トナリ、果テ信輔ニ当職与達(奪)アラハ、不及是非《ぜひにおよばぬ》次第也」とし、また信輔も「当家の再興になるならば」とやむなく賛成する。ここに、藤原姓の従一位関白秀吉が誕生する(図2-2)。天正一三年七月一一日のことであ

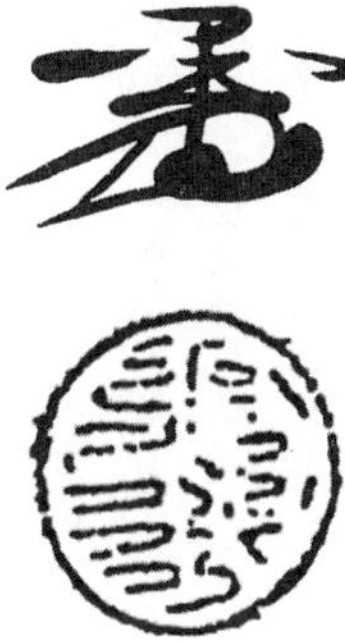

図2-2　豊臣秀吉の花押(上)と朱印(下)

る。

本能寺の変後、九州では豊後の大友、肥前の竜造寺、薩摩の島津の三氏が三つ巴の戦いを繰り広げるが、天正一二年三月、竜造寺隆信《たかのぶ》が有馬《ありま》攻めの際、島津氏の援軍に破れ戦死する。その結果、島津氏の勢力が北九州に及び、圧迫された豊後の大友氏は、秀吉に援助を求める。

九州停戦命令

この機会をとらえて秀吉は、一三年一〇月、島津義久《よしひさ》に勅命を標榜し停戦を命じる。その書状には、「勅定《ちょくじょう》によって伝える。関東は残らず、奥州の果まで綸命《りんめい》(天皇の命)に随い、天下静《せい》謐《ひつ》であるにもかかわらず、九州ではいまにいたっても「鉾楯《たてほこ》」合戦が続いているのはよろしくない。国郡境目の相論についてはそれぞれの言い分を聞いたうえで秀吉が決める、まず敵味方とも弓箭《きゅうせん》を止めよ、これが叡慮《えいりょ》である」とある。天皇の権威を前面に押し立てての停戦命令である。しかし、天皇から具体的な「勅定」や「叡慮」が示されたわけではなく、恐らく鎌倉以来の名族島津氏に対して「叡慮」を持ち出さざるを得なかったのだろう。

秀吉からの命令を受け取った島津氏では激論が交わされ、「秀吉は由来なき仁、島津家は源頼朝以来連綿と続く家柄であり、関白顔する秀吉ごときに返事など笑止」との強硬な意見もでる。しかし結局、勅命とのことでそれを受け、自らの立場を陳述するために一四年正月家臣の鎌田《かまた》政弘《まさひろ》を上洛させる。

上洛した鎌田政弘に、秀吉は、肥後半国・豊前半国・筑後を大友氏に、肥前を毛利氏に、筑前を秀吉直轄とし、残りを島津氏の領地とする九州国分け案を提示し、返答なければ秀吉自ら出馬すると鎌田に申し渡す。

景勝・家康の臣従

島津氏に停戦命令を出す一方、天正一三年一一月、秀吉は、人質交渉が進展しないのにしびれを切らし「家康成敗」を決断、年末に上杉景勝をはじめ諸大名にそれを伝え、さらに翌年正月初旬に二月出馬を報じる。こうしたなか、尾張の織田信雄が岡崎に家康を訪ね、秀吉と家康のあいだを仲介し両者は和睦する。この和睦を秀吉は、家康が人質を出し「如何様にも秀吉次第の旨」を懇望したので家康を赦免したとするが、秀吉側からは、姉の朝日《あさひ》が家康の正室として三河に下り、また甲信の支配を家康の裁量にまかせるなど、秀吉が圧倒的優位にたつ一方的な和睦ではなかった。

秀吉は、家康との和睦が実現すると、上杉景勝に圧力をかけ上洛を求める。それに屈服した景勝は上洛し、六月一四日大坂城に出仕、秀吉に臣礼をとる。この時、景勝は佐渡《さど》の支配を認められ、また秀吉と関東・奥羽の諸大名との取次《とりつぎ》を命じられ、さらに秀吉の執奏《しっそう》で従四位下少将に叙任される。

家康と和睦し、景勝を上洛させた秀吉は、対馬《つしま》の宗義調《そうよししげ》に「日本の地においては、東は日下《ひのもと》までことごとく治掌、天下静謐のこと候」と報じるとともに、九州へ自ら出陣すること、さらに「高麗《こうらい》国へ御人数を遣わす」と朝鮮への軍勢派遣を表明する。

景勝を臣従させた秀吉は、家康に上洛を求めるが、家康は容易に応じない。そこで秀吉は家康上洛の担保として母である大政所《おおまんどころ》の三河下向を伝え、重ねて上洛を求める。こうした秀吉の細心の詰めに応じざるを得なくなった家康は、一〇月浜松を発ち、大政所の岡崎到着を確認したうえで京へと向かい、大坂で秀吉と対面する。ここに両者は、「入魂《じっこん》」となり、家康は「何《い》様《か》《よう》にも関白殿次第」と秀吉に従属する姿勢をとる。その折秀吉と家康が談合した結果、「関東之儀」は家康に任せることになる。さらに家康は、在京中に秀吉の執奏によって従三位権中納言に叙任される。

領国仕置定一一か条

「家康成敗」への出陣直前の天正一四年正月、秀吉は、仕置定《しおきさだめ》一一か条を公布する。関白任官後はじめてのまとまった法令である。宛先を記さないが、秀吉の家臣を対象としたものである。第一条で、奉公人については侍《さむらい》はいうに及ばず中《ちゅう》間《げん》・小者《こもの》・あらし子に至るまで主人に断りなく立ち去ったものを新たな主人が召し抱えることを禁じる。

第二条から第七条までは、家臣(給人)の百姓支配について定めたもので、第二条で、百姓は田畠を荒らしてはならず、年貢は給人が村に行き百姓と相対で検見をし収穫高の三分の一を百姓に遣わし三分の二を給人の取り分とすると定め、第三条で、万一旱水損《かんすいそん》で一反に米一斗以下の収穫のときにはそれを百姓に取らせ、翌年の植え付けにあてるよう、一斗以上のときには定どおりとし、第四条で、年貢を納めず夫役等も勤めない百姓は、隣国他郷へ移ることを禁じ、第五条で、給人が百姓に無理難題を懸けることを禁じ、第六条で、升を公定し、他の役米を取ることを禁止する。さらに第七条で、村々の堤等の修理は農作に手間のかからない正月中にすること、ただし堤が大破の時は申し出るようにと定める。第八条から第一一条までは、給人・奉公人等の衣類・履き物等についての規定である。

全体として、この時期の軍団を動かすとき欠かせぬ奉公人の掌握を計り、また百姓の成り立ちを念頭に置いた年貢収納の仕方、百姓逃散の防止、堤などの勧農策がかなり具体的に定められている。

後陽成天皇の擁立

天正一四年七月、正親町《おおぎまち》天皇の跡を受けて即位する予定であった誠仁《さねひと》親王が突然死去する。死因は瘧《ぎゃく》(おこり)であったようだが、巷では「自刃」とまで噂された。世上は正親町天皇と秀吉の関係をなお定まらぬものとみていたようである。その死から三か月あまり後の一一月、正親町天皇が譲位し、誠仁親王の第一皇子の和仁《かずひと》親王が後陽成《ごようぜい》天皇として即位する。和仁親王は九月に親王宣下《せんげ》を受けたばかりであった。

秀吉は、一一月七日の正親町天皇の譲位の儀礼に参加し、二五日に紫宸殿《ししんでん》で行われた即位礼では、高御座《たかみくら》に入御《にゅうぎょ》した後陽成天皇に灌頂《かんじょう》を伝授する。この灌頂相伝《そうでん》は、それまで摂家の二条家がほぼ独占してきたものである。即位礼の翌月、近衛前久の女前子《さきこ》が関白秀吉の養女として入内し、後陽成天皇の女御《にょうご》となる。形式的とはいえ、秀吉は天皇の外戚の地位に就く。そして、その直後に秀吉は太政大臣に任じられ、豊臣の姓を与えられた。

島津攻めと九州仕置

天正一四年七月までの返事を島津氏に求めた秀吉は、ただ待っていたのではなく、同時に毛利輝元に九州攻めの準備を命じる。一方、島津氏は、秀吉の国分け案を無視し、肥後八代《やつしろ》に兵を出す。これを聞いた秀吉は、すぐさま島津「征伐」を決め、長宗我部元親等を先手に命じ、毛利輝元等を先手に加え、備前・播磨・丹波・美作・紀伊・淡路の軍勢を羽柴秀長・秀次に付けて派遣を決める。

島津勢が筑後・筑前へと侵攻するなか、督促をうけて輝元も出陣する。豊後に渡った四国勢は、大友勢とともに南下するが、一二月北進してきた島津勢と豊後戸次《へつぎ》川で戦い大敗する。この報に接した秀吉は、翌年正月宇喜多秀家らの軍勢を出陣させ、自らは三月一日大坂城を発つ。

二八日に豊前小倉《こくら》に入った秀吉は、軍を二手に分け、自らは筑前・筑後・肥後へ、秀吉の弟秀長を将とする軍は豊前・豊後・日向へと向かう。秀長軍は、四月には島津勢の籠もる南日向の高城《たかじょう》を包囲し、その本隊を撃破する。

一方、秀吉は、肥後熊本を経て、五月三日薩摩泰平寺《たいへいじ》に陣する。こうした状況をみて、同八日、剃髪《ていはつ》した島津義久が、秀吉のもとに走り入り、赦免を請う。秀吉は、それを赦し、薩摩一国を与える。その後、秀吉は、大隅曽木《そぎ》まで進み、ここで馬を返し、六月に博多《はかた》に入り、改めて九州の国分けをおこなう。筑前と筑後・肥前のそれぞれ二郡を小早川隆景に、豊後を大友義統《よしむね》に、豊前六郡を黒田孝高に、同二郡を毛利吉成《よしなり》に、肥前の大半を竜造寺政家《まさいえ》に、日向を伊東祐兵《すけたか》・秋月種長《あきづきたねなが》・高橋元種《もとたね》・島津豊久《とよひさ》に、薩摩を島津義久に、大隅を島津義弘《よしひろ》に、相良長毎《さがらながつね》への安堵《あんど》分を除く肥後を佐々成政に与える。

秀吉の九州出兵は、秀吉軍の圧倒的勝利で終結したかにみえる。しかし秀吉が大坂に凱旋してまもなく、佐々成政に与えられた肥後で、国人や百姓が成政の仕置に反発し、一揆が蜂起する。九月末には肥前で、一〇月半ばには豊前でも一揆が起きる。これに対し秀吉は、小早川秀《ひで》秋《あき》・黒田孝高・毛利輝元等に出陣を命じる。一二月には肥後ついで豊前の一揆が鎮圧され、翌年正月、肥後仕置のために浅野長吉等が派遣され、三月には「一着」する。一方成政は、仕置の非を責められ領地没収、切腹を命じられ、肥後は加藤清正《きよまさ》と小西行長《ゆきなが》に与えられる。

薩摩から博多に凱旋した秀吉は、突然、伴天連《ばてれん》追放令を発令する。九州に来て、キリスト教の広がりや長崎が教会領となっていたことを見聞きしたことによると思われる。六月一九日の追放令第一条で日本は「神国」であり「邪法《じゃほう》」たるキリスト教を排撃すると述べ、第二条で神社仏閣を打ち破ることは前代未聞、かつ国郡を給人にくだされたのは「当座」のことであるとし、第三条で伴天連の追放を宣言する。しかし第四条では南蛮《なんばん》貿易の黒船《くろふね》は商売のことであり格別とし、第五条で仏法を妨げないならば商人は言うにおよばず、「きりしたん国」よりの来訪者も許すと、貿易の自由を保証する。そしてイエズス会に寄進されていた長崎・茂木《もぎ》・浦上《うらかみ》などの教会領を没収し、各地の教会も取り壊す。

聚楽第と聚楽行幸

天正一四年二月、秀吉は、旧内裏跡であった京都内野に聚楽第の築造を始め、翌年九月大坂より本城をここに移す。そして一六年四月、後陽成天皇を聚楽第に迎える。

行幸当日、秀吉は自ら禁裏まで出向き、天皇が鳳輦《ほうれん》に乗るのを助ける。行幸初日は、七献《しちこん》の饗宴、管弦がある。翌日、秀吉は、京中の地子銀《じしぎん》五五三〇両余を禁裏に進上し、京中の地子米《じしまい》八〇〇石を正親町上皇と智仁《としひと》親王(八条宮《はちじょうのみや》)に献じ、さらに公家や門跡《もんぜき》に近江高島《たかしま》郡内で合計八〇〇〇石の地を与える。行幸は当初三日の予定であったが五日に延長される。

行幸二日目、秀吉は大名から三か条の誓紙をとる。第一条は聚楽行幸に際しての昇殿勅許《しょうでんちょっきょ》への御礼、第二条は禁裏御料所《ごりょうしょ》、公家・門跡領の保証、第三条は関白秀吉の命には背かないことが記されているが、言うまでもなくこの誓紙の最大の目的は第三条にある。

この時の誓紙提出者は、内大臣織田信雄・権大納言徳川家康・権大納言豊臣秀長・権中納言豊臣秀次・参議宇喜多秀家・右近衛権少将前田利家の六人のグループと、豊後侍従《じじゅう》大友義統、丹後少将細川忠興ら二三名のグループに分けられる。またその署名に注目すると、織田信雄が平《たいら》姓、徳川家康が源《みなもと》姓など、数名が異なる姓であるが、過半の大名が豊臣姓であり、形式的とはいえ豊臣姓をもって擬制的な同族集団を出現させている。

さらにこの聚楽行幸を契機に、武家の家格が公家の家格を取り込むかたちで新たに編成される。この点を明らかにした矢部健太郎氏の仕事によれば、聚楽行幸を前に、織田信雄・徳川家康・豊臣秀長・豊臣秀次の四人が清華成《せいがなり》する。清華成とは、摂関《せっかん》家に次ぐ家格で摂関にはなれないが太政大臣まで昇進可能な家の格式を得ることである。また、聚楽行幸直後に毛利輝元と上杉景勝も清華成する。この武家の清華成は、武家内部での家格序列、武家摂関家としての豊臣、清華家としての徳川他、そしてそれ以下の武家に序列化することを狙ったものとする。

天正一六年七月に秀吉が出した三か条の刀狩令《かたながりれい》は、第一条で、百姓が刀・脇指《わきざし》・弓・槍・鉄砲などを所持するのを禁じ、不要な武器を蓄え、年貢等を納めるのを渋り、一揆を企て、領主に対し非儀を行うものは成敗するとし、さらに領主や代官は武具を取り集め進上するようにと定め、第二条で、集めた刀・脇指は、今度の大仏《だいぶつ》建立のための釘・かすがい(鎹)にするので、今生だけでなく来世までも百姓を救うことになるとし、第三条で、百姓は農具さえもち耕作をもっぱらにすれば、子々孫々まで長久であり、今度の仰せは百姓に憐れみをもって出されたもので、誠に「国土安全万民快楽」の基であり、中国では尭《ぎょう》の時代に天下を鎮撫《ちんぶ》するために、宝劒利刀《ほうけんりとう》を農具としたことはあるが、日本にてはそのようなことはない、そこでこの旨を守り、百姓は農桑《のうそう》に精を出すべきである、とする。いろいろ捏ねくり回してはいるが、多聞院の僧英俊が、その日記に「内証《ないしょう》は一揆停止のためなりと沙汰これあり」と記したように、その本質は「一揆」対策にあった。

刀狩令・海賊停止令

刀狩令にみえる大仏造立は、天正一四年四月に議論の俎上にのせられるが、本格的な普請開始は二年後の一六年のことである。同年五月、上京下京《かみぎょうしもぎょう》の町人四〇〇〇人を大仏造立の地に集め、酒肴を振舞い、築かれた基壇《きだん》のうえで踊らせ、大仏造立は始まる。一〇月からは越前・丹後・丹波・美濃・伊勢・加賀・越中・備前等の大名が、ひと月ごとに動員され、また徳川家康ら周辺大名には大仏殿の用材供出が求められる。

天正一九年五月に大仏殿の柱立《はしらだて》が始まり、翌年一一月に完了する。しかし朝鮮出兵用の軍船建造のために大仏殿の作事は延期され、文禄《ぶんろく》二年(一五九三)九月に棟上《むねあ》げがなされ、内部に安置される大仏も三年七月ころにはほぼ完成する。しかしすぐには開眼《かいげん》供養には至らず、文禄五年八月一八日予定された供養も閏七月一二日深夜に起きた大地震で大仏が大破し延期される。翌年、大破した大仏に代えて善光寺《ぜんこうじ》如来《にょらい》を遷座《せんざ》させ、寺号も大仏から善光寺如来堂と改められる。この善光寺如来は、秀吉が没する前日の慶長《けいちょう》三年八月一七日、京都から信濃へと帰座する。

刀狩令が出た同じ日、秀吉は海賊停止令《かいぞくちょうじれい》と通称される三か条の法令を出す。第一条では、諸国の海上において海賊行為は堅く禁じられているにもかかわらず、今度備後と伊予のあいだの伊都岐島《いつきしま》で海賊行為があった、これはけしからぬことであるとし、第二条で、国々浦々で船頭・猟師など船を使うものを改め、海賊行為をしないという誓約をとり、国主がそれらを取り集め進上するようにと命じ、第三条で、今後、領主が油断し、領内で海賊行為があった場合には成敗し、その領地も没収すると定める。

小田原攻め

天正一四年一〇月の家康上洛を機に、秀吉は、家康に北条氏と関東諸領主との抗争の停止＝「惣無事」の仲介と北条氏父子いずれかの上洛を求めるが、北条氏は容易には応じない。天正一六年六月になって家康は、北条父子に兄弟衆の今月中の上洛と父子の秀吉への出仕を求め、もし聞き入れないのであれば氏直の室である我が娘を返せと起請文をもって迫る。その結果、氏直の叔父北条氏規《うじのり》が上洛し、秀吉に謁見する。これをもって秀吉は、北条氏が臣従したものとし、北条氏と真田氏とのあいだで懸案であった上野沼田《ぬまた》領を、三分の二を北条領、三分の一を真田領と裁定する。ところが北条氏が真田分の名胡桃《なぐるみ》城を攻略するという、秀吉裁定を無視する行動に出たため、秀吉は、それを口実に小田原攻めに踏み切る。

天正一八年三月、秀吉は京都を発つが、西からは、徳川家康・織田信雄・豊臣秀次ら、北からは上杉景勝・前田利家ら、海上からは九鬼嘉隆《くきよしたか》・脇坂安治《わきざかやすはる》らの水軍が小田原に向けて軍を進め、東海道の諸城には毛利輝元・小早川隆景ら中国筋の大名が入る。一方、北条方は、小田原城に氏政・氏直父子が陣取り、伊豆・箱根の諸城を西方への前線とし、領内である相模・武蔵では支城に一族・重臣が籠もって、秀吉軍の攻勢に備える。

秀吉は、まず伊豆の山中《やまなか》城を落とし、箱根を越え、四月はじめに小田原城を包囲し、その後は長期の攻城戦に入る。北からの上杉勢・前田勢は四月半ばに上野を平定し、武蔵に入り、六月に八王子《はちおうじ》城を落とす。追い詰められた氏直は、七月五日、城を出て秀吉の陣に出向き降伏する。秀吉は、氏政と老臣たちに自刃を命じ、家康の女婿であった氏直については死を免じ高野《こうや》山《さん》に入らせる。北条早雲《そううん》以来五代九〇年続いた北条氏はここに亡びる。

七月一三日小田原城に入った秀吉は、家康から駿河・遠江・三河・甲斐・信濃の五か国を取り上げ、北条氏の旧領を中心に武蔵・相模・上野・上総・下総・伊豆を与える。同時に織田信雄に家康の旧領への転封を命じるが、信雄がそれを拒んだため、尾張・伊勢の領地を取り上げる。信雄の旧領尾張と伊勢の一部は秀次に与えられ、三河には田中吉政《よしまさ》・池田輝政《てるまさ》、遠江には山内一豊《やまうちかずとよ》・堀尾吉晴《ほりおよしはる》、駿河には中村一氏《かずうじ》、甲斐には加藤光泰《みつやす》、信濃には仙石秀久他四名が配される(図2-3)。

奥羽仕置　北条氏を屈服させた秀吉は、北上し、七月二六日宇都宮、八月九日会津黒川城に至る。小田原在陣中に安房《あわ》の里見義康《よしやす》、下総の結城晴朝《はるとも》、常陸の多賀谷《たがや》重経《しげつね》・佐竹義宣《よしのぶ》、下野の宇都宮国綱、さらに奥羽の大名たちも秀吉の元を相次いで訪れ臣従する。そのなかにあって参陣が遅れた伊達政宗《まさむね》から新たに占領した会津を召し上げ、奥羽仕置《おううしおき》を助けるよう命じる。

宇都宮に着いた秀吉は、各領主に奥羽仕置の方針を示す。その一人である南部信直《のぶなお》の場合には、①南部のうち七郡の安堵、②信直妻子の在京、③知行方《ちぎょうかた》の検地、蔵入地の設定、在京の賄いの確保、④家臣の城割りと家臣妻子の三戸《さんのへ》への指出《さしだし》が命じられる。会津黒川城に入った秀吉

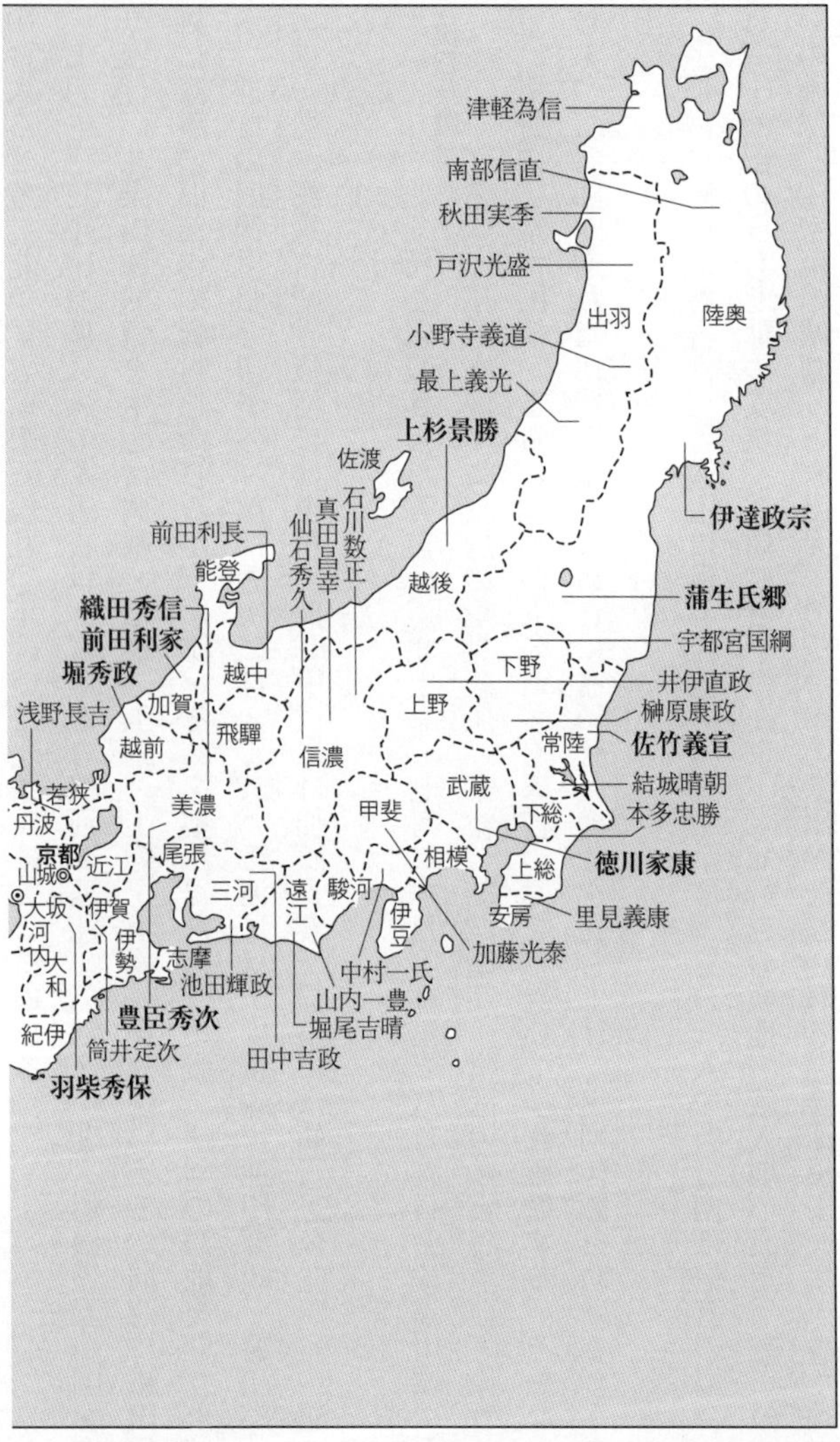

津軽為信
南部信直
秋田実季
戸沢光盛
出羽
陸奥
小野寺義道
最上義光
上杉景勝
佐渡
伊達政宗
石川数正
真田昌幸
仙石秀久
前田利長
能登
越後
蒲生氏郷
織田秀信
前田利家
宇都宮国綱
堀秀政
越中
下野
井伊直政
加賀
上野
榊原康政
浅野長吉
越前
飛驒
信濃
常陸
佐竹義宣
若狭
武蔵
結城晴朝
美濃
甲斐
下総
本多忠勝
丹波
京都
山城
近江
尾張
相模
徳川家康
上総
三河
遠江
駿河
大坂
伊賀
河内
伊豆
安房
里見義康
伊勢
大和
志摩
加藤光泰
池田輝政
中村一氏
山内一豊
豊臣秀次
堀尾吉晴
紀伊
筒井定次
田中吉政
羽柴秀保

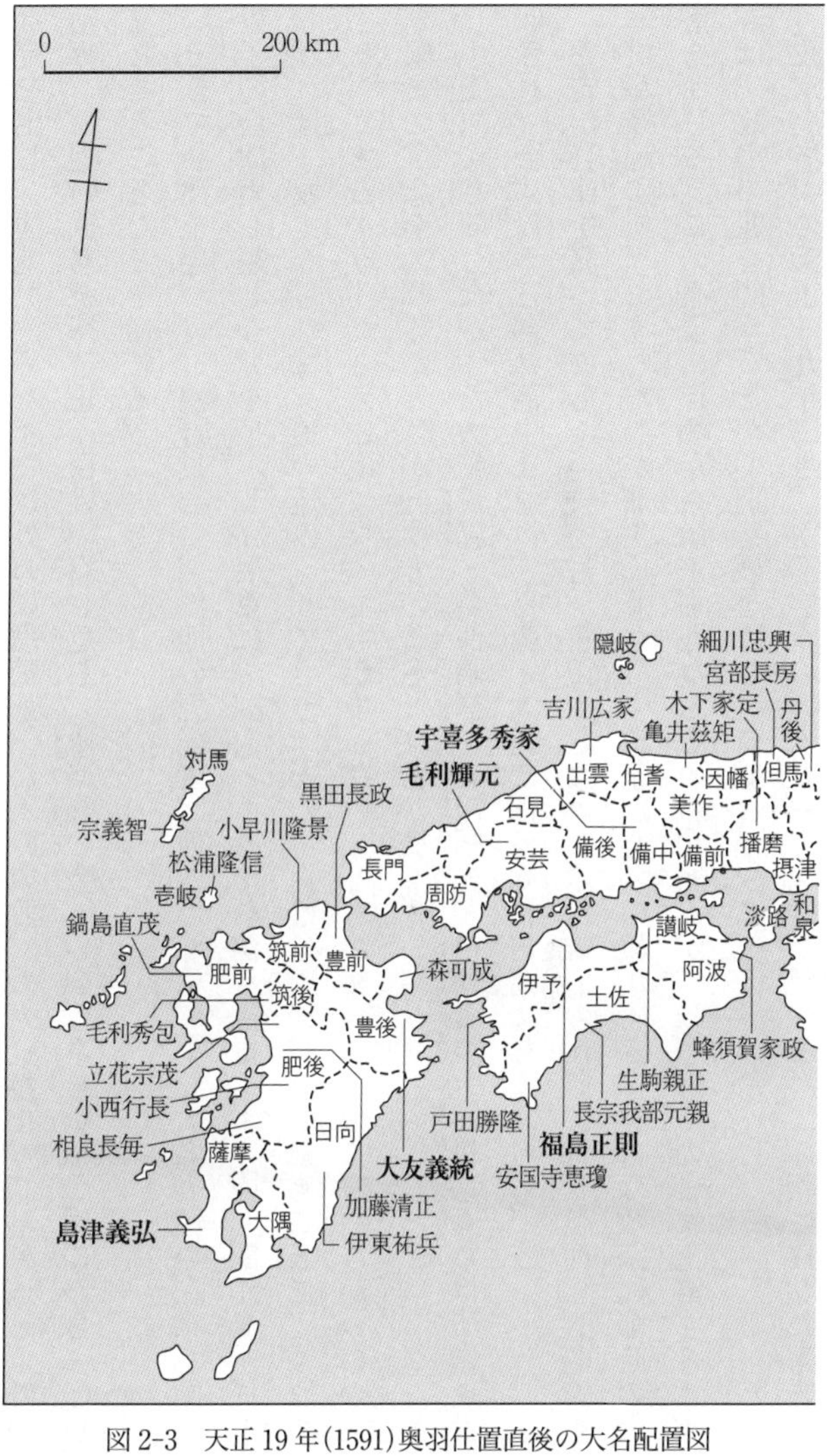

図 2-3　天正 19 年(1591)奥羽仕置直後の大名配置図

は定《さだめ》を出し、検地で決めた年貢以外の課役禁止、盗人の成敗、人売買禁止、諸奉公人・百姓の勤め、百姓の武器所持禁止、百姓の召し返し、永楽銭《えいらくせん》の金との換算率を金一〇両につき二〇貫文とすることなどを命じる。

そして会津を発つ日、浅野長吉に、検地の担当者、検地の斗代、主要大名妻子の在京、国人妻子の会津差し越しなどを指示し、最後に、国人・百姓たちが合点《がてん》行くよう申し聞かせ、従わなければ、城主ならば城へ追い込み「なてきり」とし、百姓は「一郷も二郷もことごとくなできり」にするよう、たとえ亡所になってもかまわない、ともかく「山のおく海ハろかいのつゝき候まで、念を入れること」が肝要との著名な文言が続く。

小田原に参陣しなかった大崎義隆《よしたか》・葛西晴信《はるのぶ》・石川昭光《いしかわあきみつ》・白河義親《しらかわよしちか》・田村宗顕《たむらむねあき》らは所領を没収され、会津以下三郡は蒲生氏郷《がもううじさと》に、葛西・大崎二郡は木村吉清《きむらよしきよ》に与えられる。

秀吉が会津を発ってまもない一〇月、新領主となった木村吉清の仕置に抗し葛西・大崎でも一揆が蜂起する。こうしたなか蒲生氏郷から「政宗別心」の報が届き、秀吉は政宗に即時の上洛を命じる。この直後に氏郷から政宗別心なしとの報が届くが、政宗はそのまま上洛する。秀吉は、政宗の罪を問うことなく羽柴姓を許し、侍従に任ずる。

政宗上洛中の天正一九年二月、南部信直の領内九戸《くのへ》で一揆が起きる。この報に接した秀吉は、六月、葛西・大崎と九戸の一揆を鎮圧するために、伊達政宗・蒲生氏郷・佐竹義宣・宇都宮国綱・上杉景勝・徳川家康・豊臣秀次からなる大軍勢の出動を命じる。秀吉の会津動座《どうざ》(出陣)を超える大規模なものである。葛西・大崎の一揆は、帰国した政宗によって七月には鎮められるが、九戸の一揆は、秀次・家康等の軍によって九月になってようやく鎮圧される。そして、この奥羽の一揆は、秀吉の朝鮮出兵を一年延期させた。

この後、会津を領した蒲生氏郷は大加増されるが、政宗は米沢から陸奥岩出山《いわでやま》に移され、知行高もわずかではあるが減じる(図2-3参照)。ここには秀吉の政宗への疑心と警戒が窺える。

惣無事令はなかった

一九七八年、藤木久志氏が提唱された「惣無事令《そうぶじれい》」は、喧嘩停止令《ちょうじ》、刀狩令、海賊停止令などとともに豊臣政権の政策基調をなすものとされ、日本史辞典の項目や高等学校の教科書にも採用され、いまや定説となっている。氏の「惣無事令」は、初発の段階から徐々に肉付けされ、一九八五年ころには、大名・領主への停戦命令、当知行の暫定的安堵、公の領土裁定、不服従者の制裁を内容とし、その権限は関白任官によって秀吉が手にしたものと定式化された。しかし近年、こうした理解にさまざまな疑問が呈されるようになった。

秀吉が「惣無事」という言葉を最初に使ったのは、前述したように家康に「関東惣無事」を求めた天正一一年のことであり、権限を手にするのは天正一三年の関白任官によるとする藤木氏の主張は成立しない。豊臣政権の成立と天皇権威との関係を考えたとき、この点が藤木「惣無事論」の最大の問題点といえよう。

また「惣無事」は、そもそも広く関東・奥羽を含む東国において「和平」「平和」「和与」「一和」などとともに講和を意味する言葉として戦国期を中心に使用されたものであり、藤木氏がいう「大名・領主への停戦命令、当知行の暫定的安堵、公の領土裁定、不服従者の制裁」を意味する言葉でも、さらに秀吉が創出した言葉でもない。実際の使用例をみても、たとえば天正一五年の九州攻めを終えたあと秀吉が「関東・奥両国《おくりょうごく》惣無事」を主張するが、これは解決を見ない関東での戦闘停止と奥両国での争乱終結を意味したもので、かつこうした秀吉の言葉は強権的に東国の諸大名・諸領主に一斉に発せられたのではなく、家康や秀吉家臣の富田知信《とみたとものぶ》などと東国諸大名・諸領主との従前からの関係を通して、個別的に伝達されたに過ぎない。

すなわち、「惣無事」は、秀吉が、東国における講和の一形態である「無事」を踏まえ、新たな地域あるいは諸大名や諸領主を自らの勢力下におくためにとった働きかけの一つの形態であり、強力な政権が一方的にそれらの領主に命じた「令」でも、その機能が永続的なものでもない。さらにその法源は、関白任官いいかえれば天皇権威には求めえない。

人身売買の禁止

前に述べたように、戦国の世では戦場での殺戮だけでなく、男女の生け捕り、生け捕りされた人の売買が日常的になされていた。これに変化がみられるのは、秀吉による島津攻め以降のことである。この点を明らかにされたのは藤木久志氏である。

天正一〇年二月、徳川家康は、北条氏と対峙するなか、「男女・牛馬、いっさい取るべからざる事」と男女の生け捕りを禁じる。しかしこの場合は特定の郷村を対象としたものであり、広く適用される一般法令であったわけではない。

天正一五年、秀吉は、日本人奴隷の外国への売却を禁止するとともに、日本国内での人の売買を禁止する。その後も秀吉は機会あるごとに天正一六年以降の人の売り買いはすべて破棄すると指示し、人身売買の禁止を浸透させていく。この人身売買の禁止は、占領地が略奪の対象ではなく永続する領域へと変化していったことが背景にはある。ただ、秀吉が命令を発したからと言って、人身売買が直ぐさま終息することはなく、朝鮮出兵の折には多くの「人取り」された人々が人買い商人によって売買され続ける。

大坂夏の陣が終わった翌年の元和《げんな》二年(一六一六)一〇月、幕府が出した九か条の定の一条に、「人の売買の事、一円停止たり」とあり、それに続けて売買したものは売損・買損とし、なかでも「拘引《こういん》売り」については売り主を成敗し、売られたものは本主に返すこととみえる。そこには、この段階になってもなお人身売買があり、さらには人取りによる売買もなお存在したことを窺わせるが、ともかくも人身売買禁止の施策は、あらたな政権にも継承されている。

3　朝鮮出兵

秀吉の「唐入り」

秀吉は、天正一三年(一五八五)九月、「唐入《からい》り」を初めて口にし、ついで一四年六月対馬の宗義調《そうよししげ》に筑紫への動座の際に高麗《こうらい》へ軍勢を遣わすことを告げ、さらに一五年五月の薩摩在陣時にも朝鮮への軍勢派遣を伝える。これに対し宗氏が高麗国王の出仕交渉にあたることで出兵はひとまず中止されるが、一〇月、秀吉は、来春博多へ動座し「唐・南蛮・高麗国」まで自らの意のままとするつもりなので、出仕問題を早急に処理するよう求める。一六年三月にも出兵の意向を伝えるが、宗氏が夏中に自ら渡海し交渉にあたるとしたため、出兵を再度思い止まる。

天正一六年八月、島津義久は琉球《りゅうきゅう》国王に、秀吉による天下一統、高麗の「出頭」、「唐土《もろこし》・南蛮両州」からの使者派遣の噂のあることを告げ、このままだと兵船が派遣され「滅却」の事態となろうと、秀吉への使節派遣を促す。琉球国王はこれに応え、翌年五月、全国統一と天下太平とを賀す書と使節を秀吉に送る。秀吉は、これを琉球の服属と捉える。

一方朝鮮は、宗氏の再三にわたる求めに応じて使節を派遣する。使節は、天正一八年三月漢城《ハンソン》を発ち、七月に京都に着く。九月一日秀吉は京都に戻るが、すぐには朝鮮使節には会わず、一一月聚楽第で使節を引見する。朝鮮国王の国書は、秀吉の国内統一を賀すものの、秀吉が求めた服属を表すものではなかった。しかし、秀吉は、使節来朝を朝鮮の日本への服属と捉える。そして、秀吉は、それを前提に、朝鮮国王に「征明嚮導《せいみんきょうどう》」、すなわち明を征服するためにその先導役を務めることを求める。

天正一九年七月、秀吉は、インド副王への返書で、日本統一の過程を述べたうえで、「大明《だいみん》」を治める志があり、さらに日本は神国であるのでキリシタンを禁じるが、貿易は許すと報じる。さらに九月、フィリピン政庁に服属を求める書翰を送り、秀吉の誕生の奇瑞を述べ、若くして大名となり一〇年を経ずして日本を統一し、一方で朝鮮・琉球から使節が来朝し、いまや「大明国」を征せんとしていると、そしてその行為は「天の授ける」ところであるとし、服属の使節派遣を求め、でなければ軍勢を派遣すると威嚇する。このように、秀吉の「唐入り」構想は、明を含めた東アジア世界に膨張していく。

御土居の築造と身分法令

天正一九年閏正月、秀吉は、京都を取り巻く全長約二二・五キロメートルの御《お》土居《どい》を築造する(図2-4)。この御土居は、従来秀吉による都市京都の大改造という脈略で語られてきた。しかし、この時期の政治状況のなかで御土居築造をみると少し違った姿や目的がみえる。

左大臣近衛信尹《のぶただ》は、その日記に御土居築造は閏正月に始まり二月には過半ができあがったと記したあと、「此事《このこと》何タル興行《こうぎょう》ソト云ニ、悪徒《あくと》出走ノ時、ハヤ《(早)》鐘ヲツカセ、ソレヲ相図《あいず》ニ十門ヲタテゝ、其内《そのうち》ヲ被捲為《まかるため》ト也」と築造の目的を洛中から「悪徒」が逃げ出すのを一〇の門を閉じて絡め取ることにあったとする。確かに、江戸期の御土居の絵図をみても、近年の発掘結果からしても、門の部分には城郭の出入り口にみられる枡形《ますがた》や馬出《うまだ》しなどの軍事施設はみられず、その目的は京都の治安維持にあったと考えるのが妥当だろう。

秀吉の御土居築造の背景には、秀吉の「唐入り」構想、自らが北京《ペキン》に入り、そこに天皇を迎え、公家達もその地へ移し、日本の天皇には良仁《ながひと》親王か八条宮(智仁親王)をもってあてる構想があり、それが実行された時には京都はもはや中心ではなく、築造された御土居は北京に移るまでの間、京都を安泰に守るためのものであったことになる。

同年八月二一日、いわゆる「身分統制令」が出る。第一条で侍・中間・小者・あらし子などの武家奉公人が、前年の奥羽仕置以後に新たに町人・百姓になることを禁じており、そこでは朝鮮出兵を目前に下級の戦闘員である武家奉公人の確保が目指されている。第二条では、百姓が田畠をうち捨て、商いや賃仕事に出向くことを禁じ、第三条では、侍・小者が元の主人の許可なく新たな主人に奉公することを禁じているが、ここでも武家奉公人確保が目指されている。

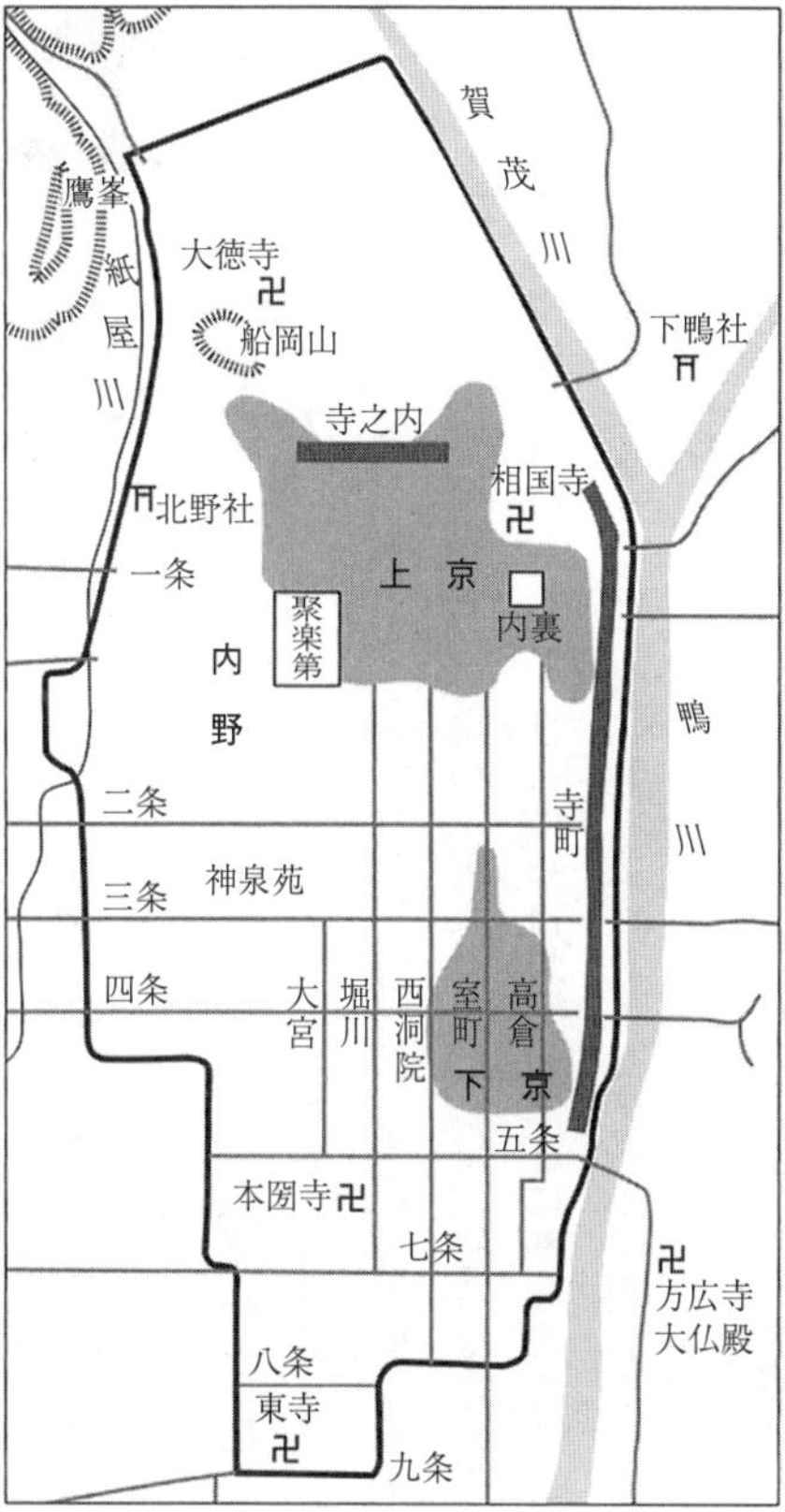

図2-4　御土居図　━が御土居を示す．京都市編『京都の歴史』を元に作成

図2-5　豊臣秀次の花押(上)と朱印(下)

この法令は、近世の身分制の基礎となった法令とされているが、この時期の政治過程のなかでみれば、「唐入り」準備の一方策である。

三国国割計画へ

天正一八年末に京都を発った朝鮮使節に同行した宗氏の使者は、秀吉が求めた「征明嚮導」をすり替え「仮途入明《かとにゅうみん》」、すなわち明を攻めるにあたって道を貸すよう懇請する。そのころ出羽・陸奥で一揆が蜂起し、秀吉の「唐入り」計画は足踏みせざるを得なくなる。また、天正一九年正月弟の秀長が死去し、さらに秀吉政権の内々に関与してきた千利休《せんのりきゅう》が自刃に追い込まれる。秀吉政権をささえた重要人物二人が相次いで政治の舞台から去る。加えてこの年の八月、淀殿《よどどの》が生んだ鶴松《つるまつ》がわずか三歳で夭折する。

同年一二月、関白職を甥の秀次(図2-5)に譲った秀吉は、来春三月の高麗渡海を表明し、翌年正月の「掟」を「今度大明国へ御動座《ごどうざ》に付いて」と書き出し、「御動座」の先は朝鮮ではなく「大明国」であるとする。そして秀吉は、朝鮮の「服属」を前提に「唐入り」にあたっての朝鮮通行を求める。交渉を命じられた小西行長は使者を朝鮮に送り、「仮途入明」を求めるが、朝鮮側に拒否される。この報を聞いた行長は、あらかじめ決められていた秀吉の指示に従い、諸将とともに渡海を開始する。「仮途入明」から朝鮮「退治」へとひとまず秀吉の戦略は変更される。

天正二〇年三月二六日京都を発った秀吉は、小西行長の釜山浦《プサンポ》上陸の報を豊前小倉付近で受け、肥前名護屋《なごや》着陣の四月二五日に朝鮮仕置の方針として、占領地での百姓還住、漢城への進軍、朝鮮国王が「大明国へ御案内者」を承諾すれば赦免することなどを指示する。さらに二六日には加藤清正に漢城までの路次に秀吉の「御座所《ござしょ》」の普請を命じ、渡海への意欲を示す。

図 2-6　文禄・慶長の役関係図

宗義智《よしとし》・小西行長らを第一軍、加藤清正・鍋島直茂《なべしまなおしげ》らを第二軍とし、合計九軍一五万八七〇〇人が朝鮮に陸続

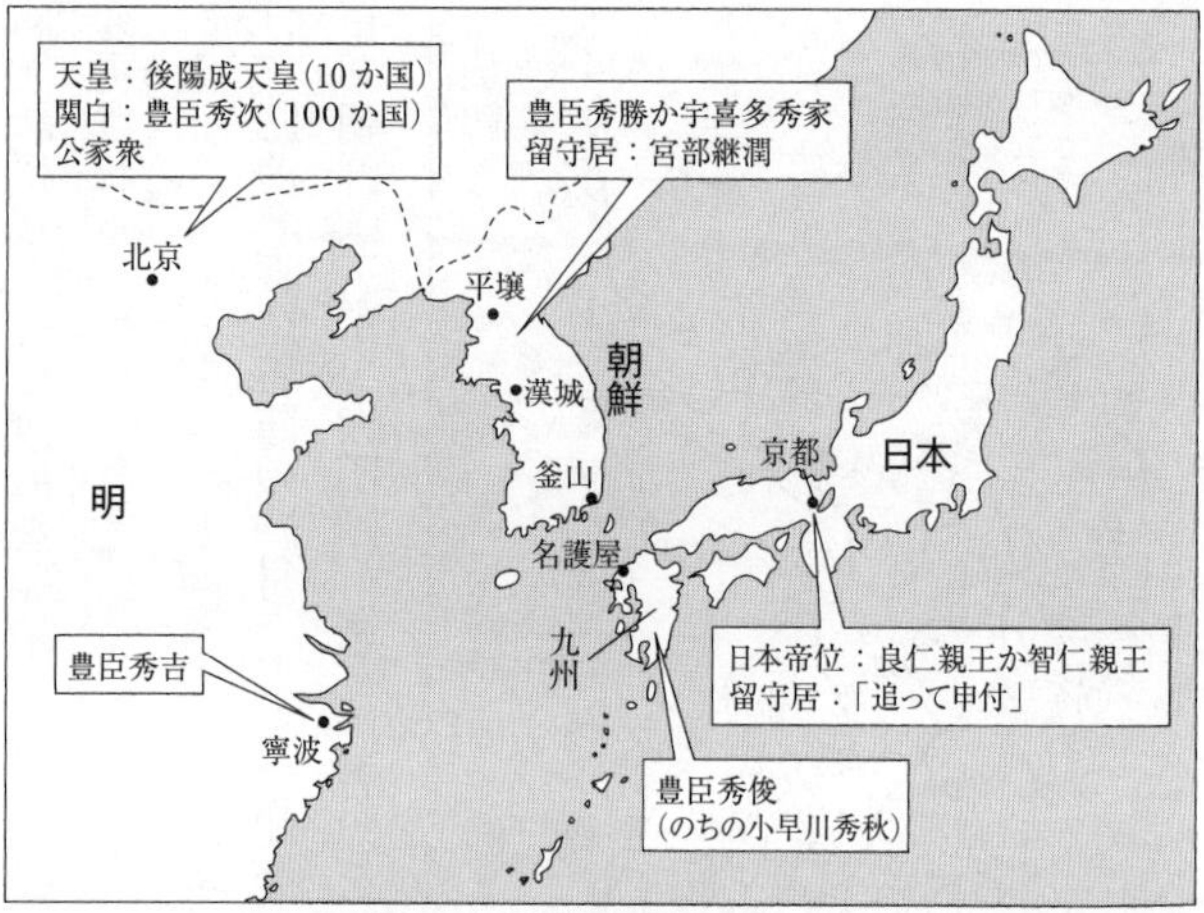

図 2-7　三国国割構想図

と渡海していく(文禄の役)。日本軍は、朝鮮側の大きな抵抗もなく、五月三日漢城に入る(図2-6)。これに先立つ四月二九日、朝鮮国王は漢城を脱出し平壌《ピョンヤン》へと移る。

漢城入城の報が到達する前の五月六日、相次ぐ快進撃の報に接した秀吉は、北政所《きたのまんどころ》に九月の節句は北京で迎えるつもりだと報じ、北京への侵攻をふたたび現実のものと位置づける。

一六日、清正から五月二日(実際には三日)に漢城入城との報を受けた秀吉は、朝鮮国王の探索、「御座所」の普請を命じるとともに、一八日、関白秀次宛に「三国国割《さんごくくにわり》計画」を送り、秀吉の渡海、明年の秀次出陣、明征服後の後陽成天皇の北京移徙とその地の関白を秀次とすること、秀次に北京廻り一〇〇か国、天皇に一〇か国、さらに公家衆に一〇倍の領地を与えること、天皇の北京移徙は行幸形式で二年後に行うこと、このほか日本の天皇、その関白、朝鮮支配、京都留守居などに付いて指示する(図2-7)。さらに直臣の山中長俊《ながとし》の名で出された北政所宛の手紙で、秀吉自身は寧波《ニンポー》に居を据え、「天竺《てんじく》」征服を考えていることを伝える。この段階での秀吉は、朝鮮王朝の倒壊を踏まえ、明征服を具体的日程にのせ、自らの渡海が現実的なものとなったと確信している。

地理認識の拡大

朝鮮出兵以前に一般の日本人が持っていた東アジアについての地理認識は、倭寇《わこう》を含めこの海域で生活していた人々にとっては一定の広がりをもって認識されていたであろうが、一般の日本人にとっては、小西行長に従って朝鮮に渡った吉野《よしの》作左衛《さくざえ》門《もん》がその「日記」に「抑《そもそも》昔よりうつし置れしせかい(世界)のゑづ(絵図)を見るに、唐四百余州。天ぢくは十六の大国。十千の小国。南ばん高麗までつゞき渡て、其さかい国は大河有と見たり、日本は東海はるかにへだゝつて、わづかの嶋たり」と記したように、その内容は「五天竺図」に描かれた世界といってよいもので、現実とは大きく乖離していた(図2-8、9)。

日本と朝鮮の距離感も常陸佐竹氏の家臣が国元に送った書状で「かうらい(高麗)などへハ百日二百日余りにもこき付候ハんと、兼て存候処ニ、心しつかに五日計《ばかり》にこき付申候由、一両日以前も、御先陣の衆にて候加藤とら(清正)の助殿・こにし(小西行長)弥九郎殿と申衆、かうらいより早舟を以ちうしん（注進）御申候ハ、たゝ一日にこき付申候、余り近事共にて候」と、その近接することを驚きをもって記している。

朝鮮自体についての地理認識も、日本軍の渡海直後に毛利輝元が「此国(高麗)手広《てびろき》事、日本より広候すると申候」と、また在朝鮮の安国寺《あんこくじ》恵瓊《えけい》が「朝鮮国広大之事、中々以日本譬申《たとえもうす》事にてハ無之候」と申し送り、さらに中国東北部の「おらんかい」について清正が「朝鮮八州二そうはい」と報じたように、この時いっきに集積され共有化される。この時代朝鮮に渡海した日本人は、文禄の役だけでも一五万人を超す。これだけ多くの日本人が、その受け止め方はさまざまであろうが、朝鮮を、経験し認識したのである。この経験を通して日本人の朝鮮についての地理認識は、大きく転換したはずである。

さらに、ヨーロッパから宣教師を通じてもたらされ、日本で巨大な屏風に仕立てられた世界図の出現は否応なく日本人の地理認識を大きく転換させたであろう(図2-8)。

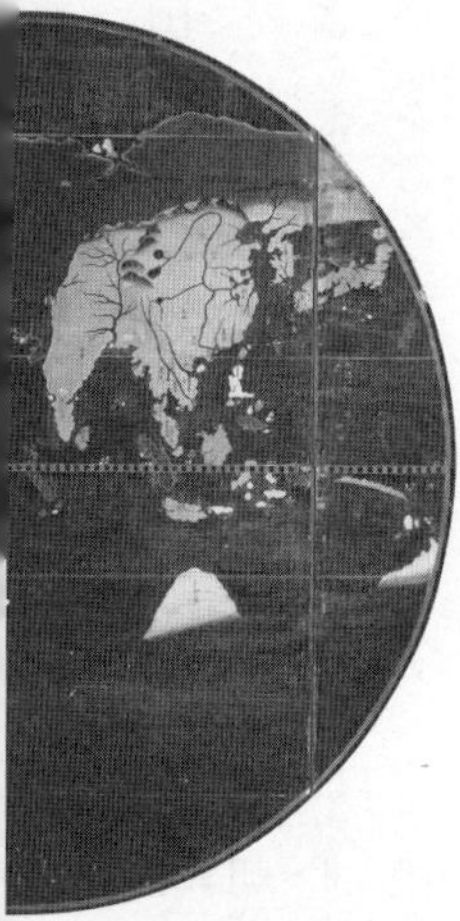

「唐入り」放棄

漢城に集結した諸将は、征明をひとまず措き、朝鮮八道の支配を各軍が担当することに決する。

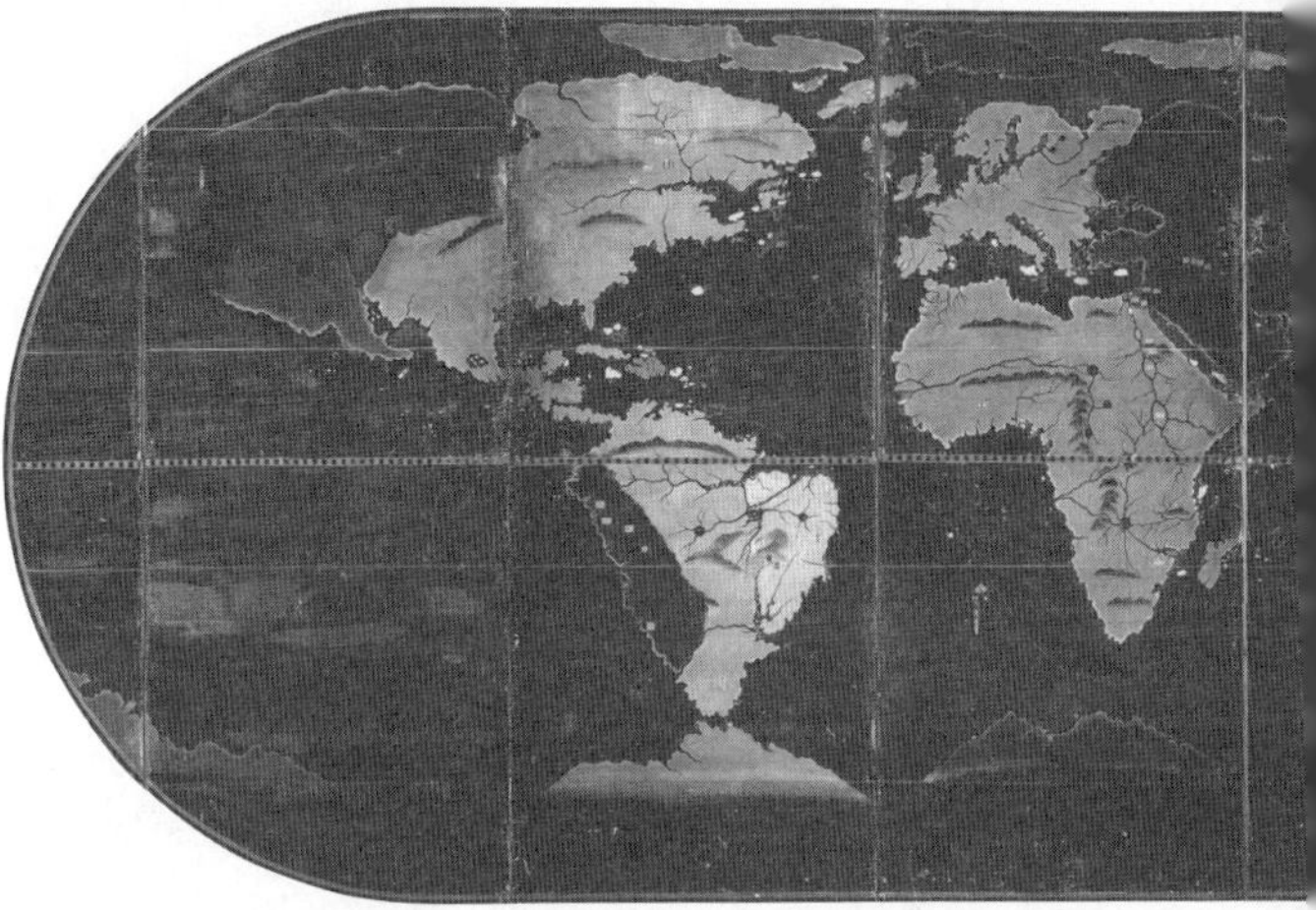

図 2-8　世界図屏風(福井・浄得寺蔵)　秀吉の朝鮮出兵のころ，ヨーロッパで作成された世界図に行基図風の日本図を嵌め込み作成されたもの

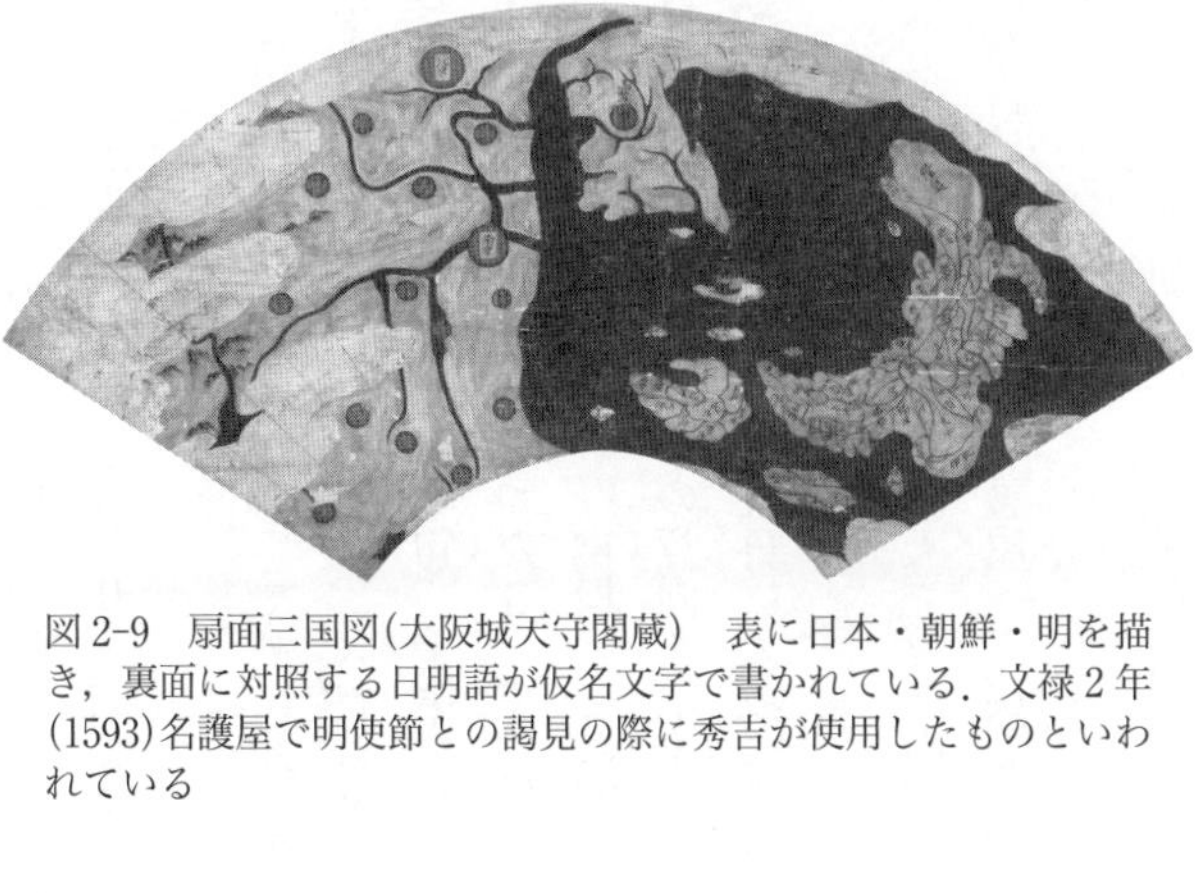

図 2-9　扇面三国図(大阪城天守閣蔵)　表に日本・朝鮮・明を描き，裏面に対照する日明語が仮名文字で書かれている．文禄 2 年(1593)名護屋で明使節との謁見の際に秀吉が使用したものといわれている

天正二〇年六月小西行長が平壌を占領、七月加藤清正が朝鮮最北の会寧《フェリョン》を攻め、朝鮮二王子を捕らえる。一見、日本軍の快進撃のようにみえるが、五月末から朝鮮民衆のゲリラ的な反攻が始まり、六月ころには朝鮮各地での義兵活動が本格化する。

一方、海上では五月、日本水軍が李舜臣《イスンシン》率いる朝鮮水軍に巨済島《コジェド》付近、ついで泗川《サチョン》沖での海戦で敗れ、朝鮮南部での制海権を奪われる。渡海中止を余儀なくされた秀吉は、大谷吉継《おおたによしつぐ》・増《まし》田長盛《たながもり》・石田《いしだ》三成《みつなり》らの奉行衆を朝鮮に派遣し、明への侵攻を命じる。七月中旬、平壌を明軍に急襲された小西行長らは、それをどうにか撃退するが、明軍の救援が始まったことで漢城では明への侵攻は困難とする空気が流れ始める。七月一五日、秀吉は、明への侵攻指示を撤回し朝鮮の安定支配を優先するよう命じるが、なお来春の自身の渡海と朝鮮国割の意向を示す。この直後、秀吉の母、大政所の危篤の報が届き、秀吉は急遽大坂へと戻る。二九日に大坂に到着した時には大政所は聚楽第で死去していた。

九月初めに名護屋に戻るつもりでいた秀吉のもとに、後陽成天皇から「寒天」を理由に名護屋下向を思いとどまるようにとの勅書が届く。これに秀吉は一〇月には名護屋へと戻る意向を表明し、一一月には名護屋に戻り、来春三月の渡海を表明する。

一方、明は、平壌での敗北を受け、新たに宋応昌《そうおうしょう》《ソンインチオン》・李如松《りじょしょう》《リールウソン》を朝鮮に派遣する。明軍の遊撃沈惟敬《しんいけい》《チェンウェイジン》は八月、小西行長と平壌郊外で会談を持ち、明軍と日本軍の間で五〇日の休戦協定を結ぶ。しかし朝鮮側はこの和平には反対であった。五〇日の休戦期間が過ぎた一一月下旬、沈から講和成立が間近であると告げられる。ところが、文禄元年（一五九二）一二月鴨緑江《おうりょっこう》を越えて朝鮮に入った明軍は、二年正月、朝鮮政府軍・義兵とともに平壌を攻撃する。日本軍は、それを凌ぐも、平壌を放棄し、京畿道《キョンギド》の開城《ケソン》さらに漢城へと撤退する。

日本軍を追って開城に入った明軍は漢城へと向かい、漢城の北の碧蹄館《ビョクチェグァン》で日本軍と激突するが、日本軍に敗れ撤退を始める。一方日本軍は、勝利したものの追撃の余裕なく、漢城に軍を引く。

三月に入って秀吉は、全羅道《チョルラド》の中核城郭晋州《チンジュ》城攻略へと方針を転換する。そのため、徳川家康・前田利家をはじめとする東国・北国の軍勢の派遣が検討されるが、家康や利家の渡海はなく、上杉景勝や伊達政宗らの軍勢が朝鮮へ渡る。

日明和平交渉

一方、あいつぐ撤退と兵粮不足に悩まされた日本軍にも、碧蹄館の戦いで敗れた明軍にも厭戦気分が広がるなか、朝鮮側の講和反対にもかかわらず、日本と明との講和交渉が始まり、①明からの講和使節の派遣、②明軍の朝鮮からの撤退、③日本軍の漢城からの撤退、④朝鮮の二王子の返還、の四条件からなる講和案が作成された四月末、明使派遣の報が名護屋に届く。明側は、漢城の奪還と「講和」の可能性を探り、日本側は、明使を「大明より御詫言《おわびごと》」のための使節と読み替える。

五月一五日、小西行長に伴われた明使が名護屋に到着するが、秀吉はすぐには引見しない。明使の名護屋滞在中の二〇日、秀吉は、総勢一二万を超える軍勢での晋州城攻撃を命じ、毛利輝元に、大明国から勅使が来たこと、しかし和平については自らの意向に合致せぬときには受け入れないことを報じる。そしてようやく二三日、秀吉は明使を引見する。

秀吉が示した和平条件は、①明の皇女を日本の天皇の后妃とすること、②日明の貿易再開、③日明の大官間での誓紙交換、④漢城近辺四道の朝鮮への引渡し、⑤朝鮮王子と大臣の渡海、⑥生け捕った王子の引き渡し、⑦朝鮮権臣の誓紙提出であった。

六月二九日に晋州城陥落の報を受けた秀吉は、朝鮮の仕置完了次第、戦いを終結することを表明する。さらに晋州城を陥落させ大将首を取った宇喜多秀家を「大明・南蛮までの覚、比類なき儀に候」と最大限に褒めちぎり、送られてきた晋州城主の首を京都に送らせ、晋州城陥落、引いては朝鮮での戦闘の優勢さを京の人々にアピールする。

ついで秀吉は、朝鮮南部の軍事的拠点確保のために、「御仕置」の城の普請と、五万人におよぶ軍勢の帰還を命じる。一方自らは、八月三日秀頼《ひでより》誕生の報を得て急遽名護屋を発ち、二五日には大坂に着く。朝鮮では、国王が一〇月漢城に戻る。

文禄三年に入ると、兵粮不足が深刻となり、日本の将兵の逃亡が相次ぐ。秀吉は、情勢確認のため使者を派遣し、その報告を受けて朝鮮での兵粮米確保体制の構築を計る。文禄年間に相次いで行われた太閤検地は、そのためのものであった。

先述したように太閤検地は、占領地の「仕置」の一貫として実施されているが、天正一八年の奥羽仕置以降の検地は、占領と関わりなく多くの地域で、「再検」として行われている。天正一九年には山城・近江・大和・摂津・筑前・豊前・豊後で再検がなされ、また文禄の朝鮮出兵と慶長の朝鮮出兵との狭間にあたる文禄二年三年四年には、陸奥・常陸・信濃・越後・尾張・伊勢・大和・摂津・河内・和泉・播磨・筑前・筑後・豊後・肥前・肥後・薩摩・日向・大隅とまさに広範に検地が実施される。これは、朝鮮での兵粮不足の深刻化への対応策であった。

4　秀次事件

伏見城の建設と秀次事件

天正二〇年(一五九二)大坂に戻っていた秀吉は、八月伏見に「御隠居所《ごいんきょじょ》」を設けることを決めるが、この段階では城郭というより屋敷であったようである。

この屋敷が城郭へ性格を転換するのは、文禄二年(一五九三)末であり、本格的工事は翌年正月に始まる。この転換の理由は、従来秀頼誕生により関白秀次を政権の後継者とする構想の変更を迫られたからだとされてきたが、秀頼誕生がひとつの契機だったことは否めないものの、伏見城築城を朝鮮侵略の流れに置いてみると、この段階で秀吉の「唐入り」構想は挫折しており、秀吉は、日本国内に再度自らの拠点を築かねばならなかったことになる。さらに言えば秀次事件の遠因には秀吉の「唐入り」の挫折があったといえよう。

この伏見城は、文禄四年の秀次事件にともなう聚楽第の取壊しとその遺構の伏見への移築を含め、慶長元年(一五九六)にはほぼ完成する。秀吉は、この城へ明使を迎えるべく工事を進めるが、その引見を目前にした閏七月一三日、畿内を襲った大地震によって伏見城は大きな被害をこうむり、明使との引見は延期される。秀吉は、すぐさま城地を木幡山《こはたやま》に移し、再度城郭普請にとりかかる。完成した伏見城はその後、秀吉の本城となる。

天正一九年一二月二八日、秀吉から関白職を譲られた秀次は、翌年正月、聚楽第に後陽成天皇の行幸を迎えている。また秀次は朝鮮出兵にあたって、軍船の建造をはじめ後方での支援を行い、さらに秀吉の段階で始まった全国の石高を調査するための御前帳《ごぜんちょう》の集約を行うなど、積極的に政務を担う。しかし、「唐入り」の挫折・放棄によって、秀吉が国内に再度政権の拠点の構築(伏見城築造)を迫られたことで、秀次の存在意義は大きく低下するとともに、秀吉にとっては桎梏《しっこく》となり、結果、秀吉と秀次の関係は悪化する。

文禄二年九月、秀吉は伏見に秀次を呼び出し、「種々御意見」したうえで、日本を五つに割り、四つを秀次に与え、一つを秀頼に与えると約束し、また一〇月には秀次の娘と秀頼との婚約もまとめ、両者の矛盾や対立がすぐには表面化しないよう行動する。しかし、閏九月、鷹狩りと称して秀次の領地である尾張に出向いた秀吉は、尾張の地の荒廃ぶりをみて、調査を改めて命じるなどし、秀次を責める。その後も秀吉は秀次を伏見や大坂に呼び出す。そして文禄四年七月三日、秀吉は、秀次から関白職を剝奪し、八日、秀次を伏見に呼び出し、剃髪させ高野山に追放する。追放された秀次はそこで自刃する。

秀次自刃直後の文禄四年九月二五日、大政所の父親の命日に方広寺大仏経堂で八宗の僧を動員した千僧会《せんそうえ》が行われる。この千僧会に注目し、その詳細を明らかにしたのは河内将芳氏である。氏によれば、この千僧会は、当初秀吉の母大政所の命日に催される予定であったものが、準備過程で大政所御父母の法事となり、その後は祖父の命日と祖母の命日である二九日に毎月交互に催されることになる。

この千僧会に際し、真言宗・天台宗・律《りっ》宗・禅《ぜん》宗・法華《ほっけ》宗・浄土《じょうど》宗・時《じ》宗・真《しん》宗が新たに八宗とされる。従来の八宗は、南都《なんと》六宗と天台・真言二宗であったものが、この時に禅宗といわゆる鎌倉新仏教系の法華宗・浄土宗・時宗・真宗が座次はともかく同列に位置づけられる。これもまた権力編成という視点からみれば秀吉が権力の頂点にいることを別の形で示すものである。

起請文と「御掟」

関白職剝奪から秀次自刃後にかけて秀頼への忠誠を約した起請文が、相次いで提出される。まず、秀次の自刃を前に石田三成と増田長盛とが血判《けっぱん》起請文をあげ、秀頼を表裏別心なくもりたてること、「太閤様御法度《ごはっと》御置目《おんおきめ》」を守ることを誓約する。ついで二〇日、前田利家と宇喜多秀家がそれぞれほぼ同内容の血判起請文をあげ、秀頼への忠誠等に加え在京と無許可の下国禁止を誓約する。同じ日、織田信雄・上杉景勝・徳川秀忠《ひでただ》など在京の侍従以上の大名二八人が連署で、ほぼ同様の血判起請文をあげる。

さらに、国元で秀次追放の報を聞いて上洛してきた徳川家康と毛利輝元・小早川隆景の三人も連署で五か条の起請文をあげる。前田等の起請文と同内容に加え、「坂東《ばんどう》の法度置目公事篇」については家康が、「坂西」については輝元と隆景が取り扱うこと、在京し秀頼へ奉公すること、下国するときは家康と輝元が交互に行うことが誓約される。

起請文提出に続いて、いわゆる五大老連署の「御掟《おんおきて》」「御掟追加」が出る。「御掟」五か条は、

①大名婚姻の許可制、②大名同士の誓紙交換禁止、③喧嘩口論で堪忍した方の理運、④無実の申し立てのときには双方召還し糺明、⑤乗物使用の許可要件、が定められている。「御掟追加」九か条は、公家・門跡には「家々道《いえいえのみち》」の嗜《たしな》みと「公儀御奉公」、寺社には寺法・社法の遵守と学問勤行《ごんぎょう》を求め、領地支配においては出来高の三分の二を領主、三分の一を百姓のものとし、田地が荒れないよう心がけ、領地高に従った諸事の進退を命じ、目安の処理は「十人之衆」が扱い、双方召還し申分を聞き、談合の上、秀吉の耳に入れると定め、さらに側室の制限、衣装での菊桐紋《きくきりもん》の使用禁止、大酒の禁止、覆面での往来禁止などを定めている。

同年一二月、大坂に下った秀吉はそこで病を発するが、翌年二月半ばようやく伏見に戻る。この病に将来への不安を感じたのか、秀吉は、わずか四歳、なお元服しない秀頼の参内を計画する。五月一三日、秀吉は秀頼を伴い参内、一五日に禁中《きんちゅう》で能を興行し、一六日に伏見に戻る。そして、二五日、秀頼の位置を衆知・確認させるため公家・門跡・諸大名に秀頼への「御礼」をさせる(図2-10)。

図2-10　豊臣秀頼の花押(上)と黒印(下)

秀吉への冊封

文禄二年六月、帰国する明使に小西行長の家臣、内藤如安《じょあん》が答礼使として同行する。内藤の漢城到着を受け明軍は漢城を撤退し、九月には鴨緑江を越え明に戻る。しかし晋州城陥落の報を受けた明は、日本の意図を糺すとともに、二人の王子の解放と日本軍の撤退を迫る。内藤からの報を受けた小西行長は、二王子を解放することで講和交渉の存続を計る。

九月内藤は明国内に入るが、遼陽《りょうよう》で足止めされる。明側は、戦争終結の条件として降伏文書である「関白降表」を求める。これを受けて沈と小西とが会談し、「関白降表」を作成する。文禄三年一二月、明皇帝は北京に着いた内藤を謁見し、日本軍の撤退と秀吉への冊封《さくほう》を条件に講和を許し、明使節の日本派遣を決定する。文禄四年五月明使節派遣の報を受けた秀吉が再度提示した和平条件は、①朝鮮王子の日本来朝と秀吉への近侍を条件に日本領となった朝鮮南四道の王子への付与、②日本側の軍営一五か所のうち一〇か所の撤去、③大明皇帝の詔書と勅使派遣、④日明の勘合《かんごう》貿易の実施であった。王子の秀吉への近侍を条件に朝鮮南部の四道を王子に「付与」するとした点は、実質的には朝鮮を放棄しているが、わずかに名分が確保されている。

こうした水面下での交渉を経て、文禄四年九月、明の使節が漢城を発する。その行程は緩やかで、正使は一一月に入ってようやく釜山《プサン》に到着するが、翌五年四月正使が逃亡する事件が起こる。そこで急遽副使を正使とし、沈を副使とすることでこれを糊塗し、六月朝鮮使節を伴って対馬に到着する。

文禄五年九月一日秀吉は、大坂城で明使節を引見し、万暦《ばんれき》二三年(文禄四)正月二一日付の明皇帝の冊封文と贈られた常服等を受け取る。この冊封が、「関白降表」すなわち日本の敗北承認を前提に出されたことを秀吉は知らなかったようである。従来、秀吉を日本国王に冊封するという明の対応に秀吉が激怒し、朝鮮再出兵に踏み切ったとされてきたが、そうではなかった。秀吉の激怒は、堺へ戻った明使節が接待のために遣わされた使僧《しそう》達に朝鮮におけるすべての城塞の破却と軍勢の撤退を求める書翰を言伝て、それを秀吉が読んだ時のことである。朝鮮使節の正使の記録は「天朝、則ち既に使を遣わして冊封す、我姑《しば》らく之を忍耐す、しかるに朝鮮は則ち礼なくして、ここに至る、今や和を許すべからず」との秀吉の言を記している。朝鮮の立場で書かれたものであり、秀吉が明を「天朝」と呼んだかなど、そのまま事実とすることには慎重でなければならないが、この段階で秀吉は冊封自体をともかく受け入れ、矛先を朝鮮に向け、「礼」なきことを責め、朝鮮使節には会おうとせず、再出兵を決断する。

朝鮮への再出兵

慶長元年(一五九六)年一二月、小西行長が王子来日を軸に、また翌年正月には加藤清正が朝鮮僧惟政《ユジョン》を介して服属交渉を行うが、ともに成立しない。こうしたなか五月から七月にかけて九州・中国・四国の大名を中心とした日本軍が渡海する(慶長の役)。この再出兵の目標は、もはや「唐入り」ではなく、朝鮮南部なかでも全羅道の征圧にあった。八月から全羅道への侵攻が始まり、陸では日本軍が優位に戦いを進め、全羅道を征圧、忠清道《チュンチョンド》まで軍を進める。いっぽう全羅道の南海域では、当初日本水軍優位に展開するが、その後は李舜臣率いる朝鮮水軍に大敗を喫し、海上からの全羅道攻略は頓挫する。

慶長の朝鮮出兵の際、日本軍は、行軍中に浅ましく残虐な行為を繰り広げる。この時、従軍した豊後の僧慶念《けいねん》はその日記に「人に劣《おと》じ負けじと、物をとり、人を殺し、奪い合う」と記し、また、戦闘で拘引したものを人買いなどを介して日本へ送り、また戦闘の戦果を示すために死者の鼻を削ぎ、それを塩漬けにして京都の秀吉の元へと送った。

厳寒を控え日本軍は、軍を南部の海岸部に引き、慶尚南道《キョンサンナムド》を中心に駐留拠点となる城普請にとりかかる。この城普請は、西部の全羅道でも行われる。こうしたなか一二月、明・朝鮮軍による蔚山《ウルサン》城攻撃が始まり、翌三年正月四日まで大規模な攻防戦が続く。

蔚山城に籠城した加藤清正をはじめとする諸勢は、落城の一歩手前まで追い込まれるが、援軍を得て危機をようやく脱する。しかし、絶対的な兵粮不足は明・朝鮮軍を追撃することを許さない。二月、朝鮮在陣の諸将は在番城の縮小再編案を作成し、秀吉に送るが、秀吉はそれに激怒し、その案を認めず、兵粮米備蓄の強化と在番城再編を命じ、翌年の大規模派兵を伝える。しかし戦局は新たな軍事行動をするだけの状況にはもはやなかった。

秀吉の死

慶長二年(一五九七)正月秀吉は、京都下京に秀頼のための新城を計画、四月にそれを禁裏の東南の地に変更し、九月には完成させる。九月二六日秀吉は、秀頼を伴って新城に入り、二九日秀頼とともに参内する。この機会に秀頼は、元服、従四位下左近衛少将に叙任される。

慶長二年末、秀吉は煩うが、その後一旦回復し、翌年三月には秀頼・北政所・淀殿・松の丸殿・三の丸殿・加賀殿、前田利家の室を伴って家族だけの花見を楽しむ。世にいう醍醐《だいご》の花見である。花見のあと四月一五日、秀吉は秀頼を伴って上洛、一八日に参内する。秀頼は、二〇日にも参内し、従二位権中納言に叙任され、二四日には親王・公家達が昇進を京の屋敷に出向き祝う。

しかし、秀吉の病は、六月初めに再発し、六月の終わりには赤痢と思われる症状が出、八月五日には病状はいっそう悪化する。それに先立つ七月一五日、秀吉は、大名や奉公衆に「遺物」を、二五日には天皇をはじめ親王・女御・公家・門跡へも「遺物」を配分する。死期の近いことを観念していたと思われる。

八月五日、秀吉は、徳川家康・前田利家・毛利輝元・上杉景勝・宇喜多秀家に宛てた遺書を認める。そこには「秀より(頼)事なりたち候やうに、此かきつけ《(書付)》候しゆ《(衆)》を、しんたのみ申、なに事も此ほかにわ、おもひ(思)のこす事なく候」とあり、秀吉亡きあとの秀頼の行く末を心から頼んでいる。七日には、いわゆる五奉行の浅野長政《ながまさ》(長吉)・増田長盛・石田三成・前田玄以《げんい》・長束正家《なつかまさいえ》に「日本国中之儀」を命じ、一八日に六三歳の生涯を伏見城に閉じる。

秀吉の死が秘匿されるなか、八月二五日付の秀吉の朱印状を携えた使者が派遣され、講和と朝鮮からの撤兵を指示する。しかしその後も日本軍と明・朝鮮軍との戦闘が続き、和平交渉も試みられるが決着をみないまま、一一月には日本軍は朝鮮から撤兵する。

慶長四年に入って、秘匿されていた秀吉の死が公にされ、三月五日、所司代の前田玄以が朝廷に秀吉の遺言を伝えるとともに、秀吉が望んだ「新八幡《いまはちまん》」の神号勅許を願い出る。しかし、朝廷側はそれに即答せず、秀吉の遺体が伏見城より阿弥陀ヶ峰《あみだがみね》に移された四月一三日より四日後の一七日に宣命使《せんみょうし》を阿弥陀ヶ峰の仮殿《かりどの》に派遣し、「豊国大明神《ほうこくだいみょうじん》」の神号を贈る。朝廷が「新八幡」の神号を忌避したのは、八幡が軍神であるとともに天皇家にかかわる神でもあったためと推測される。

豊臣政権の財政基盤

豊臣政権の財政基盤については、「慶長三年検地目録」「慶長三年蔵納目録」等からその全貌を窺うことができる。この両史料を詳細に分析した山口啓二氏の仕事によりながら豊臣氏蔵入地の概要をみていこう。

慶長三年時点で日本の総石高は一八五〇万石余である。うち蔵入地は二二二万石、総石高の一二・二パーセントを占める。蔵入地は北は陸奥・出羽から薩摩まで広く分布するが、政権の中枢部の五畿内に六四・九万石(二九パーセント)、ついで統一事業の核となった近江・美濃・尾張・伊勢の四か国に五一・六万石(二三パーセント)、そして早くから豊臣政権が掌握した播磨・紀伊・淡路・丹波・越前に三八・一万石(一七パーセント)があり、この地域で七〇パーセントを占める。この他、朝鮮出兵の兵站として設定された筑前・筑後に三五・四万石の蔵入地があった。

一方、量的には大きくはないが、薩摩・出羽・常陸など遠方に設定された蔵入地は、政権の経済基盤としては大きくはないが、その地の大名権力の強化や統制に機能したことも注意しなければならない。

豊臣政権にとって蔵入地からの収入と比して劣るとも大きな収入は、諸国金山・銀山からの運上《うんじょう》と金座《きんざ》・銀座《ぎんざ》等からの運上金銀である。数字が知られる慶長三年の金山からの運上は、上杉景勝から二万二一七両（越後・佐渡他）を筆頭に陸奥・出羽・信濃・甲斐等からのものを合わせ合計三万三九七八両、銀山からの運上は、生野《いくの》銀山の六万二二六七枚を筆頭に因幡《いなば》・石見《いわみ》等からのものを合わせ合計七万九九四一五枚にのぼる。

諸役運上では金は後藤家からの判料一万二両、銀は常是《じょうぜ》座中から一万枚のほか江州《ごうしゅう》舟役料・大坂過所《かしょ》（通行料）などを合わせて一万三九五〇枚である。金山・銀山・諸運上の合計は、金四万三九八〇両、銀九万三三六五枚となる。これを米に換算するには、金銀比価また米価の変動・地域差などの要素が加わり難しいが、慶長三年前後の金銀米相場は、金一両に銀五〇匁《もんめ》前後、米三石〜四石であることから、ここでは金一両＝銀五〇匁＝米三石としてこの諸運上を換算すると、金にして一二万四二七四両、米にして三七万二八二二石となり、豊臣政権にとって極めて重要なものであったことが分かる。

この他、長崎をはじめとする九州諸港に寄港するポルトガル商人等がもたらす生糸《きいと》の先買い特権による収入も政権の財政基盤として見落としえないものがある。

秀吉の貨幣政策

信長の悪銭使用強制は、商売滞りなど事態を深刻化させるが、天正四年ころから精銭（善銭）より質の劣る、三分の一か四分の一の価値しかもたない悪銭が「ビタ（鐚銭）」の名で姿をみせ、その後通用銭となっていく。本能寺の変直後の天正一〇年(一五八二)九月には筒井順慶が奈良に出した銭定札で「ワレ・カケ・ナマリ銭」を除き三文立(精銭一文＝ビタ銭三文)での銭の通用を命じ、同年一〇月には秀吉も山城大山崎に「なんきん銭・うちひらめ銭」の二銭以外の撰銭《えりぜに》を禁じるとともに他の銭の三文立による通用を命じている。このように秀吉期前半には三文立の価値のビタ銭が通用銭の位置を占めるようになる。

一方、ビタ銭の通用と相即するかのように金銀の使用が浸透し始める。金についてみると、一六世紀中葉以降、金屋や銀屋が依頼者の注文にしたがって一定の品質を数字、花押《かおう》、極印《ごくいん》を付して保証した判金が製作され、贈答等の支払手段から貨幣として使用されるようになる。信長も天正九年後藤徳乗《とくじょう》に分銅《ふんどう》と大判金を鋳造させたと伝えられ、また宣教師ルイス・フロイスが本能寺の変のあと明智光秀が安土城に入ったときの顚末を記した記事のなかに「信長の倉庫」には「他の品物の間に多量の判金の印を押し、目方により区別したるものありき」と、複数の種類の判金のあったことを記している。

秀吉期には、天正一五年二月の記事に「金ニ後藤在判　拾両　天正十五後藤」と天正大判同様の記載がみえ、また同年九月に家康が大和郡山《やまとこおりやま》の羽柴秀長の元を訪れたとき贈った金子一〇〇枚には後藤の判があったことが知られ、のちの大判同様の判金が天正一五年には作られていたことが確認できる。文禄四年(一五九五)秀吉が後藤徳乗に対し、今後「金子吹《きんすふき》」を二七人とし、それ以外の判金鋳造を禁じ、また大判一枚に判賃を銀一貫目とするよう命じたように、後の金座につながる判金鋳造政策を施行している。これと関連するものとして、慶長元年(一五九六)三月、後藤光次《みつつぐ》が、後藤徳乗の名代として江戸に下った折に差し出した一札の冒頭に「此度従太閤(秀吉)様判金座・小判座吹替之役儀被為仰出候処」とあり、この時小判の鋳造も企てられたのではないかと推測される。さらに慶長三年二月、秀吉は「金子吹之座」を改め判金のことを後藤徳乗に命じ、判賃を金子一枚に一両とし、年に判金一万枚について一〇〇〇枚の運上を命じ、同時に運上一〇〇〇枚について米五〇〇石の支給を約束している。

銀については石見銀山が開発されて以降、西国では主として貿易銀として盛んに使用されるが、畿内での貨幣としての流通は一六世紀半ば以降である。秀吉は銀についても文禄三年四月に「大坂銀ふきとも」二〇人を常是座と定め、その掌握を計る。

この時期の銭と金銀については、従来の研究史では銭の希少化と撰銭による混乱のなかで金銀の使用が始まったとの脈絡で語られることが多い。この点は注目すべきであろうが、それ以上にこの期の金銀使用の増大は、織豊期、殊に秀吉以降の領主財政の爆発的拡大とそれにともなう流通経済の急速な拡張という要素を組み込んで位置づける必要があろう。また同時にそれを可能とした金銀の増産も見落とすことはできない。

第三章　徳川の天下

1　関ヶ原の戦いと将軍宣下

「天下殿」　秀吉没後、徳川家康・前田利家・毛利輝元・上杉景勝・宇喜多秀家の五大老《たいろう》と石田三成・前田玄以・浅野長政・増田《ました》長盛・長束《なつか》正家の五奉行が政権の政務を担う。当初、朝鮮からの撤兵指示や新たな領地宛行《あてがい》などを五大老が行い、五奉行が寄り合って所務沙汰を処理するなど、五大老五奉行制は順調に機能するかにみえた。

いっぽう、慶長四年(一五九九)正月、秀頼は、秀吉の遺命により大坂城へ移る。この時、五大老の筆頭である家康は伏見に残り、利家が秀頼の守役として大坂に移る。さらに、同年閏三月、利家が大坂の自邸で没する。

利家死去の翌日、石田三成に不満を持っていた加藤清正・黒田長政《ながまさ》・浅野幸長《よしなが》ら七人の武将が、三成を亡き者にしようと動く。それを察した三成は大坂から伏見そして近江佐和山《さわやま》へと遁《のが》れる。これにより三成は事実上五奉行から脱落、五奉行制にもひびが入る。

この三成襲撃事件が一段落した同月一三日、家康は伏見向島《むかいじま》の自邸から伏見城西丸《にしのまる》へと移る。

これを伝え聞いた多聞院の僧英俊は、「天下殿に成られ候」とその日記に記した。世間は、家康を「天下殿」とみなしたのである。

同年八月一四日、後陽成天皇は、参内した家康に常御所《つねのごしょ》で対面、そこで三献《さんこん》の儀があり、家康は太刀《たち》折紙《おりがみ》・銀一〇〇枚、中折紙一〇〇把を進上する。この参内の様子は、秀吉参内の折と変わりはなく、事実上、家康が天下人であることを朝廷が認めたことを意味する。

同年九月七日、家康は、秀頼に重陽《ちょうよう》の賀を述べるために大坂に出向き秀頼への礼を済ませるが、その後も大坂を離れず、秀吉の正室高台院《こうだいいん》が去った大坂城西丸に入り、そこに居座ってしまう。しかし、この段階での家康は、形のうえでは豊臣政権の、筆頭とはいえなお五大老の一人に過ぎない。

関ケ原の戦い

秀吉の生前には私の婚姻は禁じられていたが、家康は、伊達・福島・蜂須賀《はちすか》氏との婚姻を策するなど、秀吉の定めた法度や置目《おきめ》を無視するようになっていく。また、前田利長《としなが》、そして前田家と姻戚関係にあった細川忠興に謀叛の疑いがあると嫌疑をかけ、糾弾、利長からはその母を、忠興からは嫡子の忠利《ただとし》を人質として求め、それを江戸に送らせる。

慶長四年一〇月に会津へ下った上杉景勝に家康は上洛を求める。それを景勝は新たな領国会津の仕置に専念したいと断る。しかし再度家康は上洛を求め、それを景勝が拒むと、景勝に叛意ありとして、慶長五年六月会津攻めに踏み切る。これを好機とみた石田三成は、前田玄以・増田長盛・長束正家らと計って、毛利輝元をかつぎ出し西軍の盟主とする。

輝元が大坂城西丸に入った七月一七日、家康の非を書き上げた一三か条の弾劾文と、家康と対決すべきことを呼びかけた前田玄以・増田長盛・長束正家の檄文が諸大名に送られる。同じ日、江戸にいた家康は、石田三成らの動きを知るが、予定を変えることなく二一日会津に向け江戸を出発する。二四日下野《しもつけ》小山《おやま》の家康の陣に伏見城の鳥居元忠《とりいもとただ》から西軍決起の報が届く。翌日家康は、諸将を集め軍議を持ち、軍を上方《かみがた》へ返すことに決する(以下、図3-1)。

先陣を命じられた福島正則《まさのり》ら豊臣系の大名らは東海道《とうかいどう》を西上。一方、家康は八月五日江戸に帰着するが、一か月近く江戸を動かない。会津の上杉氏を警戒し、上野から信濃へと入った徳川秀忠軍の様子をみ、さらに福島正則・黒田長政ら豊臣恩顧の大名たちの動きを見極めて、九月一日江戸を発つ。美濃岐阜城を攻めた東軍は、美濃赤坂《あかさか》に陣を布く。他方、西軍は大垣《おおがき》城に拠り、その後、両軍は対峙する。そうしたなか家康は一四日に赤坂に入る。

九月一五日朝、家康を大将とする東軍と石田三成率いる西軍とが、関ヶ原《せきがはら》で激突する。西軍の大将毛利輝元は大坂城にあってこの合戦の場にはおらず、加えて輝元の将吉川広家《ひろいえ》は、家康

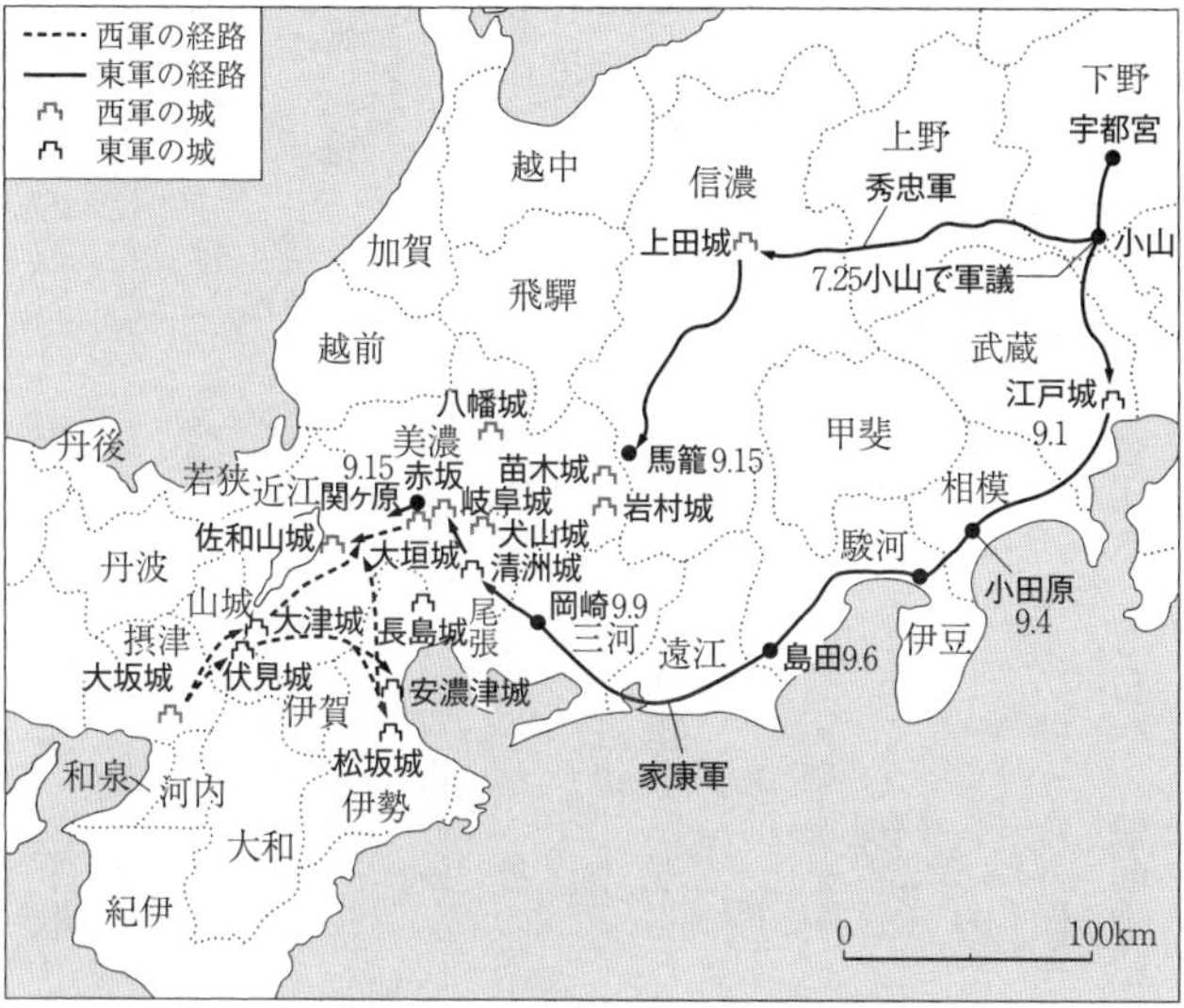

図 3-1　関ヶ原開戦までの両軍の動き　日付は家康の動きを示す

に輝元が西軍の大将となったのは本意でないと伝えるなど、西軍の態勢は盤石ではなかった。戦闘は、辰刻《たつのこく》(午前八時)に始まり、両軍一進一退の激戦となるが、小早川秀秋が東軍に寝返ったことで一気に決着へと向かい、東軍の勝利で戦いは終わる。

勝利した家康は、一八日に石田三成の居城佐和山城を攻め落とし、二〇日には大津《おお》城に入り、二六日までそこに止まる。この間、家康との折衝を重ね咎めぬ約束を取り付けた輝元は、大坂城西丸を退去する。これを受け家康は、大津城を出て二七日大坂に着き、本丸の秀頼に会ったのちに西丸に入る。

関ヶ原の戦いは、実質的には家康の天下取りの戦いであったが、家康にとっては、あくまでも豊臣氏五大老の一人として石田三成らを誅伐《ちゅうばつ》する戦いであり、名分のうえでは豊臣氏と徳川氏の戦いではなかった。

戦いの論功行賞

名分とは別に実質的な権力を掌握した家康は、西軍諸将の領地没収と東軍諸将への領地宛行を行う(図3-2)。領地を没収された大名の主なものは、備前五七万石の宇喜多秀家、土佐一〇万石の長宗我部盛親《もりちか》、大和郡山二〇万石の増田長盛、近江佐和山一九万石の石田三成などであるが、その総数は八七名、高《たか》は四〇五万石。また、毛利輝元が安芸《あき》広島一二〇万石から周防《すおう》・長門《ながと》二国三〇万石に、上杉景勝が陸奥会津一二〇万石から出羽米沢三〇万石に、佐竹義宣が常陸水戸五四万石から出羽秋田一八万石に減封《げんぷう》され、その高の合計は二一六万石である。こうしたなか、慶長三年段階で四〇か国で二二二万石あった豊臣氏の蔵入地は実質的には摂津・河内・和泉を中心に六〇万石に削減される。

この結果、家康が論功行賞に充てうる高は七八三万石にのぼる。この高は、当時の日本全体の石高一八五〇万石の約四二パーセントにあたる。一方、論功行賞に与った大名は、一〇四名、その高は六二五万石にのぼる。このうち外様《とざま》大名は五二名、四一二万石で、下野宇都宮一八万石の蒲生秀行《ひでゆき》が陸奥会津六〇万石へ、豊前中津《なかつ》一八万石の黒田長政が筑前福岡五二万石へ、三河吉田《よしだ》一五万石の池田輝政が播磨姫路《ひめじ》五二万石へ、尾張清洲二〇万石の福島正則が安芸広島五〇万石へ、丹後宮津《みやづ》一八万石の細川忠興が豊前小倉四〇万石へ、甲斐府中《ふちゅう》一六万石の浅野幸長が紀伊和歌山三八万石へ移る。

一門・譜代《ふだい》で論功行賞に与ったものは、五二名、二一二万石である。家康の第二子の結城《ゆうき》秀康が下総結城一〇万石から越前北庄六七万石へ、家康の第四子松平忠吉《まつだいらただよし》が武蔵忍《おし》一〇万石から尾張清洲五二万石へ、井伊直政《いいなおまさ》が上野箕輪《みのわ》一二万石から近江佐和山一八万石へ、奥平信昌《おくだいらのぶまさ》が上野小幡《おばた》三万石から美濃加納《かのう》一〇万石へ、鳥居忠政《ただまさ》が下総矢作《やはぎ》から陸奥平《たいら》一〇万石へと移る。

この結果、関東・東海にいた豊臣系大名が西国・奥羽に移され、そのあとへ一門・譜代大名が配置され、江戸と京都を結ぶ地域は、一門・譜代によって固められる。そして新たに一五九万石が徳川氏の蔵入地となる。

二つの百姓定

慶長七年一二月六日、家康は、直轄地と私領の百姓についての定《さだめ》を、江戸の町支配とともに関東の支配を任されていた青山忠成《あおやまただなり》等に黒印状をもって命じる。直轄地を対象とした三か条は、代官を対象としたもので、まず代官の側に非分があって郷中を退《の》いた百姓の召し返しを禁じ、第二条で年貢未進の勘定は奉行の前で行い、また年貢率は近所の年貢率を勘案して処理することとし、第三条で百姓の殺害を禁じ、罪ある百姓については

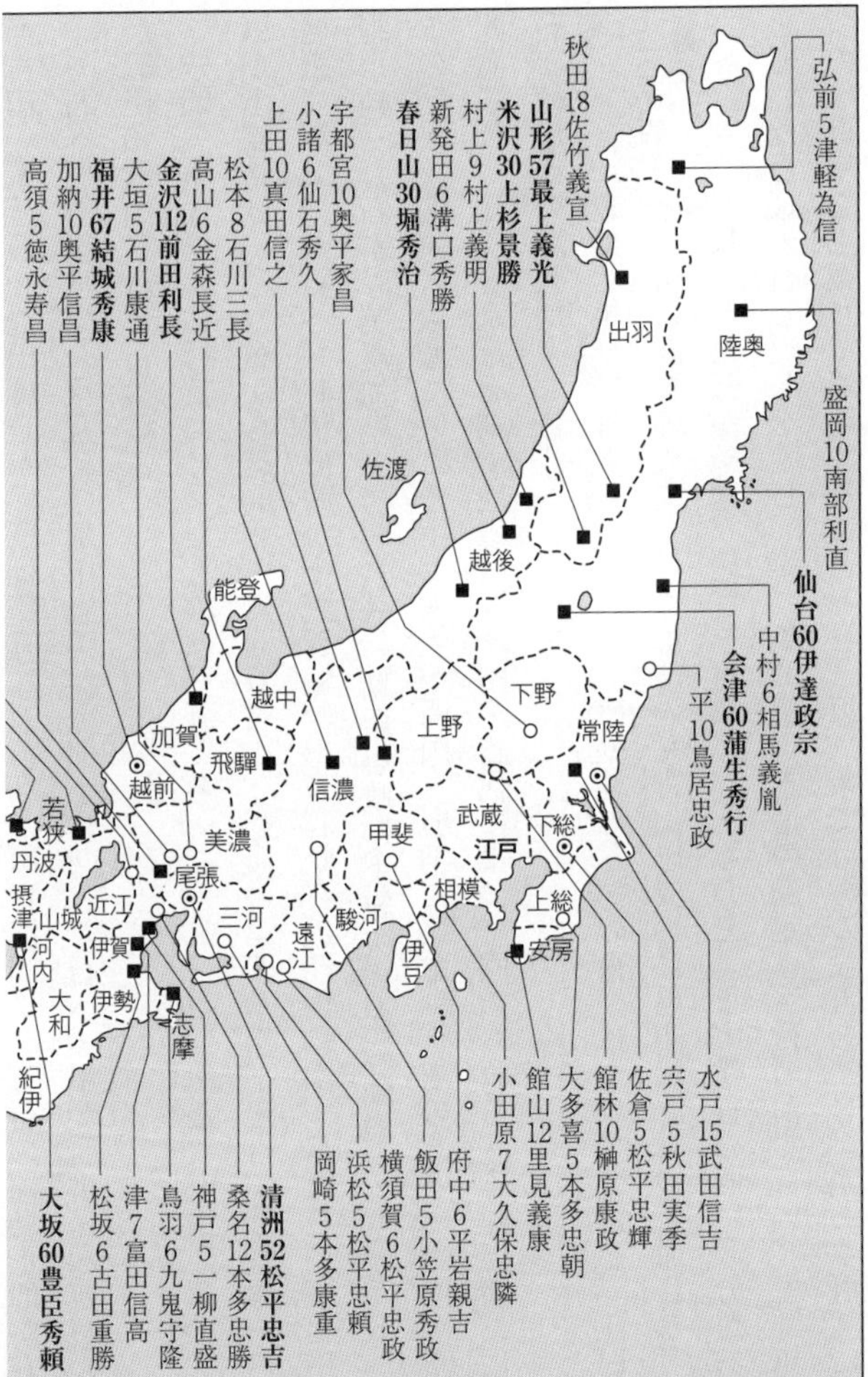
弘前5津軽為信
盛岡10南部利直
仙台60伊達政宗
中村6相馬義胤
会津60蒲生秀行
平10鳥居忠政
秋田18佐竹義宣
山形57最上義光
米沢30上杉景勝
村上9村上義明
新発田6溝口秀勝
春日山30堀秀治
宇都宮10奥平家昌
小諸6仙石秀久
上田10真田信之
松本8石川三長
高山6金森長近
金沢112前田利長
大垣5石川康通
福井67結城秀康
加納10奥平信昌
高須5徳永寿昌
陸奥
出羽
佐渡
越後
能登
越中
加賀
飛騨
下野
上野
常陸
信濃
越前
若狭
美濃
武蔵
下総
甲斐
江戸
丹波
尾張
相模
上総
摂津
山城
近江
三河
駿河
遠江
伊賀
河内
伊豆
安房
伊勢
大和
志摩
紀伊
水戸15武田信吉
宍戸5秋田実季
佐倉5松平忠輝
館林10榊原康政
大多喜5本多忠朝
館山12里見義康
小田原7大久保忠隣
府中6平岩親吉
飯田5小笠原秀政
横須賀6松平忠政
浜松5松平忠頼
岡崎5本多康重
清洲52松平忠吉
桑名12本多忠勝
神戸5一柳直盛
鳥羽6九鬼守隆
津7富田信高
松坂6古田重勝
大坂60豊臣秀頼

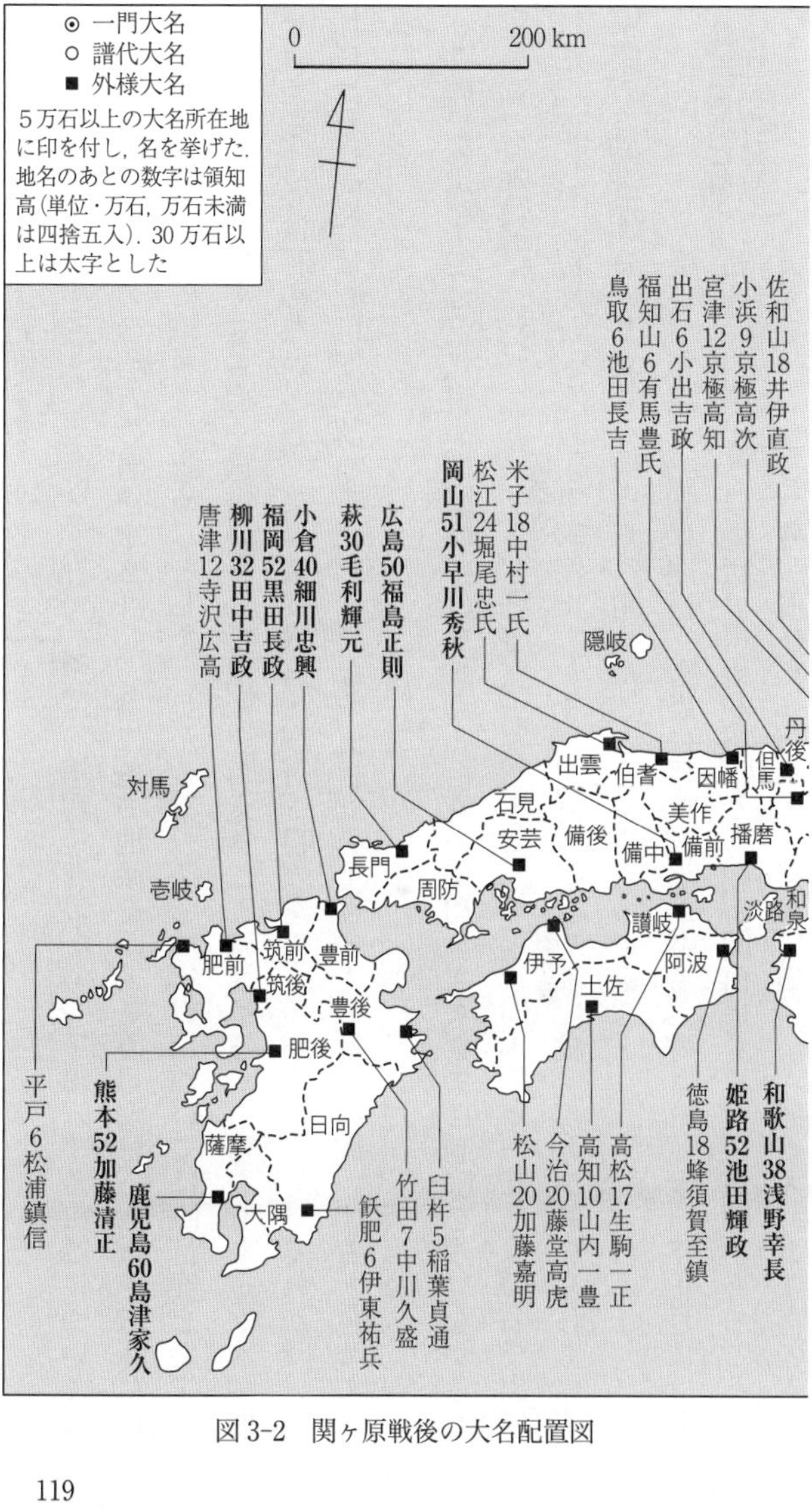

図3-2　関ヶ原戦後の大名配置図

奉行所で対決のうえ処罰するとする。

地頭《じとう》(旗本)を対象とした定七か条の第一条で、地頭に非分があって退去する百姓については、年貢を済ましたものは何方《いずかた》の居住をも許し、第二条で地頭を訴える直目安《じきめやす》は、人質を取られ自由にならないものについては認めるとした。しかし第三条では年貢については直目安を禁ずるとし、第四条で村を立ち退く覚悟のうえで地頭を訴えることは認めるが、村を立ち退かず地頭を訴えることは認めないとし、第五条で代官・奉行へ目安を再三差し上げても、それが受け入れられない場合は直目安を認める、そうでなく直目安を上げるものは「成敗」すると定めている。

この二つの定では、代官や地頭の非分を訴える百姓の権利をさまざまに制限を設けながらも定め、「百姓殺害」については、その後この二つの定を受けて青山忠成と内藤清成《きよなり》の名で出された「覚《おぼえ》」で「百姓むさと殺候事御停止」とされ、百姓をむやみに殺すことが禁じられている。家康の目が百姓の成り立ちへ向けられ始めたことを示すものである。

将軍宣下と覇府江戸の建設

慶長七年末、秀頼に関白、秀忠に将軍宣下があると噂され、翌八年正月には毛利輝元が国元への書状で家康が将軍、秀頼が関白になるとの風聞のあることを伝える。こうした噂が飛び交うなか正月家康に朝廷から征夷大将軍任官の内意が伝えられ、二月一二日家康は、伏見城で勅使から将軍任官を伝える宣旨を受け取る。この将軍任官は、すでに天下を掌握していた家康の地位を将軍という武家にとっては伝統的な官職によって権威化するものとなる(図3-3)。

関ヶ原の戦いが終わって最初の正月、秀頼は元日に諸大名の年賀を受け、家康は一五日に諸大名の年賀を受けている。翌慶長七年正月は、家康は二月に上洛、ついで大坂へ下り、秀頼に年賀を述べる。さらに、慶長八年には、年頭の挨拶のために伏見に集まった諸大名に秀頼にまず年賀を述べるよう命じ、自らも将軍宣下直前の二月八日、秀頼への年賀の礼のため大坂へ下る。このように家康は、秀頼を豊臣政権の後継者とし、臣下の礼をとるが、将軍となるや秀頼のもとに礼に出向かなくなり、諸大名の秀頼への年頭の礼もこれ以降姿を消し、諸大名の礼は家康へのもののみとなる。将軍宣下は、家康が豊臣政権の五大老の地位を脱し、武家の棟梁《とうりょう》としてその頂点に名実ともに立つ重要な契機となる。

図3-3　徳川家康の花押(上)と印章(下)

天正《てんしょう》一八年(一五九〇)に家康が江戸に入ったときの江戸城は、もと北条氏の家臣遠山《とおやま》氏の居城であり、二〇〇万石を超す家康の居城としては、あまりにもみすぼらしいものであった。江戸入部後、本丸の改修、道三堀《どうさんぼり》の開削、西丸の築造、日比谷《ひびや》の入江の埋立てなどがなされるが、奥羽出兵、朝鮮出兵など秀吉から課された相次ぐ軍事動員、また伏見城普請への動員等で、江戸の改造は思うにまかせなかった。

慶長八年、将軍となった年、家康は、本格的な天下の覇府《はふ》の建設に取りかかる。まず外様・譜代に限らず東西七〇人あまりの大名に命じ、神田山《かんだやま》を切り崩し豊島《としま》の洲《す》を埋め立てさせ、町場を造成、そこに町屋《まちや》を移し、江戸城の大拡張にそなえる。そして城の縄張りを藤堂高虎《とうどうたかとら》に命じ、西国の大大名を石垣普請に動員する。本格的な工事は、新たに将軍となった秀忠のもとで、慶長一一年三月一日にはじまり、本丸・二の丸・三の丸が築造され、慶長一二年には天守閣《てんしゅかく》も完成する。

慶長九年八月、家康は、諸大名に領知する村ごとの田畠の高を書き付けた郷帳《ごうちょう》と郡名・村名・村高・道や川等を描いた巨大な国絵図《くにえず》を作成し提出するよう命じる。江戸幕府による大名領地のみならず国土の把握を意図したものである。

朱印船貿易と糸割符

慶長六年、家康は、東アジアから東南アジアへと渡航する商船に朱印状《しゅいんじょう》を発給し、海外貿易の統制を始める。朱印船貿易の開幕である。同年一〇月、家康は、安南《あんなん》国への返書で、日本に来航する船の安全を保障するとともに朱印状を持たない日

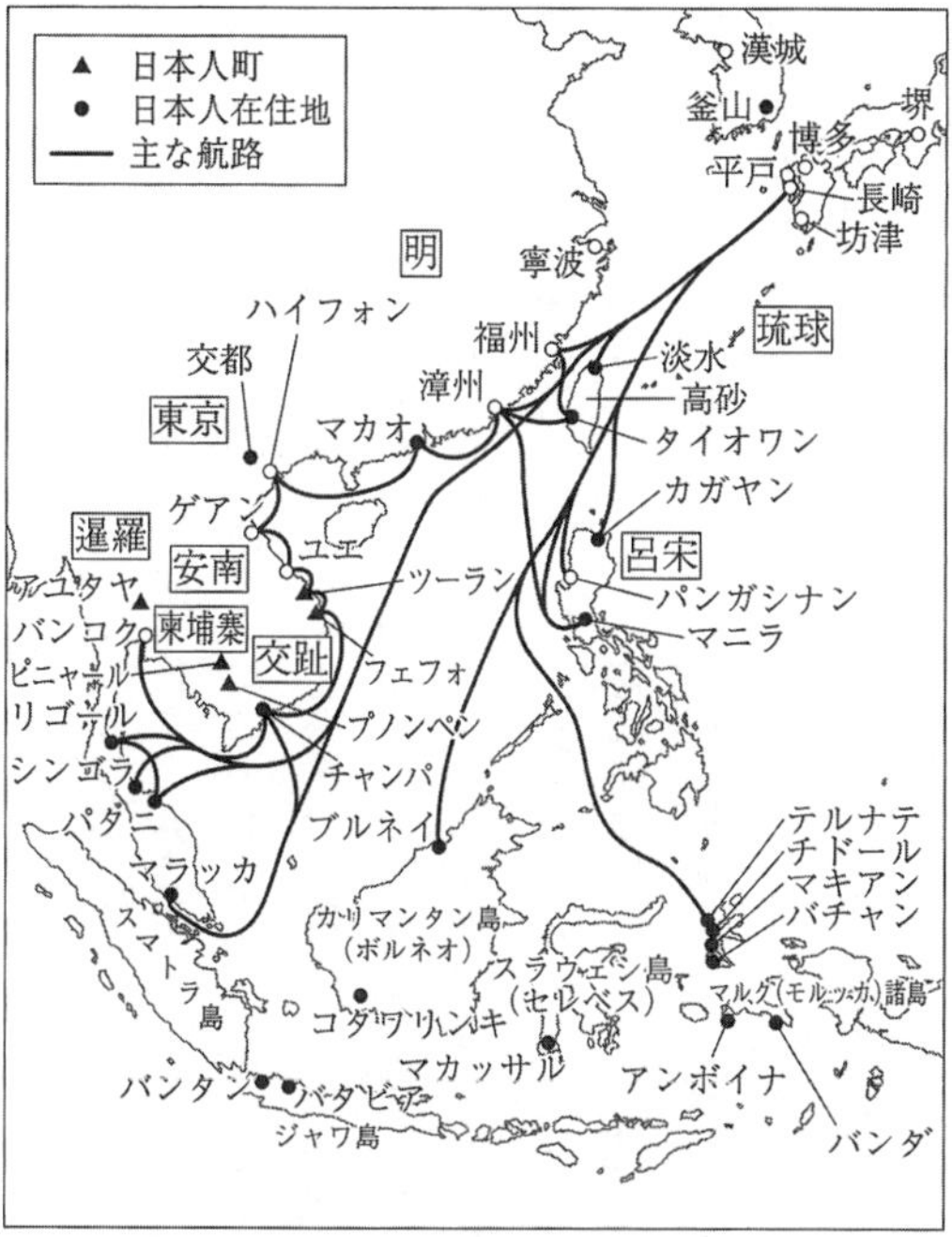

図3-4　朱印船貿易先地図

本商船の安南での交易禁止を求める。また、同じ一〇月、フィリピン総督への書翰でも同様にマニラでの交易を禁止するよう求める。この後、家康は、東南アジアの暹羅《シャム》・東埔寨《カンボジア》・太泥《パタニ》(タイ南部)などの諸国とも国書を往復し親善関係の樹立を計る(図3−4)。

　朱印船貿易の開始は、日本が東アジア貿易に国家的保障をもって参入することを宣言したものであり、ポルトガル・スペインにとっては東アジア海域での新たな競争相手の出現を意味した。ポルトガル船・スペイン船・オランダ船による貿易は、しばしば朱印船による貿易と別々に論じられてきたが、生糸や絹織物、香木などを日本へ運び、日本の銀・銅などを運び出すという点では、なんら差はない。

慶長八年四月、家康は長崎奉行を、秀吉以来その職にあった肥前唐津《からつ》城主寺沢広高《てらさわひろたか》に替え、家康直臣の小笠原一庵《おがさわらいちあん》に命じ、長崎の直轄化を計る。そして翌九年五月、長崎貿易の掌握を意図してポルトガル人のもたらす生糸を公定値段で一括購入する糸割符《いとわっぷ》制を導入する。この貿易手法は、当時ポルトガル人が中国市場で生糸を購入する際に用いたパンカダと呼ばれる一括購入システムと同様のものであり、ポルトガル商人にとっても生糸の早期売却を可能とした点ではメリットがあった。

この時の糸割符は、糸割符年寄《としより》に任命された堺・京都・長崎の有力町人が、ポルトガル人との交渉できまった値段で輸入生糸を一括購入し、それを三都市で一二〇、一〇〇、一〇〇の割合で配分したうえで、諸国の商人に売り渡すというものであった。その後、この三都市に加え大坂・江戸が追加され五か所糸割符仲間が形成される。

スペインとの通交模索

マニラのフィリピン政庁と家康との外交・貿易交渉は、秀吉死去直後の慶長三年一二月に始まる。家康は、フランシスコ会の宣教師ヘロニモ・デ・ヘスースを伏見城で引見し、フィリピンからメキシコに通うスペイン船の相模浦賀《うらが》への寄港と鉱山技師や航海士の派遣などを、フィリピン総督に取り次ぐよう依頼する。

先述のように慶長六年一〇月、家康はフィリピン総督に書翰を送り、朱印船以外の日本船のマニラでの交易禁止と日本との通交要請とともに、マニラ近海での海賊の取締を約束する。さらに慶長七年二度にわたってフィリピン総督にメキシコとの通交と寄港地の関東設置を提案する。このように家康は、新たな通商の国を生み出そうとしている。

いっぽう、フィリピン政庁の関心は、日本との貿易とともに日本でのキリスト教の布教にあった。一連の交渉の過程でフィリピン総督は、宣教師の保護を家康に要請するが、家康はそれには直接答えず、日本への渡航を許可した朱印状の最後の箇条にキリスト教布教禁止の文言を滑りこませる。

慶長一〇年にも家康は、フィリピン総督への返書のなかで、マニラに渡航する朱印船数の六艘《そう》から四艘への削減に同意しつつ、キリスト教の布教について、「わが邦は神国」であり、偶像を先の代より大いに尊敬しており、キリスト教の布教は許せないと宣言した。だが、京都・長崎などでは宣教師の活動は活発で、布教は黙認状態であった。

2　家康の大御所時代

秀忠の将軍襲職

慶長一〇年(一六〇五)家康から将軍職を秀忠に与奪するようにとの奏請を受けた後陽成天皇は、四月一六日、秀忠を征夷大将軍に任じる(図3-5)。徳川氏の政権世襲を天下に知らしめる出来事である。ただ、一方で天皇は、一二日には秀頼を内大臣から右大臣に昇進させ、将軍となる秀忠の内大臣より上位の官職に就けるという配慮もみせている。これに先立ち、秀忠は、大軍勢を率いて諸人見物のなか伏見城に入る。そして、家康同様伏見城で将軍宣下を受ける。家康のあとは秀頼にと、わずかに希望を抱いていた豊臣方にとっては、この一件は大きなショックであった。

家康は、これに追い討ちをかけるかのように、五月はじめ秀吉の正室高台院を通じて、秀頼に秀忠の将軍襲職を祝うため上洛するよう申し入れる。この申入れに秀頼の生母淀殿は激怒しそれを拒絶したことで、一時大坂は騒然となるが、新将軍秀忠の名代として家康の第七子松平忠輝《ただてる》が秀頼のもとに挨拶に出向くことで、この騒ぎはひとまず収まる。

大御所家康と将軍秀忠

家康は、秀忠に将軍職を譲って後も多くの日々を伏見に過ごすが、慶長一一年に駿府《すんぷ》に居を移すことを決め、翌年七月、完成した駿府城に入る。これに先立ち家康は、伏見城から金銀・緞子《どんす》・金襴《きんらん》など財宝を駿府へと運び出す。『当代記《とうだいき》』は、慶長一二年三月には一五〇駄、同閏四月には六三〇駄の金銀が駿府に送られ、一駄には金六〇〇〇両が積まれたと記す。天下の政治をみる場が、伏見から駿府へと移ったことを象徴する出来事である。

江戸幕府成立直後の政治運営は、年寄《としより》・奉行衆・代官頭《だいかんがしら》などお簡素なもので、家康の強い意向に従い、求められる仕事が家康の信頼と恩寵のもとにそれを果たす能力のある人物によって担われる。家康のもとには、大久保忠隣《ただちか》と本多《ほんだ》正信《まさのぶ》が年寄として仕え、大名に将軍の意向を伝えるなど、のちの老中《ろうじゅう》に近い役割を果たす。青山忠成と内藤清成は、江戸の町の支配と関東の支配をまかされ、所司代となった板倉勝重《いたくらかつしげ》も、所司代の役割に加え家康の元では年寄並の地位にあり、また山《やま》城《しろ》全体を統括する国奉行さらに京都周辺の蔵入地の代官でもあった。代官頭の伊奈《いな》忠次《ただつぐ》・彦坂元正《ひこさかもとまさ》・大久保長安《ながやす》らは、のちの勘定《かんじょう》奉行の役割を果たすと同時に、たとえ

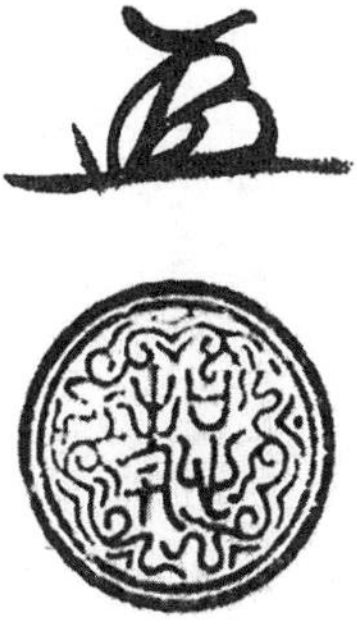

図3-5　徳川秀忠の花押(上)と印章(下)

ば大久保長安は大和・美濃の国奉行、石見・佐渡の金山《かなやま》奉行を勤めたように、多様な職能を果たした。

将軍職を秀忠に譲った家康は、江戸城の主を秀忠とし、自らは伏見城、慶長一二年からは駿府城に過ごす。また徳川氏の譜代家臣と関東の所領支配を秀忠に委ね、家康以来の年寄大久保忠隣・本多正信に加え、酒井《さかい》忠世《ただよ》・土井《どい》利勝《としかつ》・安藤重信《あんどうしげのぶ》・青山成重《なりしげ》らを秀忠付年寄あるいは年寄並として加える。江戸町奉行はそのままとされ、伊奈忠次は関東郡代として秀忠に属した。その後水野《みずの》忠元《ただもと》・井上正就《いのうえまさなり》、のちに勘定頭となる伊丹康勝《いたみやすかつ》、江戸町奉行となる米津田政《よねきつただまさ》・島田《しまだ》利正《としまさ》などが、秀忠政権を支える陣容に加わっていく。ただ、所司代の板倉勝重は、朝廷・西国支配の要として家康の手に残される。

いっぽう、大御所となった家康は、本多正信の子の正純《まさずみ》を駿府年寄衆の筆頭に置き、大久保長安・成瀬《なるせ》正成《まさなり》・安藤直次《なおつぐ》・村越直吉《むらこしなおよし》らを駿府の奉行衆とし、松平正綱《まさつな》に勘定頭の役割を任せる。また駿府の奉行衆の一人でもあった大久保長安に美濃・大和の、小堀政一《こぼりまさかず》に備中の、米津正勝《まさかつ》に近江の国奉行を命じる。

さらに、家康は、金地院崇伝《こんちいんすうでん》・南光坊天海《なんこうぼうてんかい》・林羅山《はやしらざん》などの僧侶・学者、日野《ひの》唯心《ゆいしん》などの公家、後藤光次《ごとうみつつぐ》・茶屋四郎次郎《ちゃやしろうじろう》・亀屋栄任《かめやえいにん》などの代官的豪商、外国人ウィリアム・アダムス(三浦按《あん》針《じん》)、ヤン・ヨーステンなど多様な人材を召し抱え、対大名、対朝廷・公家、対寺社、外交・貿易など全国的・対外的な政務を補佐させる。

出頭人大久保長安

この時期の幕府政治がどのように運営されたかを、家康の出頭人として活躍した大久保長安を通して見てみよう。大久保長安は、甲斐武田氏の地方支配を担う蔵前衆《くらまえ》の一人であったが、武田氏滅亡後、家康の年寄大久保忠隣の引きで家康に仕え、甲斐経営に代官として寄与した。関ヶ原の戦い後の領地割りを伊奈忠次等とともに担当し、その後は幕府直轄地の代官頭として一二〇万石ともいわれる地を支配した。また徳川領となった石見銀山、ついで佐渡・伊豆の金銀山の支配を任され、石見の技術を佐渡等へ移転することで銀の大増産を実現し、江戸城や駿府城の普請・作事に関与、さらに街道支配、木曽《きそ》支配を任され、美濃をはじめとする検地の奉行、大和・美濃の国奉行、駿府年寄をも勤める、八面六臂の活躍をみせる。

長安の果たした役割は、後に老中・若年寄・寺社奉行・勘定奉行といった幕府の機構ができあがって以降とは大きく異なり、家康の信頼と恩寵とによって取り立てられた出頭人それぞれの能力に従い、その活動の場を得たものであり、この時期の政治運営の大きな特徴である。一般には京都所司代とされる板倉勝重も家康の出頭人の一人であり、後年の所司代としての職務以外に、洛中洛外の公事訴訟、山城・丹波・近江の国奉行、山城の幕領代官、宿駅支配、在駿府時には駿府年寄を勤めるなど、その役割は多種多様である。

銭通用圏の統合

慶長一三年一二月、幕府は関東を対象に永楽《えいらく》銭一貫文＝鐚《びた》銭四貫文とすると同時にそれまで基準銭であった永楽銭の通用を禁じ鐚銭による取引を命じ、金一両＝鐚銭四貫文の比価を定め、加えて鉛銭等五銭以外の撰銭《えりぜに》を禁じ、さらに翌年、金一両＝銀五〇匁《もんめ》の比価を定める。

幕府がこの定を出した目的の一つは、街道筋における永楽銭と鐚銭使用の併存による混乱を回避することにあったと思われる。それまで東海道では江戸より駿河の富士川までは永楽銭が、遠江の見附より西、三河までは「ひた銭」が、中山道は武蔵・上野・信濃・美濃までは永楽銭が使用されていたが、江戸と京との間の往来が急速に高まるなかでその併存が桎梏《しっこく》となり、その解消のために永楽銭を基準銭とする関東の銭通用圏を上方の銭通用圏に統合したのである。

琉球と朝鮮

慶長八年、家康は、島津氏に対し、前年冬に仙台伊達領内に漂着した琉球船の乗組員を本国に送還するよう命じる。これを機に、家康は明との国交回復交渉の糸口をつかもうとするが、この時には事は順調に運ばなかった。

琉球国王尚寧《しょうねい》に家康への聘礼使《へいれいし》派遣を求め、琉球を自らの「附庸国《ふようこく》」にしようとしていた島津家久《いえひさ》は、慶長一一年、家康から琉球侵攻の許可を引き出す。そして慶長一四年四月、島津軍は琉球に侵攻し、那覇《なは》の首里城《しゅりじょう》を落とし、国王尚寧を捕虜として鹿児島に帰還する。琉球平定の知らせを家久から受けた家康は、その功を賞し、琉球を島津家久に与える。ここに江戸時代における琉球の位置が定まる。翌慶長一五年、家久は、尚寧を伴い駿府を訪れ家康に拝謁、ついで江戸に行き秀忠にも謁する。

琉球侵攻後、琉球は、島津氏に与えられたことで日本の領域に取り込まれるが、家康は、これを機に明から冊封を受けていた琉球を介して明との国交回復を狙う。同一五年、北京に派遣された琉球からの使は、家康の勘合貿易復活の希望を明に伝えるが、明は、尚寧の琉球への帰国を求めるだけで、勘合貿易再開にはなんら答えず、それればかりか明は、琉球の二年一貢の進貢を一〇年一貢へと大きく削減する動きに出る。家康の琉球を介しての明との国交回復という思惑はここに行き詰まる。

朝鮮との国交は朝鮮出兵後途絶えていたが、対馬宗《そう》氏からの捕虜送還交渉の働きかけの結果、朝鮮は慶長一〇年対馬に使を送り、対馬島民の釜山《プサン》での交易許可の意向を伝え、翌年三月には使節を派遣する。この使節を伏見城で引見した家康は、宗氏に朝鮮との講和交渉を命じる。

慶長一一年七月、朝鮮は、宗氏に国交回復の条件として、家康から朝鮮国王に先に国書を送ることと、朝鮮侵略の際先王の墓を荒らした犯人の引渡しとを提示する。国書を先に送ることは、当時の外交上の慣習では相手国への従属を意味しており、家康側には受け入れられない条件であった。朝鮮貿易の再開を望む宗氏は、家康からの国書を偽造し、また墓荒らしの犯人に罪人を仕立て朝鮮に送る。

国書の偽造を知りつつも朝鮮は、翌年正月、これに答える使を派遣する。この使は、日本では通信使とされたが、朝鮮では国書に答え捕虜の送還を求めた回答兼刷還使《かいとうけんさつかんし》であり、両者の認識にはズレがあった。閏四月、朝鮮使節の一行は総勢五〇四人で江戸に到着し、将軍秀忠に会い、ついで帰途駿府で家康に会う。先の国書偽造の露見を恐れた宗氏は朝鮮国王の国書を改竄し、それが秀忠に呈される。こうした作為のなか、この朝鮮使節派遣をもって日本と朝鮮の国交はひとまず回復する。

その後、宗氏と朝鮮とのあいだで交渉が重ねられ、慶長一四年三月、両者のあいだで己酉《きゆう》約条が結ばれる。この約条の主な内容は、①日本からの渡航者の制限、②対馬島主の船数を毎年二〇艘に制限、③釜山の倭館《わかん》での交易、④日本人の漢城《ハンソン》行の停止であった。この約条は、多くの制限を伴ったが、江戸時代を通じて朝鮮と日本・対馬との外交・貿易の基本的な枠組みとなる。

オランダとポルトガル

オランダと日本との関係は、慶長五年のリーフデ号の豊後漂着に始まるが、交渉が具体化するのは少し時間をおいてからとなる。慶長一〇年家康は、リーフデ号船長ヤコブ・クワッケルナークが帰国するにあたりオランダ国王への書翰を託す。

慶長一四年五月、肥前平戸《ひらど》に二艘のオランダ船が入港する。この船は、ポルトガル船の捕縛を第一の目的として太泥《パタニ》を出港したが捕縛できず、予めの指示に従い航海の目的を日本との通商に転じ、交渉を開始する。平戸に上陸したオランダ人は、駿府へ赴きオランダ国王の書と贈物を家康に献じ日本との通商を求める。こうしたオランダ人の動きに、駿府に来ていたポルトガル人は、オランダ人は海賊であり彼等を捕縛するよう家康に求める。

しかし家康は、ポルトガル人の要求には応えず、オランダ国王へ返書を送るとともに、いずれの浦への着岸をも許可する渡航朱印状をオランダ人に与える。この直後オランダ人は平戸に商館を設けるが、その目的は、当初は貿易のためというよりポルトガル・スペイン勢力を排撃するための東アジア海域における軍事拠点の設置にあった。

慶長一三年、肥前日野江《ひのえ》城主有馬《ありま》晴信《はるのぶ》の派遣した朱印船が、占城《チャンパ》からの帰途に寄港したマカオで騒ぎを起こす。この騒ぎは、マカオの総司令官アンドレ・ペッソアによって鎮圧されるが、その際多くの日本人が死亡し、船荷が取り上げられ、残った船員もその非を認める誓約書を書かされ、翌年、帰国する。

慶長一四年六月、ポルトガルの年航船としてノッサ・セニョーラ・ダ・グラッサ号が長崎に入港する。この時、グラッサ号の総司令官となったペッソアは、マカオでの事件の顚末を家康に陳述しようとするが、ポルトガル人に対する感情が芳しくないことを理由に長崎奉行長谷川《はせがわ》藤広《ふじひろ》から駿府行きを止められ、代わりに使を家康のもとに遣わし、日本人のマカオ寄港を禁ずる家康の朱印状をなんとか手に入れる。

こうしたなかポルトガル船が持ち込んだ荷への先買権行使をめぐり長谷川藤広とポルトガル商人とが対立、ポルトガル側はペッソアを駿府に派遣し、この件を家康に訴えようとする。これに対し藤広はことの露見を恐れ、マカオでの日本人殺害の顚末を有馬晴信の耳に入れ、晴信から家康に訴えさせる。これを聞いた家康は、ポルトガルとの貿易断絶を決断し、ペッソアらの処分を晴信に命じる。

長崎に戻った晴信は、ペッソアの引渡しを求めるが、ポルトガル側はそれには応じず、出港の準備を始める。それに対し晴信は、一二〇〇人の兵をもって長崎港外に停泊していたグラッサ号を攻める。この攻撃に耐えかねペッソアは船の火薬庫に火を付けグラッサ号を爆沈させ、自らも命を絶つ。

この事件によってポルトガルとの通商は一時途絶えたが、慶長一六年にドン・ヌーノ・ソート・マヨールがゴアの副王の使節の資格で日本を訪れ、通商の再開、グラッサ号の損害賠償、長谷川藤広の処分を求める。貿易の断絶を願っていなかった家康は、「前規のごとく相違なし」とその再開を許可するが、他の要求はいずれも拒否する。

メキシコとフィリピン

慶長一四年九月、前フィリピン臨時総督ビベロ・イ・ベラスコを乗せたスペイン船がマニラからメキシコのアカプルコに向かう途中、上総国の沖合で遭難する。遭難したビベロは、駿府に行き、宣教師の保護と布教許可、海賊であるオランダ人の国外追放、マニラから日本へ来航する船の厚遇を家康に求める。これに家康は、メキシコへ渡航する船の遭難を助けることを約束するが、他の要求には明確な答えを示さない。翌年ビベロたちは、家康からウィリアム・アダムスが建造した黒船を与えられ、メキシコに向け発つ。この船には、京都の商人田中勝介《しょうすけ》ら二〇人余りの日本人が便乗する。

慶長一六年四月、ビベロらの送還への答礼としてメキシコ総督の使者セバスチアン・ビスカイノが浦賀に来航する。駿府で家康に答礼したビスカイノは、家康にスペイン船入港の便のための沿岸測量と積荷の羅紗《らしゃ》類の自由販売を願い、それを許される。

しかし、ビスカイノ来日の最大の目的は、家康への答礼ではなく、当時ヨーロッパで広く信じられていた太平洋に浮かぶ金銀島の発見にあった。このことは、ビスカイノが大津波や暴風雨に遭って測量がうまくいかず江戸に戻ったころには、ウィリアム・アダムスなどから家康の耳に入っていた。ビスカイノの行動に疑いを抱いた家康は引見を許さず、また帰国の便宜を与えようともしない。結局、ビスカイノは伊達政宗のローマへの使節支倉常長《はせくらつねなが》の乗った船の船客として慶長一八年メキシコへと帰っていく。

布教黙認から禁教へ

貿易重視策のもとでキリスト教の布教は黙認され、キリシタンの数は増加の一途をたどる。当初、日本はゴアに拠点を置いたイエズス会のインド管区の一布教区であったが、天正一〇年(一五八二)に布教区から準管区に昇格し、さらに慶長一四年には独立管区となり、中国布教区をその管轄下に置くことになった。

先述のように家康は、慶長一〇年にフィリピン総督への返書で日本でのキリスト教の布教を認めないことを宣言し、また同一一年大坂の町を対象にキリシタン禁令を出してはいたが、本格的な禁教が打ち出されるのは慶長一七年三月のことである。この契機は、キリシタン大名であった有馬晴信と家康の側近である本多正純の家臣岡本大八《おかもとだいはち》とのあいだの贈収賄事件であった。

岡本大八は、有馬晴信にグラッサ号撃沈の功として旧領肥前三郡の拝領の斡旋を持ち掛け、多額の賄賂を受け取る。しかし家康から沙汰のないのを訝った晴信が、本多正純に問いただしたことからことが発覚し、両者対決の結果、大八の非と決す。ところが大八は獄中から晴信がかつて長崎奉行であった長谷川藤広の謀殺を企てたことを訴えたため、両者はふたたび対決し、弁解に窮した晴信は、その罪を問われ自害を命じられる。

この事件の当事者、有馬晴信、岡本大八がともにキリシタンであったことから、家康は、大八を火刑に処した三月、駿府・江戸・京都・長崎などでのキリスト教の禁止とキリシタン寺院の破却を命じる。同年六月付のメキシコ国王への返書で家康は、キリスト教布教禁止と貿易に限定した往来の許容とを報じ、禁教の姿勢を明確にする。ついで八月には、関東地域を対象にキリシタン禁令が出され、禁令の範囲は徐々に拡大していく。

「伴天連追放之文」

慶長一八年一二月、江戸にいた家康は、将軍秀忠の重臣である大久保忠隣を伴天連追放の総奉行に任じ、京都に派遣する。この派遣にあたって家康は、金地院崇伝に命じて「伴天連追放之文」を起草させ、それを将軍秀忠の名で出させる。

この追放文では、日本は神国・仏国であるとし、「吉利支丹《きりしたん》の徒党《ととう》」はみだりに邪法を弘め、それをもって日本の政体を転覆しようとしており、直《す》ぐさま禁止しなければ「後世必ず国家の患《わずらい》」となるとし、伴天連追放が宣言される。

翌年正月、京都に入った大久保忠隣は、教会を壊し、宣教師を長崎へと追放する。そして信徒改めを実施し、棄教を迫り、従わないものを捕らえ陸奥津軽《つがる》に送る。宣教師の追放と信徒の改めは、京都のほか大坂や堺でも行われ、多くの宣教師が長崎へと送られた。長崎に集められた宣教師や信徒たちは、九月、寄港していたポルトガル船三艘に乗せられ日本から追放される。その内マニラへの船には、キリシタン大名の高山右近が乗っていた。

世に「大追放」といわれたこの事件は、幕府によるキリシタン禁圧の本格化を示すとともに、当時から取沙汰されていたように大坂冬の陣を前にしてキリシタンが豊臣方に引き込まれるのを防止する側面もあった。

3　家康と天皇・公家

官女密通一件

慶長一四年(一六〇九)七月、後陽成天皇に仕える官女と若公家衆との密通が露見し、五人の官女が親に預けられ、関係した公家衆、烏丸光広《からすまるみつひろ》・大炊御門《おおいみかど》頼国《よりくに》・花山院《かざんいん》忠《ただ》長《なが》・飛鳥井雅賢《あすかいまさかた》・難波宗勝《なんばむねかつ》・徳大寺実久《とくだいじさねひさ》・松木《まつき》(中御門《なかみかど》)宗信《むねのぶ》が勅勘を受け出仕を止められる。

数日後、伝奏《てんそう》の勧修寺光豊《かじゅうじみつとよ》は、所司代板倉勝重に公家衆を成敗したいとの天皇の意向を家康に伝えるよう依頼する。これに家康は、天皇がご機嫌の悪いのはもっともで、仰せ次第に処罰されるがよろしかろうとひとまず返事する。この返事を聞いた天皇は、後のためであるので厳罰をもってことにあたるよう再度表明する。しかし家康は、板倉勝重に公家たちを尋問させ、その報告を受けて、「逆鱗《げきりん》」はもっともとしながら、後難なきよう糾明を遂げるべきと慎重な取扱いを天皇に求める。

これに対し天皇は、摂家衆を召し、今度の仕業は沙汰の限りであり成敗したいと、問いかける。摂家衆は、天皇の怒りは領けるが、なお穿鑿《せんさく》すべきではないかと答える。これに天皇が重ねて「御同心か」と摂家衆に迫ったことで、摂家衆は「御尤《ごもっとも》」と同意してしまう。そしてこの決定は、「勅諚《ちょくじょう》」として家康に伝えられる。しかし「勅諚」にもかかわらず処分は決まらず、板倉勝重は引き続き公家衆・官女の尋問を行い、その結果をもって駿府に下る。その後示された家康の意向は天皇の意に添わぬものであったが、天皇はどのようにも家康に任せると、自らの手での処罰決定を投げ出してしまう。というより、投げ出さざるを得ない状況に家康によって追い込まれる。

家康に委ねられた官女・公家衆の処罰は、一〇月、駿府に下った新大典侍《しんおおすけ》らが伊豆新島《にいじま》へ配流《はいる》され、ついで一一月には板倉勝重から公家衆へ遠流《おんる》の処分が申し渡される。この一連の事態を外記《げき》の壬生孝亮《みぶたかすけ》が「武命による也」とその日記に記したように、官女・公家衆処分は天皇ではなく家康のヘゲモニーのもとで行われたのであり、この一件を通して家康は、武家の手を朝廷の奥深くまで入りこませることに成功する。

天皇と家康の攻防

慶長一四年一二月、官女・公家衆処分への不満からか後陽成天皇は家康に譲位の意向を伝える。これに家康は、いましばらく譲位しないようにと答えるが、天皇は、重ねて譲位への「馳走《ちそう》」を求める。翌年二月、家康は、譲位と政仁《ことひと》親王元服を了承し、譲位は三月二日前後と決まる。ところが家康から、閏二月、五女市姫《いちひめ》の死去を理由に、譲位延期が伝えられる。この申入れに天皇は「逆鱗」するが、従わざるを得なかった。

同年三月、再々度、天皇は譲位の意向を家康に伝えるため伝奏を駿府に派遣する。四月に京都に戻った伝奏は、家康の申入れ七か条を天皇に伝える。その第一条には、譲位は家康か秀忠のいずれかが上洛して馳走せずにはかなわぬことであろうが、もし援助がなくとも今年中に行いたいというならなされるがよろしかろうと、やれるものならやってみよといわんばかりの言葉があった。

第二条では親王元服の当年中の執行を了承、第三条で当時岩倉長谷《いわくらながたに》に籠もっていた天皇の母である女院の禁裏への還御《かんぎょ》と天皇の後見を、第四条で摂家衆の天皇への意見具申《ぐしん》を、第五条で公家諸家にそれぞれの道を学び行儀・法度を正しくするよう、第六条で公家の官位について奉公の励みになるように叙任を行うことを、第七条で官女一件で配流された花山院忠長の弟と松木宗信の兄の召出しとを求める。

この七か条をめぐっての折衝がこの後しばらく続く。一〇月、家康は摂家衆に書状を送り、天皇が七か条の申入れに同意したことを伝えるとともに、摂家衆の天皇への意見上申を求め、もし従わぬなら今後相手にしないと脅す。そこには摂家衆を朝廷の意思決定に係わらせようとする家康のねらいがあった。この摂家衆への書状と同時に家康は、天皇に、親王元服の早期執行への同意、親王の政務見習の提案、摂家衆へ意見具申を命じることの三か条を申し入れる。

この三か条の申入れに天皇は大いに不満であり、元服と譲位は延喜《えんぎ》の例にならい同日に行うこと、政務は関白に計らわせること、烏丸と徳大寺の加番《かばん》は結改《けっかい》(宿直の順を決める)の折に行うとの意向を示す。これに摂家衆は、譲位と元服を同日とすることはもっともであるが、ここは家康の意向にまかせ年内に元服だけ行うのが良いのではないかと上申する。

摂家衆と伝奏とが再度天皇の意向を聞くが、天皇の意向は大きくは変わらない。摂家衆は打開策として智仁《としひと》親王(八条宮)らに説得を依頼するが、天皇は「なに事もあしく候て不苦候《くるしからず》」と、自らの意思の変わらぬことを示す。これに驚いた親王衆・摂家衆は、ことが調《ととの》わなければ、家康との関係が大変なことになると、天皇の説得にあたる。これに天皇は「たゝなきになき申候、なにとなりともにて候」と家康への抵抗を放棄する。

慶長一六年の家康上洛

慶長一六年三月、上洛した家康は、伝奏にこのたびの上洛は将軍秀忠の名代として即位の沙汰のためのものであると告げるとともに、徳川家の元祖新田義重《にったよししげ》に鎮守府《ちんじゅふ》将軍の官を、家康の父松平広忠《ひろただ》に大納言の官を贈るよう申し入れる。この家康の申入れは即日勅許される。三月二七日、後陽成天皇は政仁親王へ譲位し、ついで四月一二日、紫宸殿《ししんでん》で即位礼があり、後水尾《ごみずのお》天皇が誕生する。家康は、この即位の礼を黒い薄絹で頭巾のように頭を包む裹頭《かとう》姿で拝観する。

譲位の翌日に家康は、秀頼と二条城で会見する。この会見は、対等の形をとるが、本多正純が江戸の年寄衆に宛て「秀頼様、昨二十八日大御所(家康)様へ御礼おおせあげら」ると申し送ったように、秀頼の家康への臣礼とされた。

後水尾天皇が即位した日、家康は在京の諸大名を二条城に集め、三か条の条々を示し、それを誓約させる。この条々では、源頼朝以来の法式を奉じ、将軍秀忠の法度を守ること、法度に背いた者の隠し置きと、抱え置く侍でかつての主人から反逆・殺害人であると告げられた者の召抱えの禁止があげられている。この条々は、後の武家諸法度の先駆となる。

この条々には、この時京都にいた細川忠興・松平忠直・池田輝政・福島正則・島津家久・森忠政《ただまさ》・前田利常《としつね》・毛利秀就《ひでなり》・京極高知《きょうごくたかとも》・京極忠高《ただたか》・池田利隆《としたか》・加藤清正・浅野幸長・黒田長政・藤堂高虎・蜂須賀至鎮《よししげ》・山内忠義《ただよし》・田中忠政《ただまさ》・生駒正俊《いこままさとし》・堀尾忠晴《ただはる》・鍋島勝茂《かつしげ》・金森可重《かなもりよししげ》ら北国・西国の主要な大名二二人が名を連ねている。越前福井の松平忠直《ただなお》以外は国持クラスの外様大名である。

このとき在京していなかった上杉景勝・丹羽長重《ながしげ》・伊達政宗・立花宗茂《たちばなむねしげ》・佐竹義宣・蒲生秀行・最上義光《よしあき》・里見忠義《ただよし》・南部利直《としなお》・津軽信枚《つがるのぶひら》ら一〇人と松平忠直の一一人は、連名で翌一七年正月に、また同じ時に関東・甲信越の譜代・外様を含めた小大名五〇人が誓紙をあげる。この誓紙提出は、徳川氏の政権にとって一つの大きな画期となるが、ここには大坂の豊臣秀頼の名はみえず、なお完結したものとはいいえない。

公家衆法度

慶長一七年六月、家康は、公家衆に「家々の学問行儀の事、油断なく相嗜《あいたしな》み申すべ」きことと「鷹つかい申すまじ」きことの二か条を伝奏を通して命じる。これに対し公家衆はそれぞれ伝奏宛に請書を提出するが、請書の末尾には所司代板倉勝重へ誓約を伝える文言があり、ここには武家が天皇を介さずに公家衆に命じる手法が確認できる。

さらに同一八年六月、家康は、駿府に下っていた伝奏に、大徳寺以下の住持職《じゅうじしょく》勅許以前に家康に報告を求める、いわゆる紫衣《しえ》法度《はっと》と五か条の公家衆法度を申し渡す。その五か条の法度には、公家衆は家々の学問を油断なく勤めること、行儀を慎むこと、禁裏御番を怠りなく勤めること、用もなく町小路を徘徊することの禁止、勝負事と無頼の青侍の召抱えの禁止があげられ、最後を「右条々相定むる所なり、五摂家ならびに伝奏より、その届けこれある時、武家より沙汰行うべきものなり」と結んでいる。この法度もまた天皇を介することなく公家衆に出されたものであり、公家支配に摂家と伝奏とがあたることを定め、最終的には武家が公家を処罰することを宣言している。

4 大坂の陣と豊臣氏の滅亡

大坂城包囲網

家康が、大坂の豊臣氏を軍事的に圧伏しようと考え始めたのは、おそらく居を伏見から駿府に移した慶長一二年(一六〇七)ころではなかったか。関ヶ原の戦い直後には、畿内五か国に所領を持った譜代大名は一人もなく、近江・丹波・播磨を加えても譜代大名は近江佐和山(彦根《ひこね》)の井伊直政と近江膳所《ぜぜ》の戸田《とだ》一西《かずあき》のわずか二人である。

この地域の大名配置に変化がみられるのは慶長一一年以降である。同年、駿府の内藤信成《のぶなり》が駿府の家康の居城化に伴い、近江長浜へ移る。ついで翌一二年、家康の第九子で甲府の徳川義《よし》直《なお》が尾張清洲に移り、遠江掛川の松平定勝《さだかつ》が城番《じょうばん》として伏見城に入る。さらに翌一三年には、常陸笠間《かさま》の松平康重《やすしげ》が丹波八上、ついで篠山《ささやま》に、一四年岡部《おかべ》長盛《ながもり》が丹波亀山に移る。また、一五年徳川義直が清洲より名古屋に、ついで伊勢亀山へ家康の外孫の松平忠明《ただあきら》が三河作手《つくで》から移る。こうして、大坂城を包むように一門・譜代大名が配置されていく。

また慶長一四年、家康は、近国の諸大名を動員して丹波篠山城を、中国・西国の諸大名を動員して丹波亀山城を普請する。この二つの城の普請は、大坂城包囲網の一環としてなされる。また、東海道の要衝に位置する名古屋城が西国・北国の諸大名を動員して築造されたのも、大きくみれば大坂城包囲網の一環といえよう。

方広寺大仏再建

慶長四年、豊臣秀頼は、方広寺《ほうこうじ》大仏殿に金銅製の大仏造立を企てるが、慶長七年一二月、半ばできあがっていた大仏は、鋳物師《いもじ》のふいごの火の不始末から大仏殿もろとも灰燼《かいじん》に帰してしまう。しかし、同年、秀頼は、家康の勧めもあって大仏再建にとりかかり、一六年に大仏殿の立柱が行われ、一八年にはほぼ完成する。

この工事にあたって、家康は土佐・日向・備中などでの巨木の徴発を許可し、また西国大名のなかには米を送って工事を助けるものもあった。このとき秀吉遺金の一〇〇〇枚分銅一三個、二〇〇〇枚分銅一五個が小判三九万七六三〇両に鋳なおされ使われた。さらに秀頼は、この大仏再建のほか、北野《きたの》天満宮をはじめ各地の寺社の修造に秀吉の遺金を惜しみなく使う。家康が、秀頼に大仏再建をはじめとする寺社修造を勧めたのは、秀吉が残した莫大な金銀を使わせ、豊臣氏の力をそぐためであった。いっぽう秀頼が寺社の修造に金銀を湯水のように使ったのは、凋落の色が濃くなった豊臣氏の威信を保つためであった。

大坂と駿府との折衝の結果、大仏開眼供養の日は慶長一九年八月三日、堂供養の日は一八日と決まる。ところが、七月の末になって、家康は、「大仏鐘銘、関東不吉の語、上棟の日吉日にあらず」と鐘銘の文案と上棟の日時とに言いがかりをつけ、突然上棟と供養の延期を求める。この銘文でもっとも問題となったのは「国家安康《こっかあんこう》」と「君臣豊楽　子孫殷昌《いんしょう》」の部分である。「国家安康」は安の字をもって家康を引き裂き、「君臣豊楽　子孫殷昌」は豊臣を君として子孫の殷昌(繁栄)を楽しむと読め、いずれも徳川氏を呪詛するものだというのである。

大仏開眼供養の中止が都鄙に伝わると、京都・大坂は騒然となる。そうしたなか秀頼に仕える片桐且元《かたぎりかつもと》が弁明のため駿府へと下る。駿府では鐘銘について糺されるとともに、大坂で浪人を集めていることを詰問される。いっぽう大坂城には、且元らの穏健派に対し、徳川氏に敵愾《てきがい》心《しん》をもつ大野《おおの》治長《はるなが》らの強硬派があった。且元による弁明工作が進展しないのをみて、治長の母である大蔵卿《おおくらきょう》らが駿府に下る。この一行を家康は謁見し、厚遇する。九月に入って本多正純と金地院崇伝は、且元と大蔵卿に別々に会い、家康・秀忠とも秀頼に疎意なしと伝えるとともに、且元には、秀頼の方から徳川氏に隔意なきことを示す証を求める。

大坂に帰った且元は自らの分別で、徳川方への証の具体案として、秀頼あるいは淀殿が江戸に在府するか、もしくは秀頼が大坂城を出て他国に移るかという二案を示す。これに対し、駿府から戻った大蔵卿から豊臣氏に疎意なしとの家康の意向を伝えられていた淀殿はじめ強硬派は、この提案を且元の裏切りと決め付け、出仕する且元を殺害しようとする。この動きを察知した且元は、大坂城を退去する。

大坂冬の陣

所司代板倉勝重から且元殺害計画の報を受けた家康は、すぐさま大坂攻めを決定、陣触《じんぶれ》を出し、江戸の秀忠にも伝える。一〇月一一日に駿府を発った家康は、二三日に二条城に入る。この間、北国・中国・四国の諸大名にも出陣を命じるが、福島正則・黒田長政・加藤嘉明《よしあき》など豊臣氏恩顧の大名たちは大坂方への加勢を恐れてか江戸に留め置かれる。将軍秀忠は、東国大名に出陣を命じ、二三日に江戸を発ち、一一月一〇日には伏見城に入る。

開戦は避けられないと考えていた豊臣方は、八月には戦闘の準備を始めるが、関ヶ原の戦いで西軍に加わった長宗我部盛親、真田幸村《ゆきむら》、武名高い後藤又兵衛《またべえ》基次《もとつぐ》ら多くの浪人が大坂城に入ったものの、大名はだれ一人として誘いに応じない。

家康は二条城を、秀忠は伏見城を、ともに一一月一五日出陣する。家康は奈良を経て住吉に、秀忠は淀から平野《ひらの》に陣を進める。この時点で大坂城は徳川方の軍勢で分厚く取り囲まれている。一九日、戦いは始まるものの大規模な戦闘はみられない。一二月四日、功を焦った前田利常・松平忠直・井伊直孝《なおたか》らは、家康の指示を待たず、真田幸村の守る大坂城の出丸真田丸を攻撃する。しかし幸村らの防戦に会い、多数の軍兵を失う。豊臣方にとっては冬の陣での最大の戦果であった。

一二月に入って、豊臣方と徳川方とのあいだで講和交渉が始まるが容易にはまとまらず、また後水尾天皇から両者の和議が勧められるが、家康は「禁中よりの御扱いは無用」と拒絶する。一六日、淀殿の居所であった千畳敷《せんじょうじき》への砲撃が効を奏したのか、両者のあいだで、本丸を残し二の丸・三の丸の堀を埋めること、織田長益《ながます》(有楽斎)と大野治長から人質を出すこと、秀頼の家臣および浪人衆は構いなしとの条件で講和が整い、家康・秀忠と秀頼とのあいだで誓紙が取り交わされる。

講和直後から大坂城の堀の埋立てが始まる。いっぽう家康は、後を秀忠にまかせ、二条城に凱旋し、朝廷へ和議のなったことを報告、翌年正月、駿府へと下る。堀の埋立てを見届けた秀忠も、正月、陣を払い伏見城に入り、二八日には江戸へ向け京都を発つ。

夏の陣と豊臣氏滅亡

講和したものの不満を抱いていた豊臣方は、大坂城の城壁を修理し、埋められた堀を掘り返し、兵粮を城中に入れ、浪人を募りはじめる。これに対し家康は、秀頼に大坂城を退去し大和か伊勢に移るか、浪人を召し放つかのいずれかを選ぶよう伝える。豊臣方としてはいずれも受け入れがたく、城内では主戦論が膨らんでいく。

四月四日、家康は、第九子義直の婚儀を理由に駿府を発ち、名古屋に向かうが、この日、軍令を定める。事実上の出陣である。家康は、一五日名古屋を発ち、一八日二条城へ、将軍秀忠も二一日伏見城へ入る。そして再度、秀頼に浪人の召し放ちか、大和郡山《こおりやま》への転封《てんぽう》のいずれかを選ぶよう求める。

五月五日家康は、二条城を出、大坂へ向かう。夏の陣での本格的な戦闘は、家康出陣の翌日と翌々日の二日行われたにすぎなかったが、軍勢は、徳川方一五万五千人、豊臣方五万五千人と大規模なものであった。戦闘の主たるものは六日の大坂城南東でのものと、翌七日の攻城戦で、真田幸村が家康の本陣に突入するなど一時徳川方を混乱させるが、松平忠直の隊が城内に乗り込み、本丸を占領する。徳川方の軍勢が城内に突入するなか、秀頼は、本丸から山里丸《やまさとまる》へと移り唐物倉《からものぐら》に身を潜めるが、ほどなく徳川方に発見され、八日正午すぎ二三歳の命を自ら断つ。秀頼の母淀殿も同時に自害する。ここに豊臣氏は滅亡する。

関ヶ原の戦いの後も大坂の陣が終わるまで、幕府だけでなく諸大名による城郭建設ラッシュが続く。『当代記』の慶長一一年の記事に「この二、三か年中、九州・中国・四国衆、いずれも城普請専《もっぱ》らなり、乱世遠からずとの分別か」とみえ、また肥前佐賀の慶長一四年の記録にも「今年日本国中ノ天守数二十五立ツ」とあり、この時期、城郭建設がいかに盛んであったかを窺わせる。こうした状況に家康は不快感を示す。しかしこの段階では幕府は、大名城郭を直接統制しえなかった。

一国一城令と武家諸法度

この状況を大きく変えるのが、大坂夏の陣の直後慶長二〇年閏六月に出された一国一城令《いっこくいちじょうれい》である。一国一城令は大名に居城以外の城郭の破却を命じたものとして知られているが、この時対象となったのはすべての地域の城ではなく、西国の城であった。また、この一国一城令は家康ではなく秀忠の年寄衆から出ており、従来家康が保持してきた軍事指揮権の秀忠への移譲を暗に示すものであった。さらに、一国一城令は従来諸大名の軍事力削減を目的としたものとされてきたが、他方でこの政策は大名の有力家臣が所持する城郭の否定、大名による城郭独占を意味し、家臣に対する大名の権限の強化につながった。

慶長二〇年七月七日、伏見城に諸大名が集められ、家康の命で崇伝が起草した武家《ぶけ》諸法度《しょはっと》が、将軍秀忠の名で申し渡される。文武弓馬の道に励むべきことを第一条に置く一三か条からなる法度の内容は、群飲佚遊《いつゆう》の禁止、法度違背《いはい》の者の領内隠し置きの禁止、各地の大名等の召し抱えた者でかつての主人から反逆・殺害人であると報じられた者の領外追放、領内に家臣以外の他国者を置くことの禁止、居城修補の幕府への届出と新城構築禁止、隣国での新儀を企て徒党するものの言上、私の婚姻禁止、参勤作法、衣服の制、乗輿《じょうよ》の制、諸国諸侍の倹約、仕置にあたって政務の器用(政治を行う能力のある者)を撰ぶべきことを定める。

大名城郭に関する規定と政務の器用を撰ぶべしとする最後の条目は、この後幕府が大名の改易《かいえき》や領内支配に介入する時の根拠としてもっとも威力を発揮する。

禁中幷公家中諸法度

慶長二〇年七月一七日、武家諸法度に続いて禁中幷公家中諸法度《きんちゅうならびにくげちゅう》一七か条が出される。この法度は、武家諸法度同様、崇伝が起草し、家康の意向に従ったものであるが、この直後に関白に還任する二条昭実、秀忠、家康の連判で出される。

「天子諸芸能之事、第一御学問也」ではじまるこの法度の第一条は、史上初めて天皇の行動を規制したものであり、この点をまず踏まえねばならない。その条文の大部分は一三世紀はじめの順徳《じゅんとく》天皇がその皇子に日常の作法や教養のあり方を説いた『禁秘抄《きんぴしょう》』からの引用であるが、そこでは有職《ゆうそく》としての学問(儒学《じゅがく》)の修熟と「我国の習俗」としての和歌の学習が求められており、これは家康が公家に「家々の学問」を油断なく勤めることを求めたのと同様で、松澤克行氏がいうように、ここでの天皇の役割は公家社会内部を対象としたものとみるのが妥当であろう。言い換えれば天皇が政治に介入することを間接ながら否定したことになる。

第二条以下の内容は、親王・大臣の席次、器用(器量)による三公・摂関への任官、養子は同姓、女縁からの相続の不許可、武家・公家の同一官職への任官許容、改元は漢朝の年号から選定、天皇・仙洞《せんとう》・親王・公家の服装規定、諸家の昇進に際して学問・有職・歌道のものの超越認可、関白・伝奏・奉行・職事の申渡への違背は流罪、罪の軽重の基準は「名例律《みょうれいりつ》」、摂家門《もん》跡《ぜき》は親王門跡の次座、僧正・門跡・院家の任、門跡・院家の僧官、紫衣勅許・上人《しょうにん》号勅許の条件を定める。武家・公家の同一官職への任官の規定は、武家官位の公家官位からの切り離しを計ったもので、関白等の申渡しについての規定は、関白・伝奏等を公家・門跡支配の中核に位置付けるものである。

この禁中并公家中諸法度は、将軍の代替りごとに出された武家諸法度とは異なり、改訂されることなく幕末にいたるまで幕府の朝廷支配のもっとも重要な法となる。

第四章　徳川の政権継承

1　秀忠「天下人」への道

家康死す

元和二年(一六一六)正月七日に駿河田中《たなか》辺りに鷹狩りに出かけた家康は、二一日夜遅く痰がつまり床に伏す。家康の発病については、ポルトガルから伝わったキャラの油で揚げた鯛のテンプラを食したのが原因ともいわれているが、確かなことは分からない。家康の病状は、いったん回復するも一進一退が続き、秀忠は、年寄衆の安藤重信《あんどうしげのぶ》や土井利勝《どいとしかつ》を駿府に派遣し、二月二日には自ら駿府を訪れ、その後家康の死まで駿府にとどまる。

家康の病気は二月五日ころには京都にも伝わり、後水尾天皇は諸寺社に家康の病気平癒祈願の祈禱を命じ、勅使を駿府に派遣する。病状が悪化するなか、家康を太政大臣に任じるようにとの奏請が駿府滞在の伝奏からなされ、三月二一日家康は太政大臣に任じられる。

三月も終わろうとするころ家康は、多くの大名に形見の品を頒《わけ》る。そして翌四月二日、本多正純・南光坊天海・金地院崇伝を枕許に呼び、死後遺体は駿河久能山《くのうさん》に葬り、葬礼は江戸の増《ぞう》上寺《じょうじ》で行い、位牌は三河の大樹寺《だいじゅじ》に立てるよう命じ、最後に一周忌が過ぎたら下野日光《にっこう》に小堂を建てて勧請《かんじょう》せよ、「関八州の鎮守」となるであろうと申し渡す。そして四月一七日巳刻《みのこく》(午前一〇時)、七五年の生涯を駿府城本丸に閉じる。

「権現」か「明神」か

元和五年の大坂の直轄化にともなう大坂城の大普請が「御代替《みよがわ》り之《の》御普請《ごふしん》」と称されたように、徳川の「御代替り」は、天皇による将軍任官ではなく、秀忠自らが天下人であることを衆人に認めさせねばならなかった。秀忠が、最初に取り組んだのは、家康の神号問題である。家康が死去した四月一七日の夜、家康の遺体は久能山に移され、吉田《よしだ》神道《しんとう》に従って埋葬される。そして本社を「大明神《だいみょうじん》造」で建てるとしたように、家康は「大明神」として祀られることになっていた。

ところが家康死去直後、駿府城で南光坊天海と金地院崇伝との間で論争が起き、崇伝は祀る作法は神道を司る吉田家に任せ、神号は勅定によるとしたのに対し、天海は、作法は山王《さんのう》神道(両部習合《りょうぶしゅうごう》神道)、神号も「権現《ごんげん》」とすべしとし、また「明神」は豊国大明神の例をみればわかるように良くないと主張する。江戸に戻った秀忠は、吉田家につながる神竜院梵舜《しんりゅういんぼんしゅん》に「権現」と「明神」の優劣を問いただしたうえで、家康を「権現」として祀るよう命じる。

秀忠の奏請を受けた禁裏では、公家たちが集められ、仏家が神号を云々することに異論が出るが、将軍の執奏でもあるということで「権現」と決める。名については朝廷から「日本権現」「東光《とうこう》権現」「東照《とうしょう》権現」「霊威《れいい》権現」の案が示され、秀忠は自ら「東照大権現」の神号を選び、それを受けて朝廷では元和二年九月に勅許する。そして、翌年三月、朝廷は正一位の贈位を決め、四月、日光に造営された社殿への仮遷宮の日に宣命使がそれを伝えた。

神とするには天皇を抜きに行うことはあり得なかったが、朝廷は、秀吉のときには「新八幡」を入れなかったのに、家康のときは将軍秀忠の意向にそって「権現」と決し、具体的な神号も秀忠の意向に従い決まる。このように、家康の神号決定は、将軍側の優位のもとに進められ、天皇の役割はその形を調えるに過ぎなかった。

上洛と領知朱印状の交付

元和三年六月、秀忠は、東国の諸大名を動員し数万の軍勢で上洛する。在府の西国大名も秀忠にあい前後して江戸を発ち京都へと向かい、領地にいた大名も多くが上洛する。大名の供奉《ぐぶ》をともなう上洛は、軍事指揮権が秀忠にあることを示し、秀忠が「天下人」であることを諸人に認めさせる一つの手段であった。

この上洛中、秀忠は、大名・旗本・公家・寺社等に領知朱印状を一斉交付する。対象となった大名数は、確認できるものだけで外様大名三一人、譜代大名一三人の合計四四人である。その多くは、島津家久・黒田長政・福島正則などの西国外様大名と美濃・三河・尾張・丹波・摂津などに所領を持った譜代大名であり、東国大名は対象とされなかったようである。

同じ時、秀忠は、播磨姫路城主池田氏を因幡鳥取へ転封させる。池田氏は徳川氏との婚姻を通じて太い絆で結ばれていたが、前年に父利隆をなくしたわずか九歳の光政《みつまさ》が当主であり、山陽道《さんようどう》の要衝姫路を任すには荷が重すぎるとして転封が命じられたのである。

光政に替って姫路には譜代の伊勢桑名《くわな》城主本多忠政《ただまさ》・忠刻《ただとき》が入り、播磨明石《あかし》には信濃松本城主小笠原忠真《ただざね》が、播磨竜野《たつの》には本多政朝《まさとも》が上総大多喜《おおたき》から、また伊勢桑名には伏見城代の松平定勝《さだかつ》が、伏見には摂津高槻城主内藤信正《のぶまさ》が入る。さらに、近江膳所《ぜぜ》城主戸田氏鉄《うじかね》が摂津尼崎へ転封となる。これらの大名はすべて譜代大名である。

こうした領知宛行状の一斉交付や大規模な転封も、秀忠が「天下人」であることを認めさせるものであった(図4-1)。

国書の中の「国王」

秀忠上洛最中の八月、朝鮮使節が伏見城で秀忠に謁見し、朝鮮国王の国書を呈する。その返書をめぐって、以前に朝鮮への返書に「日本国王」ではなく「日本国」とあったことが朝鮮で問題となり使節が処罰されたので、今回は「日本国王」と書くよう宗氏を介して要請があった。これに対し返書作成を命じられた崇伝は、古くから高麗への書には王の字は書かないのが例であり、それは高麗が日本より「戎国《じゅうこく》」であるからで、今回も「日本国王」とはせず「日本国」とすると述べ、秀忠もそれに同意する。

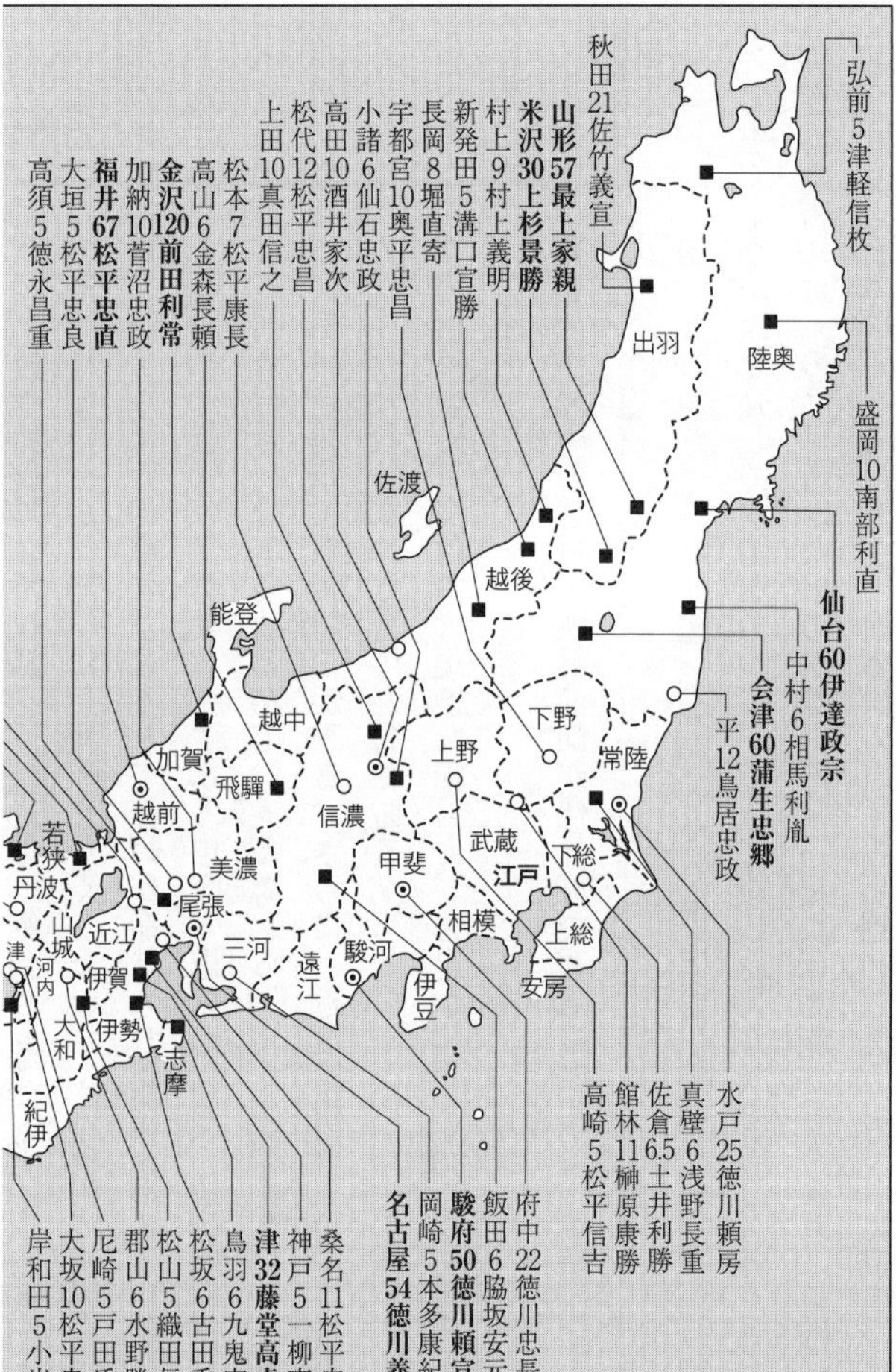
弘前5津軽信枚
秋田21佐竹義宣
山形57最上家親
米沢30上杉景勝
村上9村上義明
新発田5溝口宣勝
長岡8堀直寄
宇都宮10奥平忠昌
小諸6仙石忠政
高田10酒井家次
松代12松平忠昌
上田10真田信之
松本7松平康長
高山6金森長頼
金沢120前田利常
加納10菅沼忠政
福井67松平忠直
大垣5松平忠良
高須5徳永昌重
盛岡10南部利直
仙台60伊達政宗
中村6相馬利胤
会津60蒲生忠郷
平12鳥居忠政
水戸25徳川頼房
真壁6浅野長重
佐倉6.5土井利勝
館林11榊原康勝
高崎5松平信吉
府中22徳川忠長
飯田6脇坂安元
駿府50徳川頼宣
岡崎5本多康紀
名古屋54徳川義直
桑名11松平定勝
神戸5一柳直盛
津32藤堂高虎
鳥羽6九鬼守隆
松坂6古田重治
松山5織田信雄
郡山6水野勝成
尼崎5戸田氏鉄
大坂10松平忠明
岸和田5小出吉英
出羽
陸奥
佐渡
越後
能登
越中
下野
上野
常陸
加賀
飛驒
信濃
越前
若狭
武蔵
下総
甲斐
美濃
丹波
江戸
尾張
相模
上総
山城
近江
三河
駿河
遠江
津
河内
伊賀
安房
伊豆
伊勢
大和
志摩
紀伊

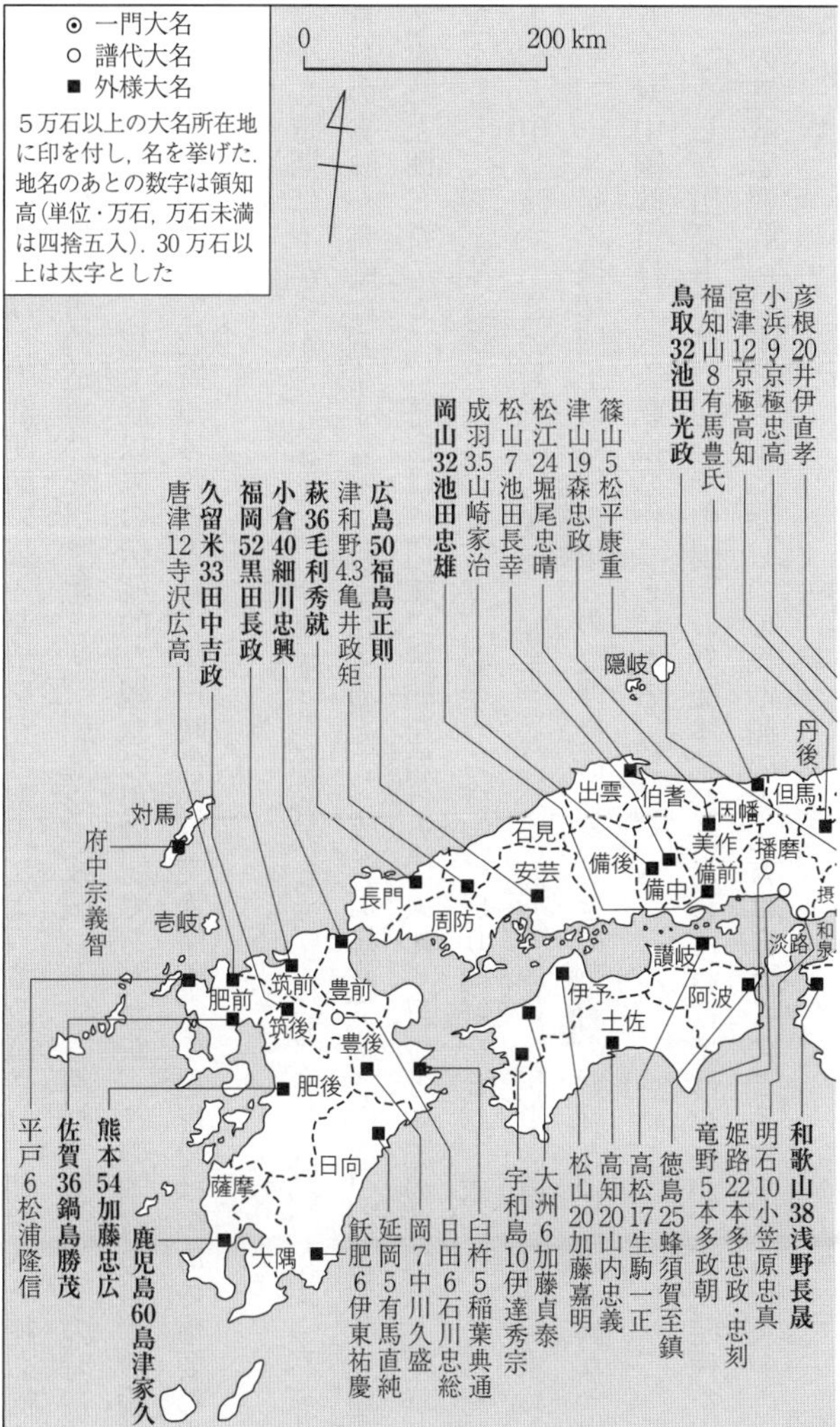

図4-1　元和3年(1617)末の大名配置図

しかしこの返書は、朝鮮使節の強い要請をうけ宗氏によって改竄され、朝鮮へと持ち帰られる。これが後に国書偽造事件を引き起こす。朝鮮を「戎国」とする朝鮮認識は、この時初めて現れたのではなく、律令《りつりょう》制以来の伝統的な観念の再確認であったが、この国書をめぐる論議のなかで幕府が改めて位置づけたことは、江戸時代の外交秩序確定の過程では極めて重要な出来事である。

少し時期は下がるが、元和七年、中国浙江《せっこう》の都督から将軍に宛てた万暦四七年(一六一九)六月付の書翰が長崎に到来する。それを年寄衆から示された崇伝が形式を含め「無礼」「慮外《りょがい》なる書」と断じたことで、幕府は、口頭で書翰を届けた唐人に、日本と中国の通信は、朝鮮・対馬を介して奏上することになっており、必要ならば国に帰り朝鮮を介し、求めるところを述べよ、と申し渡す。この対応は、慶長一五年(一六一〇)に福建都督《ふっけんととく》に和平と貿易再開を求めたときや、一八年に琉球国王に福建総督との交渉を命じたときの幕府の態度とは大きく異なっており、対中国政策は大きく転換したことになる。

こうした出来事だけで朝鮮・中国との外交体制が確定したわけではないが、江戸時代を通じての日本と朝鮮、日本と中国に関しての日本側の考え方はほぼこのころに定まる。

福島正則の改易と大坂直轄化

元和五年上洛した秀忠は、上洛五日目の六月二日、福島正則を居城広島城の無断修築の咎《とが》で改易する。これに先立ち秀忠から広島城修築を糺された正則は、修築箇所の取壊しを約束するが、二の丸・三の丸をそのままにしたことが改めて咎められ、改易に及ぶ。

九日、諸大名に正則改易が伝えられ、ついで加藤嘉明をはじめとする中国・四国のほぼすべての大名に広島城受取が命じられる。国許では家臣が籠城する構えをみせるが、正則の嫡子忠勝から正則の指示として城の明け渡しが命じられ、城は引き渡される。

福島正則の改易は、諸大名に秀忠の「武威」を示し、また広島城受取に中国・四国の大名を動員することで秀忠の軍事指揮権が西国大大名にも及ぶことを明確化するものだった。

福島正則改易のあとに和歌山の浅野長晟《ながあきら》を、同時に大和郡山の水野勝成《かつなり》を備後福山に加封する。水野の福山転封は、譜代大名の西国進出であり、幕権の西国への伸長として注目される。和歌山には家康の一〇男徳川頼宣《よりのぶ》を駿府から移し、和泉岸和田《きしわだ》の小出《こいで》氏を但馬出石《いずし》に、そのあとに準家門《かもん》の松平康重《やすしげ》を、摂津高槻には松平家信《いえのぶ》を入れる。さらに大坂の陣後大坂城主であった松平忠明を大和郡山に移し、大坂を幕府の直轄地とする。

この結果、大坂城の南には和歌山の徳川氏と岸和田の松平氏、北東には高槻の松平氏、西に

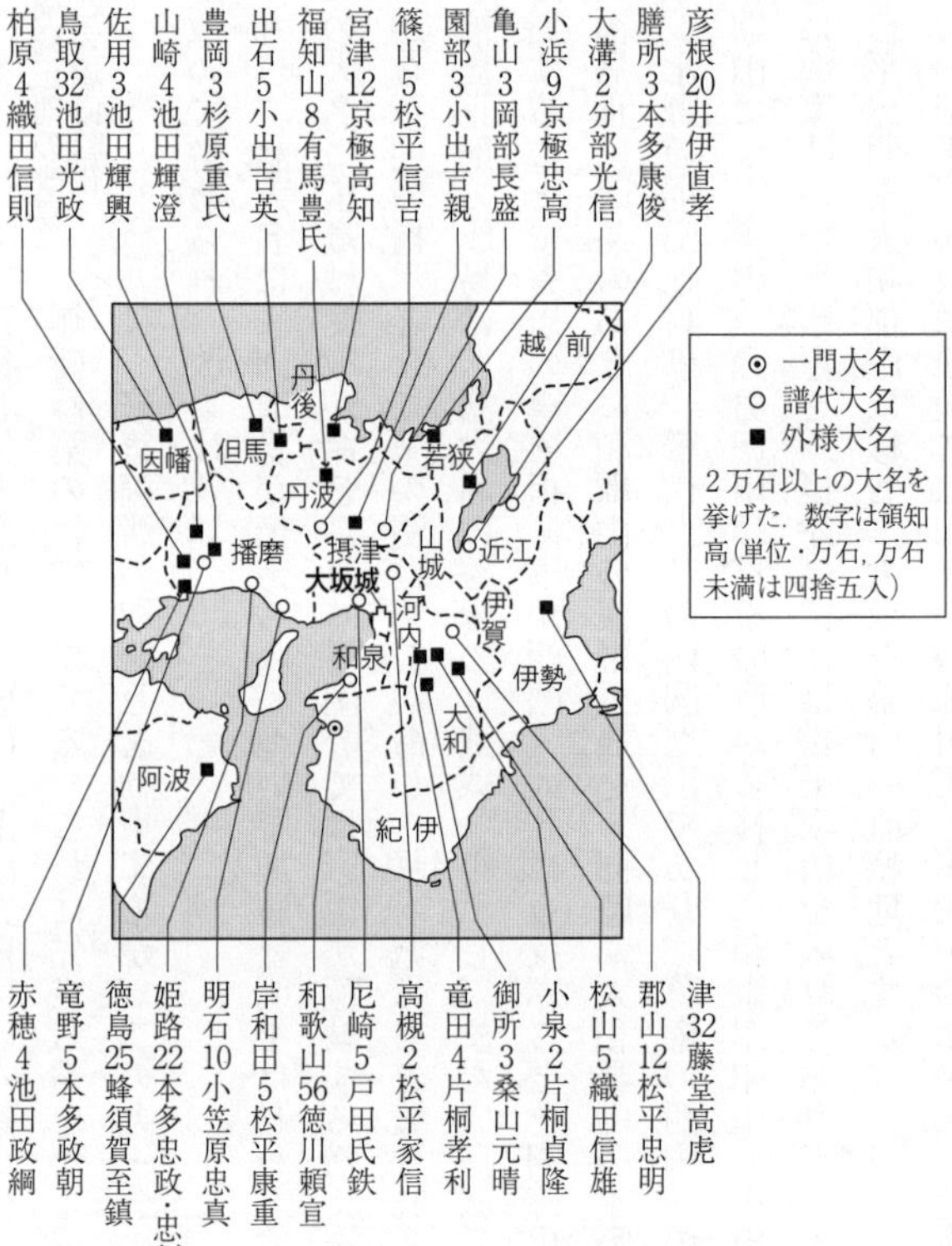
彦根20井伊直孝
膳所3本多康俊
大溝2分部光信
小浜9京極忠高
亀山3岡部長盛
園部3小出吉親
篠山5松平信吉
宮津12京極高知
福知山8有馬豊氏
出石5小出吉英
豊岡3杉原重氏
山崎4池田輝澄
佐用3池田輝興
鳥取32池田光政
柏原4織田信則
越前
丹後
若狭
因幡
但馬
丹波
近江
播磨
摂津
山城
大坂城
河内
伊賀
和泉
伊勢
大和
阿波
紀伊
一門大名
譜代大名
外様大名
2万石以上の大名を挙げた．数字は領知高（単位・万石，万石未満は四捨五入）
津32藤堂高虎
郡山12松平忠明
松山5織田信雄
小泉2片桐貞隆
御所3桑山元晴
竜田4片桐孝利
高槻2松平家信
尼崎5戸田氏鉄
和歌山56徳川頼宣
岸和田5松平康重
明石10小笠原忠真
姫路22本多忠政・忠刻
徳島25蜂須賀至鎮
竜野5本多政朝
赤穂4池田政綱

図4-2　元和5年（1619）大阪城周辺の大名配置図

は尼崎の戸田氏があり、大坂城を核として親藩《しんぱん》・一門・譜代による軍事配置が完成し、畿内だけでなく西国における幕府最大の軍事拠点が形成される(図４-２)。また、この大坂の直轄化は、大坂のもつ経済力を幕府が直接掌握し、それをもって西国諸大名を統制下に置こうとした点も見落とすことはできない。

九月、大坂城を訪れた秀忠は、大坂城大改造の普請役を西国大名に課し、城の堀の深さと石垣の高さとを旧の二倍とするよう指示する。イギリス平戸商館長リチャード・コックスが本国へ送った書翰のなかで秀吉の大坂城より三倍も大きく再建されることになったと報じたように、この大拡張は、豊臣氏より遥かに強大な徳川氏の力をみせることを意図したものであったろう。

和子入内

元和六年六月一八日、秀忠の娘和子《まさこ》が後水尾天皇のもとに入内《じゅだい》する。和子入内は慶長一七年に朝廷に申し入れられるが、大坂の陣などで延び延びとなる。元和四年、入内の準備が再開され、翌年の秀忠上洛のおり入内と決定するが、そこに天皇が寵愛した「およつ御寮人《ごりょうにん》」(四辻公遠《よつつじきんとお》の娘)とのあいだに皇子が誕生していたことが幕府の耳に入る。天皇の外戚の地位に就こうとしていた徳川氏にとってはゆゆしき事態である。賀茂宮《かものみや》と呼ばれたこの皇子は、一般の皇室系図にはその名を見出せないが、元和八年に五歳で死去する。

元和五年上洛した秀忠は、和子入内を延期する。入内延期を聞いた天皇は、右大臣近衛信尋《のぶひろ》に、入内の延期は、きっと自分の行跡《ぎょうせき》が秀忠公の心にあわないからだと思う、入内の遅延は公武ともに面目がたたないので、弟の誰にでも即位させ、自分は落飾《らくしょく》して逼塞《ひっそく》すればことは収まるだろう、もし当年中に入内がないならば、このように取り計らうよう伝えてほしいと告げ、秀忠に再考をうながす。

これに秀忠は、近年禁中に遊女や白拍子《しらびょうし》などを引き入れ日夜酒宴を催しているのは、公家衆法度にも違反しておりもってのほかであると、公家の処分を天皇に奏上し、天皇に圧力をかける。その結果、近臣三人が丹波や豊後に流され、数名の公家の出仕が止められる。この処分に逆鱗した天皇は、信尋に、公家の処分は尤もであるが、こうした事態が起きたのは自分に器量がないからであり、将軍もみかぎられたためであろう、これでは禁中も廃《すた》れ、武家のためにも良くないので、兄弟のうちいずれかの即位を将軍に申し入れるようにと、皮肉も交えながら指示する。天皇の申し入れに秀忠は、将軍の意向を尊重するようにとの圧力をかけ、同時に処分された公家を入内後に召し出すと譲歩する。この動きに天皇も折れ、「この上は、何様《いかよう》とも公方様御意次第《ぼうさまぎょい》」と秀忠の意向を呑む。

幕府は、和子入内にあたって警固の名目でお付の武士を禁裏に配する。幕府の役人が直接禁裏へ入り込む初めての出来事である。その後まもなく女御《にょうご》付の武士は二人に増員され、さらに仙洞《せんとう》付、禁裏付武士の配置へとつながっていく。そして幕府への勅使派遣が、入内を機に始まり、以降特別な事情がないかぎり幕末まで続く。

2　秀忠の大御所時代

将軍家光と大御所秀忠

元和九年(一六二三)七月、秀忠とともに上洛した家光《いえみつ》は、伏見城において将軍宣下を受け、三代将軍となる(図4-3)。家光への将軍宣下後の閏八月、秀忠は暹羅《シャム》の使節を二条城で引見する。「日本国王」秀忠への国書に秀忠は「日本国源秀忠　回章」と記し不法を働く日本人を処罰することを約した書翰を暹羅《シャム》「国主」に送る。

図4-3　徳川家光の花押(上)と印章(下)

一方新将軍家光は、暹羅《シャム》使節を伏見城に引見したものの、暹羅《シャム》国主へ書翰を送っていない。家光が将軍となっても、秀忠は依然として対外的には「日本国王」であった。

江戸に帰ってからも秀忠は江戸城本丸に、家光は西丸に入る。しかし、同年一〇月、秀忠は、自らの所領として七〇万石を残し、黄金五〇万枚、五畿内残らず、関東にて二〇〇万石、金銀山残らず、大番衆の一部を家光に譲る。秀忠から家光への政権委譲を示す、将軍職の譲り渡しに続く出来事である。

元和一〇年正月、諸大名はまず西丸の家光の元へ年頭の礼に行き、ついで本丸の秀忠に礼を済ます。形式の上では将軍としての家光の地位が重んじられている。同月二五日、西丸へ登城を命じられた大名たちは、去る二三日に秀忠から家光に「御馬しるし」が渡され、「天下御仕置《てんかおしおき》」が家光に任されたと申し渡される。軍事指揮権の象徴である「御馬しるし」が委譲され、天下の仕置が任されたとなれば、家光は全権を譲られたことになる。さらに同年(二月に寛永と改元)九月秀忠は本丸を出て西丸へ移り、一一月に家光が本丸に入る。政権の委譲が形式的にも整ったことを示す出来事ともいえる。しかし、ことはそう簡単ではない。寛永《かんえい》二年(一六二五)、将軍家光ではなく大御所秀忠から譜代大名・旗本に宛て多数の領知朱印状が出る。これは家光の将軍襲職後も領知宛行権が秀忠の下にあることを示すものである。

家光の将軍襲職以前、将軍秀忠のもとには酒井忠世・本多正純・土井利勝の年寄三人がおり、家光には酒井忠利《ただとし》と青山忠俊《ただとし》が年寄として付けられていた。家光が将軍職を継ぐ直前の元和八年一〇月、秀忠は、家康に重く用いられていた本多正純を改易し、ついで翌九年春、筆頭年寄酒井忠世を家光付年寄とし、井上正就《いのうえまさなり》・永井尚政《ながいなおまさ》を秀忠付年寄に取り立てる。他方、家光の年寄に酒井忠勝《ただかつ》を加え、家光の年寄衆を強化する。こうした交替・選任は、将軍職の移譲に対処するためである。そして家光の将軍襲職後、酒井忠利と青山忠俊とが年寄の地位を離れ、かわって内藤忠重《ただしげ》と稲葉《いなば》正勝《まさかつ》が家光の年寄に加わる。

このように大御所秀忠付の年寄と将軍家光付の年寄が並存するなか、幕府の意思は、家光の筆頭年寄酒井忠世と秀忠の筆頭年寄土井利勝とが合議した上で将軍・大御所に言上され確定し、家光付年寄酒井忠世・酒井忠勝と秀忠付年寄土井利勝・永井尚政が連署する年寄連署奉書で大名たちに伝えられた。こうすることで本丸の将軍と西丸の大御所との二元的政治によって生じる軋轢や矛盾は、解消させられる。

寛永三年の上洛

寛永三年(一六二六)六月、後水尾天皇の二条城行幸執行のため、大御所秀忠は、先陣に伊達政宗・佐竹義宣など東国大名二一人を置き、本陣を譜代大名と旗本で固め、後陣に堀直寄《なおより》・溝口宣勝《みぞぐちのぶかつ》等を置く大部隊で上洛する。八月には将軍家光も上洛するが、その軍勢は、蒲生忠郷《がもうただざと》などわずかを除き一門・譜代大名・旗本で構成され、その規模は秀忠の三分の一にも及ばない。このことは、大名への軍事指揮権が依然として秀忠の手にあったことを示している。

後水尾天皇は、九月六日から五日間、二条城へと行幸する。行幸に先立ち、天皇は、家光を従一位右大臣に、秀忠を太政大臣に推任する。家光はそれを受け、秀忠は固辞し左大臣となる。行幸の日、家光が天皇を迎えに禁裏へと向かい、大御所秀忠は二条城にあって天皇を迎える。迎えの行列は、所司代板倉重宗《しげむね》を先頭に、馬上の従五位下諸大夫の武家二六二人、年寄の土井利勝・酒井忠世が続き、家光の牛車が進む。その後に徳川義直・徳川頼宣・徳川忠長《ただなが》・徳川頼房《よりふさ》が従い、続いて伊達政宗以下四品《しほん》以上の四九人の大名が続く。江戸に残ったものを除くとほぼすべての大名がこの行列のなかにあった。

天皇は鳳輦《ほうれん》に乗り、家光先導のもと公卿《くぎょう》を従えて二条城に入る。六日には祝の膳があり、七日には家光から、八日には秀忠から天皇をはじめ公家衆に対し夥しい進物が贈られる。行幸から戻った天皇は、秀忠を太政大臣、家光を左大臣に任じる。

この二条城行幸は、大名を京に集め、迎えの行列に従わせることで、徳川氏への臣従を確かなものとし、また徳川氏に反感をもつ公家をはじめとする諸勢力に徳川氏の力を見せ付ける。それとともに和子の入内、女一宮《おんないちのみや》の誕生といった融和への流れのなかで、幕府と朝廷のあいだでの軋轢にとどめをさそうとするものであった。

紫衣事件と譲位

蜜月を迎えたかにみえた幕府と朝廷との関係は、二条城行幸の翌寛永四年七月に大御所秀忠が、禅僧への紫衣・上人号の勅許が家康の定めた法度に違反するとして勅許の無効を命じたことで大きく揺らぐ。紫衣・上人号許可の権限は天皇に属したが、禁中并公家中諸法度、諸宗寺院法度には紫衣や上人号の勅許は慎重にとの規定があり、それに違反しているというのである。幕府法度が天皇の意志に優越することを再確認させる出来事である。

多くの寺は幕府の処置に従うが、大徳寺《だいとくじ》の沢庵宗彭《たくあんそうほう》・玉室宗珀《ぎょくしつそうはく》・江月宗玩《こうげつそうがん》の三人は寛永五年の春、抗議の書を所司代板倉重宗に提出し、元和元年(一六一五)大徳寺に宛られた法度の各条の来歴・意味を細かに述べ、処分の不当性を指摘する。江戸に送られた抗議書に応え幕府は、勅許の効力の一部を回復させ、ことの終息を計る。しかしなお抗議を続けた沢庵を出羽上山《かみのやま》、玉室を陸奥棚倉《たなぐら》、妙心寺の東源慧《とうげんえ》等《とう》を陸奥津軽、単伝士印《たんでんしいん》を出羽由利《ゆり》へと寛永六年に配流する。ただ江月宗玩は、抗議書に署判したものの罪は軽いとして処分をまぬがれる。

天皇は、紫衣・上人号勅許が無効とされた直後に譲位の意向を示すが、中宮和子の子である高仁《たかひと》親王誕生を踏まえ幕府は譲位を引き延ばす。寛永五年高仁親王の死を機に天皇は女一宮への譲位を幕府に伝えるが、秀忠から「いまたをそからぬ御事」と譲位延期が伝えられる。さらに同六年天皇は持病の痔の治療を理由に譲位の意向を三たび表明する。痔の治療には灸が効果があるとされていたが、天皇の体を傷付ける治療はタブーとされていた。相談を受けた摂家衆も譲位やむなしとするが、女一宮の即位に反対の幕府は返答を遅らせる。

こうしたなか寛永六年上洛した家光の乳母《めのと》の福《ふく》が天皇への拝謁を望む。天皇にとっては無位無官のものの拝謁は受け入れがたかったが、福が武家伝奏三条西実条《さんじょうにしさねえだ》の妹分となり、拝謁を実現させる。この時天皇は「春日《かすが》」の局号を福に与える。

この一件の直後、天皇は女一宮興子《おきこ》の内親王宣下を決め、一一月八日「俄《にわか》の譲位」を決行する。これに驚いた所司代板倉重宗は、「俄の御譲位」「言語道断の事」と怒りをあらわにするが、もはや如何ともしがたく、中宮付の天野長信《あまのながのぶ》が顚末を知らせるために江戸に向け京都を発つ。

譲位容認と深化する朝廷支配

幕府はしばらく朝廷の動きを静観するも、一二月には譲位は是非なしと追認する。翌年七月、秀忠は、江戸にいた板倉重宗に、興子内親王即位にあたっては後水尾天皇即位同様に道具を調え即位日は九月上旬の吉日とし、即位後の居所は後水尾天皇の即位時同様とすること、後陽成院の時の院領をもって後水尾院の領地とし、院参衆の人数も後陽成院の時同様とすること、摂家衆は女帝を助けること、公家衆は学問を励むこと、中宮の作法、摂家・親王・門跡等の参上時の手順、伝奏の件、武家官位の執奏、禁裏の年中の「御政」は一万石で勤めること等々を指示する。そして九月一二日、七歳の興子内親王が即位し明正《めいしょう》天皇となる。奈良時代の称徳《しょうとく》天皇の死去以来八五九年ぶりの女帝である。

即位の後、幕府は武家伝奏中院通村《なかのいんみちむら》の罷免と日野資勝《すけかつ》の伝奏補任を申し入れ、朝廷に受け入れさせる。さらに摂家衆はよく談合し天皇に意見を申し、また公家に家々の学問について権現様の定めに相違なきよう申し渡すことを命じ、もし万一無沙汰があれば摂家衆の落度とすると伝える。

後水尾天皇の突然の譲位は、幕府にとっては痛烈な一撃であったが、この機会をとらえて、朝廷のあり方や院の行動に制限を加え、また伝奏の任免に介入し、武家官位の幕府による独占を確認する。さらに摂家を天皇・朝廷の意思決定に深くかかわらせ、公家支配を行わせ、その不履行については「落度」とすると明言することで、摂家を幕府の朝廷支配機構のなかに位置付けることを再度確認する。

3 「鎖国」の原型

元和二年の老中奉書

元和二年(一六一六)八月、秀忠は、諸大名に年寄連署奉書をもって、家康の仰せに従いキリスト教を禁止するので下々百姓にいたるまでキリシタンのなきよう念を入れよと命じるとともに、領内に着岸の黒船(ポルトガル船)・イギリス船は、キリシタン宗門のものであるので長崎・平戸へ回航させるよう命じ、領内での商売を禁じる。

ただし唐船は船主の意向次第に商売してもよいと指示する。ここには後の鎖国の原型を見て取ることができる。

同じころ日本への渡航朱印状の更新のため在府していたイギリス平戸商館長リチャード・コックスは、幕府重臣たちからイギリス人もイエズス会の宣教師たちと同じキリスト教徒ではないのかと繰り返し審問される。これに対しコックスは、キリスト教徒ではあるがローマ教皇に従ってはいずスペイン人とは敵対関係にあると主張し、なんとか渡航朱印状の交付を受ける。しかしその朱印状では、これまで日本国内で自由であった交易が平戸に限定され、従来の特権は否定される。禁教を背景に長崎・平戸以外での交易停止という幕府の方針は、この段階で確固たるものとなる。

蘭英防御艦隊創設

慶長一四年(一六〇九)、オランダは平戸に商館を開くが、元和元年までは来航する船は少なく、それ以降も荷物の大半は、オランダ船がポルトガル船や中国船から略奪したもので、その多くは日本で売り払われず、東南アジアにおけるオランダの拠点であったマルク(モルッカ)諸島・アンボイナ・バタビアに搬出されており、オランダの関心は香料を確保するための東南アジア地域にあった。こうした状況下でも日本からは銀のほか鉄・鉄砲・刀剣など軍需物資が送られ、平戸出航のオランダ船には奴隷として買われた男女、水夫や傭兵として雇われた日本人が多く乗り込んでいる。

イスパニア勢力とオランダとの東アジア海域での抗争が激しさを増していくなか、一六一七年、オランダは、マニラ封鎖作戦を始め、一六一九年イスパニア勢力を駆逐するためイギリスと共同防御協定を結び、両国の防御艦隊を創設して平戸をその母港とする。オランダ・イギリスのこうした動きは、ポルトガル人・スペイン人そして中国人の大きな不満となり、オランダ人・イギリス人の日本からの放逐が幕府に求められる。これに対し幕府は、元和七年(一六二一)七月、平戸の領主松浦隆信《まつらたかのぶ》に命じ、オランダ・イギリス商館長に、雇用・奴隷にかかわらず日本人の両国船での国外連れ出しの禁止、軍需品の輸出禁止、日本船・中国船・ポルトガル船などへの海賊行為の禁止を申し渡す。

元和の大殉教　宣教師の摘発を主軸としたキリスト教禁止政策はしばらく続くが、元和四年には訴人への褒賞《ほうしょう》制度が初めて採り入れられ、さらに元和五年には京都でキリシタン五二人が火刑に処せられるなど、禁教の対象が一般民衆に広がる。

元和六年七月、台湾近海で二人の宣教師を乗せた平山常陳《ひらやまじょうちん》の朱印船が、イギリス・オランダ防御艦隊に拿捕《だほ》される。この船に同乗の二人が宣教師でないかとの疑いをかけられ、船は平戸まで曳航《えいこう》され、松浦隆信に引き渡される。二人は松浦隆信・長崎奉行長谷川権六《はせがわごんろく》らの拷問をまじえた尋問を受けるが、容易には白状しない。しかし、イギリス・オランダ側から提出された証拠や棄教したキリシタンの証言により、二年目に白状に追い込まれる。

元和八年七月、幕府はこの二人の宣教師と船頭の平山常陳を火刑に、同乗の商人・水夫一二人を斬首し、翌八月にはこれまでに捕らえていた宣教師ら二一人とその宿主と家族ら三四人、合計五五人を長崎西坂《にしざか》で処刑する。元和の大殉教と一般には呼ばれる事件である。

元和九年、幕府は、ポルトガル人の日本定住、日本船へのポルトガル人航海士任用、日本人のフィリピン渡航、キリシタンの出国を禁止し、翌年にはスペイン船の日本渡航を禁止し、ポルトガル人にも乗船者名簿の提出を命じる。こうして幕府は、日本人とヨーロッパ人との接触の機会を削減し、日本人の海外渡航に制限を加えていく。

オランダ・ポルトガルとの断交と奉書船制度

オランダは、ポルトガルの拠点マカオ攻撃に失敗したあと、台湾南部のタイオワンに城塞を築き、中国との出会貿易の拠点とする。交易は一時的には進展するが、新たな海賊鄭芝竜《ていしりゅう》の台頭により台湾と中国本土との交易は中絶する。

こうしたなか、オランダ当局がタイオワンに入港した日本の朱印船に輸出入税を課したことで朱印船とのあいだに軋轢が生じる。寛永四年(一六二七)、オランダ台湾総督ピーテル・ノイツは、この状況を説明し、朱印船の台湾渡航の一時停止を求めて日本を訪れる。江戸へ来たノイツに幕府は、使節の目的、献上品、さらに将軍への書の写の提出を求め、結果としてノイツをオランダ国王の使節とは見なし得ないと申し渡す。台湾に戻ったノイツは、寛永五年、この報復として台湾に来た末次平蔵《すえつぐへいぞう》の船を抑留しようとする。それを逃れ帰国した末次船の船頭浜田弥兵衛《はまだやへえ》がこの件を幕府に訴えたため、幕府は、この秋平戸に入港したオランダ船を抑留し、商館の閉鎖を命じる。結果、オランダとの交易は途絶する。

同じ年、アユタヤの港外で朱印船がスペイン艦隊に捕縛され、所持していた朱印状を奪われる。それに対抗し幕府は、長崎に来たポルトガル船を抑留する。これはポルトガルがスペイン国王の支配下に当時あったためである。結果、寛永七年までポルトガルとの貿易も中断する。

寛永八年、幕府は渡航朱印状が奪われるという事態に対処し、朱印状発行とともに長崎奉行宛の老中奉書を出し、その指示により長崎奉行から渡航許可状を発行する奉書船《ほうしょせん》制度に改める。

断絶した日本貿易再開のためにオランダは、国王の使節ではなく商人の頭、商館長として、また「譜代の御被官《ひかん》」として将軍に拝謁する道を選び、寛永九年、貿易再開にこぎつける。再開の翌年、将軍の命でオランダ商館長は江戸へ参府し、将軍に拝謁する。以降、オランダ商館長の江戸参府が定着し、オランダは江戸時代を通して「通商の国」の一つと位置付けられる。

第五章　江戸幕府の確立

1 家光の「御代始め」

御代始めの御法度

秀忠は、将軍職を譲ってからも比較的健康であったが、寛永八年(一六三一)二月、以前から胸にあった「かたまり物」が痛み出す。一旦回復するも六月ころに片方の目は見えなくなり、七月江戸城内紅葉山《もみじやま》の東照社《とうしょうしゃ》参詣の後に病を発し床に就く。伊勢内宮・外宮をはじめ全国の大社、五山《ござん》などの寺院に病気平癒の祈禱が命じられ、中宮和子をはじめ天皇・院・公家・門跡から見舞の使者が江戸に下向する。江戸にいた大名たちは日々登城する。

九月に入ると一層病状は悪化し、血を吐くようになり、年末には震えや熱に悩まされ、脈も沈みがちとなる。寛永九年の元旦には家光を迎え簡略ながら年頭の祝いをするが、大名たちの礼は受け得なかった。そして井伊直孝や土井利勝に後事を託し、正月二四日夜四つ時(午後一〇時)に五四年の生涯を江戸城西丸に閉じる。

秀忠の死を機に将軍家光の本格的な政治が開始される。五月二四日、家光は、在府の外様大大名の伊達政宗・前田利常・島津家久・上杉定勝《さだかつ》・佐竹義宣の五人を江戸城に呼び、「御代始めの御法度」として熊本加藤忠広《ただひろ》の改易を申し渡す。そして六月、加藤の改易は諸大名にも老中から申し渡され、在国の大名には老中奉書で伝えられる。加藤忠広の改易の理由は、忠広の嫡男光広《みつひろ》の不届きと、忠広が江戸で生まれた子供とその母親を無断で国許に遣わしたこととされる。

加藤忠広の改易を諸大名に伝えたその日、家光は、熊本城受取と肥後仕置のために陸奥平の内藤政長《まさなが》、豊後日田《ひた》の石川忠総《ただふさ》、勘定頭伊丹康勝《いたみやすかつ》の派遣を決め、さらに老中の一人稲葉正勝と備後福山の水野勝成を肥後に派遣する。老中初の九州入りは、幕権の九州浸透を示すとともに、熊本城受取と九州の実状把握にその任務があった。

また加藤忠広の改易により、肥後には豊前小倉の細川忠利を移し、小倉には播磨明石の小笠原忠真を、また豊前中津《なかつ》に播磨竜野《たつの》の小笠原長次《ながつぐ》を、さらに豊後杵築《きつき》に忠真弟忠知《ただとも》を大名に取り立て、豊前竜王《りゅうおう》には摂津三田《さんだ》の松平重直《しげなお》を入れる。この一連の転封によって九州の譜代勢力は、大きく膨れ上がり、東九州を制圧することになる。

同じ年の一〇月家光は、弟の徳川忠長に領地没収と上野高崎《たかさき》への逼塞を命じる。忠長は、秀忠の二男として生まれ、一時秀忠の跡は忠長が継ぐのではと囁かれていた。だが、家康の裁断で後継者は家光と決する。家康死後、忠長は甲斐一国を、ついで駿府城を与えられ駿河・遠江で五五万石を領する。しかし、秀忠の晩年には常軌を逸する行動をしばしばとり、江戸では忠長の行末について元和九年(一六二三)に改易にされた松平忠直と同じ運命をたどるのではと噂される。寛永八年(一六三一)五月、秀忠は忠長を甲斐に幽閉する。それに対し忠長は、金地院崇伝を介して赦免を幕府に繰り返し願い出るが赦されず、秀忠死去の年に忠長は改易される。

外様大大名の加藤忠広と一門の徳川忠長の改易は、秀忠の死後、家光が、代替りという政治的緊張のなかで大名に対して断固とした姿勢で臨むことを示すものとなった。

幕政再編への模索

大御所と将軍の年寄による幕政運営は、秀忠死後、西丸年寄を本丸年寄に吸収することで解体する。しかしこれは幕政の停滞や混乱を回避するためであり、暫定的なものであった。本格的な改変は、寛永九年五月に秀忠以来年寄の地位にあった酒井忠世を西丸留守居《るすい》とし、年寄の地位を奪おうとしたことで始まる。しかしこれは忠世の抵抗にあい、西丸留守居としたものの年寄の地位を否定し得ない。ところが同年七月忠世が中風で倒れたことで実質的には実現する。次いで、秀忠大御所時代の西丸年寄青山幸成《よしなり》を寛永一〇年二月遠江掛川城主、翌三月には本丸年寄内藤忠重を志摩鳥羽《しまとば》城主、西丸年寄永井尚政を山城淀城主とし、年寄の地位を奪う。

一方、家光は、寛永九年五月、家光の乳母春日局の子であり家光の小姓であった稲葉正勝を上席にあった内藤忠重の上とし、加藤忠広改易の上使を果たさせ、同年一一月には相模小田原城を与え、酒井忠世・土井利勝・酒井忠勝ら旧年寄層と肩を並べる地位に引き上げる。ついで家光は、小姓の松平信綱《のぶつな》を一一月に「年寄並」、翌年三月には松平信綱・阿部《あべ》忠秋《ただあき》・堀田《ほった》正盛《まさもり》・三浦正次《まさつぐ》・太田資宗《すけむね》・阿部重次《しげつぐ》の家光の側近六人を「少々之御用」を支配する「六人衆」とし、さらに五月、阿部忠秋・堀田正盛を「松平信綱並」の年寄とする。こうした一連の動きを通して、家光は、秀忠以来の酒井忠世・土井利勝・酒井忠勝といった旧年寄層にかわる新しい出頭人の創出を計る。

一方、同年一二月、家光は、水野守信《もりのぶ》・柳生宗矩《やぎゅうむねのり》・秋山正重《あきやままさしげ》・井上政重《まさしげ》を「惣目《そうめ》付《つけ》」に任じ、諸大名・旗本の法度違犯、公儀への奉公、年寄以下の諸役人の奉公だて、軍役の嗜み、奉公するものの身上、民衆の草臥《くたびれ》の様子、諸人の迷惑などの監察と上申を命じる。翌年九月家光は、家康・秀忠の勘定頭として年寄並の力を振った松平正綱と伊丹康勝の二人を「勘当」し、九か月ものあいだ御前を遠ざける。この背後には惣目付の活動があった。

家光の目は江戸だけに向けられていたわけではない。寛永一〇年正月、家光は、諸国巡見のために全国を六つの地域に分け三人一組の国廻《くにまわり》衆(諸国巡見使)を命じる。この時の国廻衆の役目は、表向きは道筋境目の見分であったが、本来の目的は国々の様子の監察にあり、領内の絵図の提出を求め、各領内の古城には特に関心が払われる。

旗本の創出

将軍の直轄軍、いわゆる「旗本《はたもと》八万騎」が後年考えられる形となるのは、秀忠の死後の軍団再編以降のことである。将軍直轄の軍団は、番頭《ばんがしら》の下にあった大番《おおばん》・書院番・小姓組番・小十人《こじゅうにん》組・歩行《かち》組・新番と物頭《ものがしら》の下にあった持弓《もちゆみ》・持筒《もちづつ》・先手《さきて》鉄砲・先手弓・百人組が主なものであり、なかでも三番と呼ばれた大番・書院番・小姓組番がその中核をなす。

秀忠死去直前に一一組あった大番は、寛永九年四月に一組が増え、翌年二月に一組が駿府定番となったことで一組減り、さらに寛永一一年一一月に一組が増え、計一二組となる。書院番は、秀忠大御所時代本丸四組、西丸六組の計一〇組あった。小姓組も本丸六組、西丸六組の計一二組あったが、秀忠死後、書院番・小姓組番ともに本丸・西丸が合体し八組となる。その後、書院番は寛永一〇年に二組増え一〇組となる。このように大番が一組増加、書院番は現状維持、小姓組番は四組減少と組数のうえでは、将軍の直轄軍の中核が増強されたとはいいがたい。

一方、組数の増減と同時に番士への加増と書院番・小姓組番を中心とした増員がなされる。寛永一〇年二月、大番・書院番・小姓組番の知行一〇〇〇石以下の番士を対象に一律二〇〇石の加増が実施される。大番番士の知行高は平均二八五石、小姓組番番士は三四七石であり、ほぼ全員が加増の対象となる。書院番番士の知行高は平均八四九石と高く、一〇〇〇石を越すものもあったが、半数以上の番士は加増の対象となった。知行高の増加が軍事力の増強に比例するとすれば、大番の軍事力は加増前に比して約一・七倍、小姓組のそれは一・六倍となる。加増とともに各組番士の増員がなされる。大番ではわずかの増員しかみられないが、秀忠の死去直前の書院番番士数は一組平均二三人、小姓組番は平均二四人であったものが、この時にそれぞれ五〇人となり倍増する。

このように将軍直轄軍は、組数ではやや縮小したものの、大番・小姓組番にみられる番士知行高の際立った増加と、書院番・小姓組番にみられる番士数の倍増とによって、この時期に大幅に増強される。またこの加増は視点を変えれば、家光と旗本間の主従関係を再確認し、かつ当時顕在化しつつあった旗本層の窮乏に対処するものでもある。

軍役令と諸国城詰米

寛永一〇年二月、家光は、大名・旗本の負担すべき軍役を定め改めて交付する。幕府が初めて軍役令を出したのは、家康の死直後の元和二年(一六一六)であり、この時は、知行高五〇〇石から一万石の徳川氏の家臣を直接の対象とした。寛永一〇年の軍役令は、動員人数・馬上数・武器数などを定める。知行一〇〇〇石は、人数二三人、武器として鉄砲一挺・弓一張・持槍三本、領知一万石は、馬上一〇騎・鉄砲二〇挺・弓一〇張・槍三〇本・旗三本、一〇万石は、馬上一七〇騎・鉄砲三五〇挺・弓六〇張・槍一五〇本・旗二〇本のごとく定められた。

この軍役規定では、元和の規定での軍役量が、知行一〇〇〇石が馬上一騎・鉄砲二挺・弓一張・槍五本、一万石が馬上一四騎・鉄砲二〇挺・弓一〇張・槍五〇本であったのと比較して軽減、さらに領知高の少ないものの負担が軽減されている。この軽減策は旗本層の窮乏への対処でもあった。

軍役令の出た同じ月、幕府の兵粮米である城詰米《しろづめまい》が全国にわたって拡充される。図5-1は、延宝四年(一六七六)段階での城詰米のあった城とその詰米高を示したものであるが、そのうち五〇か所は万治《まんじ》(一六五八〜六一)以前に設定されている。城詰米のある城は、関東・東海・東山・畿内に集中し、なかでも畿内周辺の軍事的拠点あるいは外様大藩と接する地点の城に多量の城詰米があり、軍事的観点から配置されたことを推測させる。

職務規定としての法度

寛永一〇年九月、家光は、月見酒の飲み過ぎに端を発し、その後三か月間煩う。一〇月ころには万一の場合を考えての将軍職・家督の譲与が江戸で噂される。いっぽう養生を名目に出仕を止められていた酒井忠世が年寄に復帰し、家光重病の

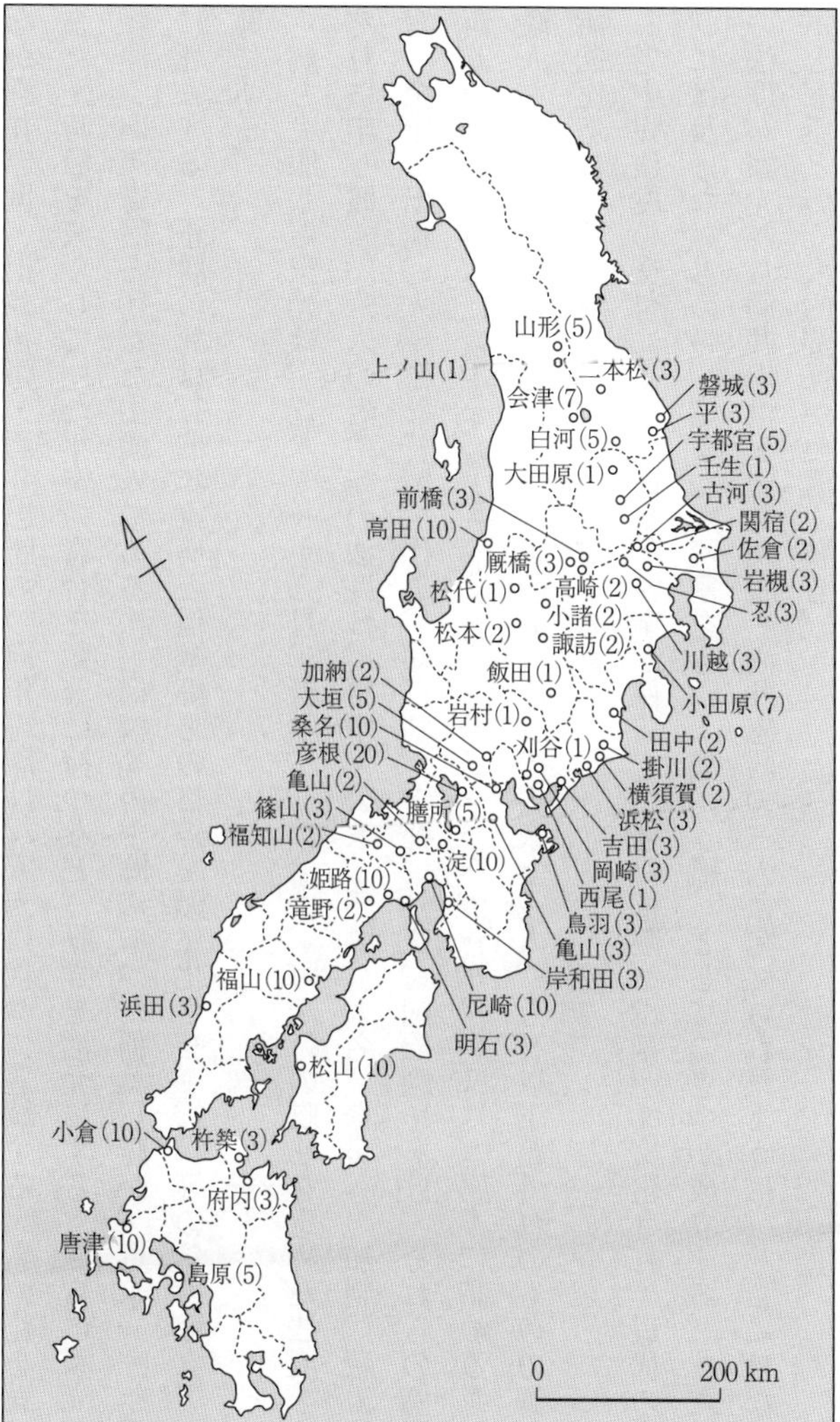

図 5-1　延宝 4 年(1676)城詰米のあった城　数字の単位は千石

なか酒井忠世・土井利勝・酒井忠勝らの旧年寄層は、家光に代って登城する大名の礼を受け、また一時数を減らしていた年寄の寄合を頻繁に持つなど、動きを活発にする。さらに家光の信頼厚く旧年寄層と新たな出頭人である松平信綱等の中間にあった稲葉正勝が、寛永一一年正月に死去する。正勝の死は、旧年寄層と信綱等との格差を顕然化させ、信綱等の年寄取立てを困難にする。

病を克服した家光は、寛永一一年三月、老中、「六人衆」、町奉行の職務を定めた法度をそれぞれに申し渡す。三人の老中宛の法度は、禁中・公家・門跡、大名、奉書への加判、蔵入地代官、金銀の出納、大規模な普請・作事《さくじ》、知行割、寺社、外交、国絵図をあげ、それらの御用と訴訟を伺い、将軍に言上するよう命じる。また、「六人衆」宛の法度は、旗本に詰める衆、諸職人、医師、日常の普請・作事、下賜品、所々の番衆と役人、万石以下組外れのものの御用・訴訟をあげ、その将軍への言上を定める。

老中宛法度の交付により、従来年寄衆が保持してきた権限や役割が成文化され、近代の官僚制には及ばないものの、定まった役割をもつ「職」、「職」としての老中が成立する。ただ、この法度が家光から酒井忠世・土井利勝・酒井忠勝の三人に宛てられたように、そこにはなお将軍と家臣という人的関係が色濃く残る。

また「六人衆」宛法度と町奉行宛法度が老中宛法度と同時に出され、従来年寄が掌握していた諸権限が分離・分与され、年寄の権限を限定、同時に職務分担を明確とする「六人衆」・町奉行の「職」を成立させせる。

ところが家光は、この法度が出された翌日の老中奉書に酒井忠世・土井利勝・酒井忠勝とともに松平信綱・阿部忠秋・堀田正盛らにも加判させたのをはじめ、その後も散発的ではあるが信綱等に加判させ、信綱等の老中への途を模索する。こうしたなか家光上洛中に江戸城西丸が炎上し、その留守を預かっていた忠世がその責任をとって老中の地位を退く。その直後から信綱等の奉書への加判が恒常化し、彼等は老中の一員となっていく。

「御代替りの御上洛」

寛永一一年六月、家光は三〇万七〇〇〇人の軍勢を従えて上洛する。元和九年・寛永三年にも家光は上洛しているが、その時の上洛の主は秀忠であり、自らがその主として上洛するのはこのときが初めてである。七月一一日、上洛した家光が二条城に入ると、直ぐさま朝廷から太政大臣推任の内命がある。しかし若年を理由に固辞し、一八日には参内する。閏七月三日、新たに院御領七〇〇〇石を献じ院御領を一万石とし、ついで後水尾院に制限を加えていた院政を承認して、朝廷との融和を計る。

七月二三日には二条城に京中の各町から二人ずつ約千人を招き、「御代替りの御上洛」の祝いとして銀五〇〇〇貫を京中全戸三万五四一九軒に下賜する。一軒につき約一四一匁という額は当時の米価からすれば四石前後にあたり、大きな施しであった。この銀下賜は家光が自らの存在を京の町衆にアピールしようとしたものであろうが、このことが京都でその後も長く語り継がれたように、家光の意図は一定の成功をおさめる。

上洛中家光は、秀忠同様、大名の領地替えを行う。まず下野壬生《みぶ》の日根野吉明《ひねのよしあき》を豊後府内に、ついで前年断絶した出雲松江堀尾忠晴《ほりおただはる》の跡に若狭小浜《おばま》の京極忠高《ただたか》を、その跡に武蔵川越《かわごえ》城主でときの老中でもあった酒井忠勝を入れる。さらに下総佐倉《さくら》の石川忠総を近江膳所《ぜぜ》に、膳所の菅沼定芳《すがぬまさだよし》を丹波亀山に、亀山の松平忠昭を豊後亀川《かめがわ》に移す。この結果豊後の譜代大名は三人となり、九州においては豊前についで譜代勢力が浸透する地域となる。そして、川越城と壬生城は、老中の堀田正盛と阿部忠秋に翌年与えられる。

閏七月、五万石以上の大名と城持の大名に朱印改の執行が告げられ、諸大名は従来の領知宛行状と領知の村々の石高を記した「高辻帳《たかつじちょう》」を提出し、それに基づいて閏七月一六日に「寛永十一年八月四日」付の領知宛行状が発給される。

この時に領知宛行状を受けとった大名は、加賀一〇〇万石の前田氏、琉球一二万三七〇〇石をこの朱印改を機に領知高に組み込み高を七二万石とした薩摩の島津氏、仙台六一万石の伊達氏などの外様大名や、寛永九年に豊前小倉に移った小笠原忠真などの譜代大名、少なくとも五一名を数える。しかし多くの譜代大名や外様大名でも鳥取の池田氏、秋田の佐竹氏などはこの時には領知宛行状を手にしていない。この点でこの朱印改は、十全ではなかったが、ともかく大名への領知宛行権を家光が掌握したことを示すには十分であった。

武家諸法度の大改訂

寛永一二年六月二一日、江戸城大広間に居並ぶ諸大名を前に、林道春《どうしゅん》(羅山)が改訂された武家諸法度を読み上げる。一九条からなる寛永の武家諸法度は、慶長二〇年の武家諸法度の大改訂であった。この大改訂にあたり、慶長二〇年の第一条「文武弓馬の道、専らあい嗜むべき事」は残される。第二条で大名の在府と四月交代を定め、参勤《さんきん》交代を制度として確定する。第三条で城郭の修復許可の手続き、第四条・五条で不測の事態発生時の在国大名の出動、刑場への出向禁止。第六条で新儀の企て徒党を、第七条で領主間での私の争論を、第八条で私の婚姻を禁止し、「国主・城主・一万石以上幷近習《きんじゅ》・物頭《ものがしら》」をその適用範囲とする。第九条で倹約を規定、第一〇条・一一条・一二条で衣装や乗輿の品級を明確にし、また謀反人・殺害人の召抱えを禁止している。

第一三条で幕府に人質を差し出す大名家臣の追放・処刑について定め、第一四条で「知行所務、精廉に沙汰し、非法を致さず、国郡を衰弊せしむべからざる事」と定め、一五条で道橋などの維持管理を命じ、第一六条で私の関所と新規の津留《つどめ》とを、第一七条で五〇〇石以上の大船を、第一八条で寺社の領地の取り放ちを禁じる。最終条で万事幕府の法度に従い領内への法度の取次ぎと施行とを命じる。

寛永の武家諸法度は、同年一二月に出された旗本を対象とする諸士法度二三か条とともに、江戸時代の一万石以上を大名とし、未満を旗本とする区分をほぼ確定する。

大名の参勤は、寛永一二年以前にもなされていたが、在府期間や交代時期は必ずしも定まっておらず区々であった。それがこの法度によって制度化され、外様大名の交代での江戸在府と四月参勤とが定まる。この規定により西国大名六一名がこの年在府、加賀の前田氏、陸奥の伊達氏など東国大名三八名がこの時暇が出て翌年四月交代となる。そしてこの時に役職にない譜代大名の一部にも在国が命じられる。譜代大名の本格的な参勤交代は、寛永一九年に始まり、関東八州の譜代大名は半年交代、それ以外は隔年の参勤となる。

また寛永二〇年、徳川一門の越後高田《たかだ》松平氏と外様大名の加賀前田氏に交互の参勤が命じられたのを皮切りに、肥前唐津城主と肥前島原《しまばら》城主、和泉岸和田城主と摂津尼崎城主、三河吉田城主と三河刈谷《かりや》城主、遠江掛川城主と遠江浜松城主、摂津高槻城主と丹波亀山城主、豊後府内城主と豊後臼杵《うすき》城主、さらに肥前大村城主と肥前五島《ごとう》城主と、同一地域の大名の交互の参勤体制が構築される。これは後述する島原の乱時のように参勤のため同一地域に大名が一人もいないという状況をなくすためのものである。

参勤交代は、従来幕府の大名統制策の一環として、大名の徳川氏への臣従を確認し、また大名の持つ経済力を殺ぐことを狙ったものだとされてきた。この点は参勤交代の重要な側面である。しかし、この参勤交代を軍事的な観点からみると、隔年の参勤交代によって江戸には大名の約半数が詰めることになる。そしてこれらの大名は、国許から一定の軍事力をともなって参勤し、また江戸の屋敷にも一定の軍事力を置いている。すなわち大名の江戸在府は、支配者である領主の軍事力の江戸集結でもあり、武士階級がもつ強大な軍事力を誇示する役割の一端を担っている。

寛永通宝の鋳造

寛永一三年五月五日、江戸では寛永通宝《つうほう》の鋳造とその使用を触れた高札が立てられる。この高札では、金一両に銭四貫文の交換基準が示され、また悪銭の使用が禁止される。しかしそこでは寛永通宝とともに古銭の使用が認められている。佐賀鍋島氏の問い合わせに対し幕府は新銭以外の使用を禁止する旨を伝えており、寛永通宝以外の銭の使用禁止が基本方針だったようであるが、江戸での高札では一時的な古銭の使用を認めたことになる。なお古銭使用が最終的に禁止されるのは寛文《かんぶん》一〇年(一六七〇)のことである。この時の鋳銭は江戸と近江坂本でなされ、直後に大坂と京都でも鋳造されるようになり、さらに常陸水戸《みと》・陸奥仙台・三河吉田・信濃松本・越後高田・長門・備前・豊後中川《なかがわ》内膳正領内で鋳造が命じられる。三年後の寛永一七年には銭余りによる銭価の低落をうけ水戸以下八か所の鋳銭は停止される。

　この間、幕府は日本からの銅の輸出を禁止し、他方で古銭の輸出を認め、国内の流通銭の寛永通宝への一本化を進める。当時銭は、日本から東アジアへに向けての重要な輸出品であり、薩摩・筑後・肥後などでは貿易のための鋳銭も行われていた。

　寛永通宝鋳造を自国意識の表出であると以前位置づけたが、直接的契機は、参勤交代の制度化による路次での銭不足、銭値段高騰への対処にあった。

将軍諸職直轄制とその麻痺

　老中・「六人衆」・町奉行の職掌が明確化されたことで、幕府の行政・裁判事務は迅速かつ円滑に処理されるようになったかにみえた。しかし、寛永一二年の終わりころには政務の滞りがみられるようになる。そこで一一月家光は、前年の法度で老中管掌であった事項から寺社奉行・勘定奉行・留守居などを「職」として独立させ、図5-2のようにそれらの職を自ら直轄する体制を作りあげる。また、前年に定めた老中の一五日当番制を月番制に改め、毎月二日一二日二二日の三日を大名などからの御用や訴訟を受け付ける日とし、新設の職にも同様の訴訟日を定める。そして各職間の調整のために評定所《ひょうじょうしょ》の寄《より》合《あい》を毎月三日開催し、また家光自らが御用・訴訟を聞く「御用日」を設ける。

この将軍諸職直轄制により政治運営はしばらく円滑に推移するが、寛永一四年一月から翌年三月まで一年以上にわたる家光の病により頓挫する。この年の一月二一日夜「虫気《むしけ》」に端を発した家光の病気は、二月ころには「御心重くながびき申すべき様」と巷では囁かれ、四月になっても不眠不食が続き、一時小康をみるが、七月にはふたたび悪化し、八月には夜の不眠が続き、その解消のため日々能・踊り・碁・将棋が慰めとして催される。家光の病は、現在の病名でいえば鬱《うつ》病であろう。家光は、一〇月ころからたびたび鷹狩りに出かける。これも養生のためのもので、病気が回復したわけではなかった。

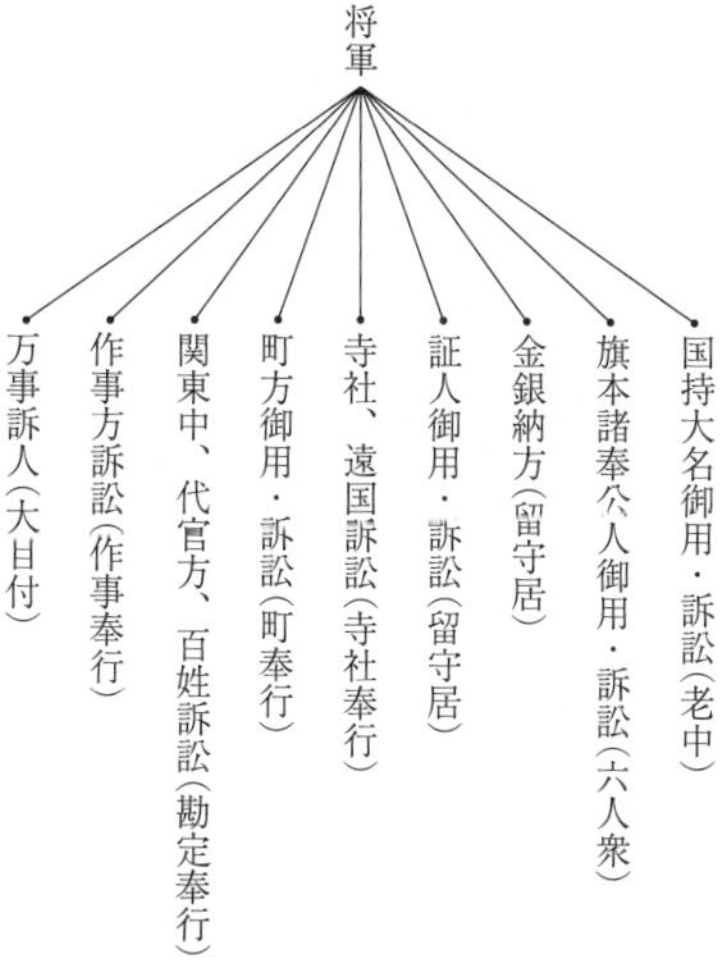

図5-2　将軍による諸職直轄

この間、家光は登城する大名への御目見《おめみ》えを一度もせず、また表での政務を執ることもほとんどなかった。政務の再開は、この年の一一月九日に肥前島原での一揆の報が江戸に届いたころからであり、翌年の正月からは儀礼の場にも少しずつ出るようになり、春にはほぼ快復する。しかし、一年あまりに及ぶ病は、将軍を核とした諸職直轄制を麻痺させ、かつその構造的な欠陥を表面化させ、将軍が病床にあっても幕政がスムーズに運営しうるシステムの構築を迫る。

老中制の確立

島原の乱の鎮圧のため九州に松平信綱を派遣した家光は、それを通して信綱の地位の引上げを計り、ついで寛永一五年四月には「六人衆」の一人であった阿部重次を武蔵岩槻《いわつき》城主としたうえで、同年一一月、幕政機構の大幅な再編を行う。

まず、前代からの年寄土井利勝・酒井忠勝を老中から外し大老とし、新たに阿部重次を老中に加える。これに先立ち堀田正盛が病気のため老中の地位を去っており、老中は松平信綱・阿部忠秋・阿部重次の三人となり、家光の側近が老中の職を独占する。

さらに翌年正月、松平信綱を武蔵川越城六万石、阿部忠秋を武蔵忍城五万石に加封する。これにより三人の老中はいずれも江戸周辺に城を持ち五万石から六万石を領することになる。

ついで家光は、将軍諸職直轄制で自ら掌握していた老中・「六人衆」・留守居衆・寺社奉行・町奉行・大目付・作事奉行・勘定奉行などの職を、老中支配とし、図5-3に示したような将

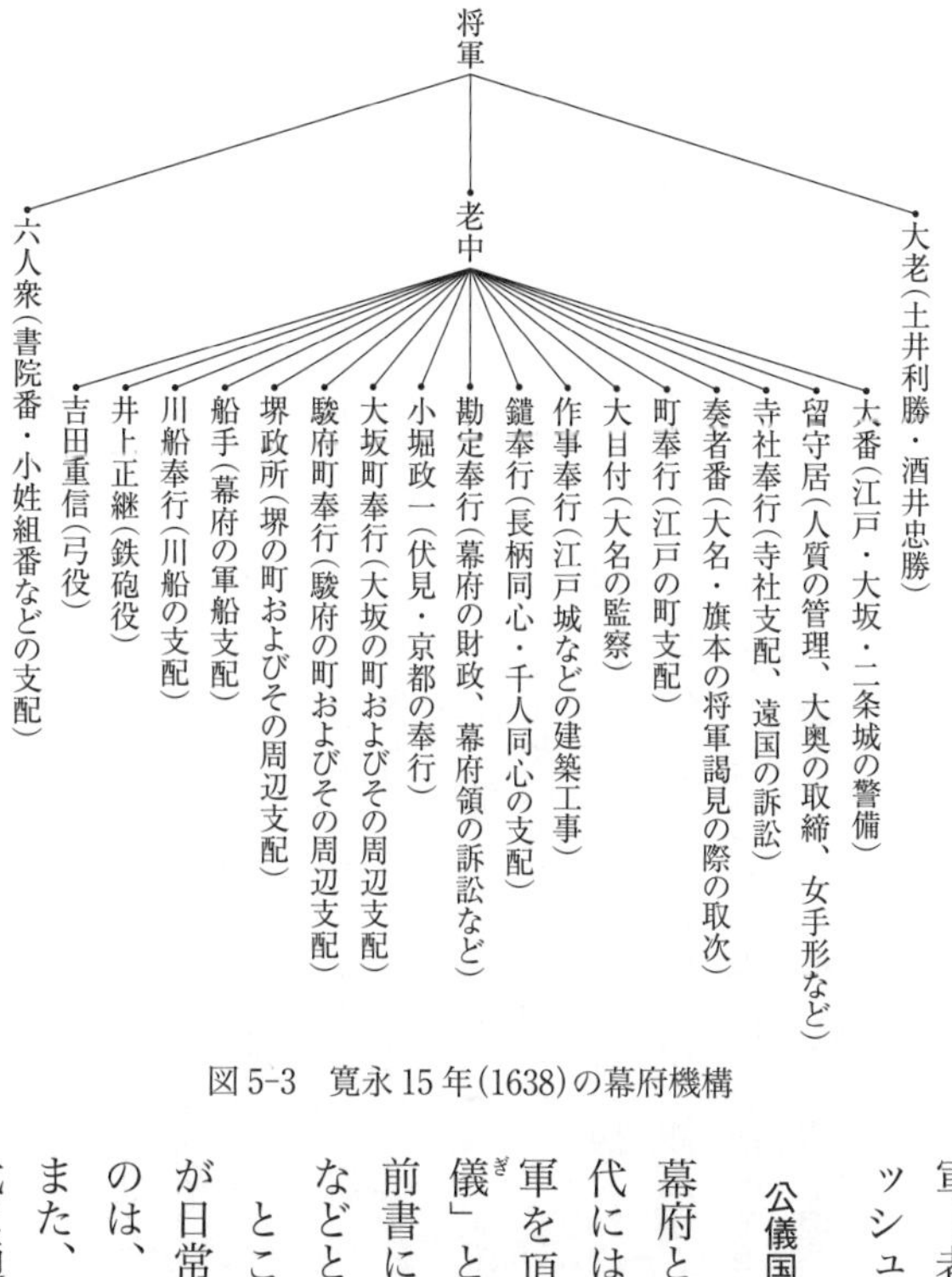

図5-3　寛永15年(1638)の幕府機構

軍―老中―諸職というヒエラルヒッシュな組織へと再編する。

公儀国家　私達は、江戸時代の中央政権を幕府また江戸幕府と称してきているが、江戸時代には幕府という通称はなく、将軍を頂点とした中央政権は「公《こう》儀《ぎ》」と呼ばれていた。五人組帳の前書に「公儀仰せ出さる御法度」などとあるようにである。

ところで、「公儀」という言葉が日常的に使用されるようになるのは、それほど古いことではない。また、その意味も必ずしも江戸時代に通用されたように幕府を指すことばではなかった。

室町時代には、公儀は、ほぼ三つの用法があった、一つは「私」に対する「公」の意、二つ目は「公」の意向・決定、三つ目は「公儀御謀叛」「公儀真木島へ御移候」などと記されたように室町将軍を指す用語として使用された。こうした中世後期の公儀は、その意が明確に区別しうるものもあるが概してその境界は曖昧であり、織豊期、さらに江戸初期まで使用された。一方、江戸時代に幕府を意味するようになる公儀は、秀吉による全国統一を経て、文禄四年(一五九五)の秀次事件を契機にその姿を現す。これは秀吉が政権を幼い秀頼へ継承することを模索するなかで生み出された。ここに系譜を持つ公儀が、江戸時代に引き継がれ定着していく。

公儀については、もう一つ述べておかねばならないことがある。それは、江戸時代前期には、幕府だけでなく大名・藩も公儀を称したことである。言い換えれば江戸時代の公儀は二重構造になっていたのである。江戸時代の領主階級の編成という観点からすれば、将軍を頂点とする上位の公儀には将軍から領地をもらった大名や旗本だけが参加でき、大名の家臣はその世界からは排除されている。逆に上位の公儀は、大名を頂点とする下位の公儀に年貢収納や裁判などで基本的に介入することはない。

2　「鎖国」

慶長一四年(一六〇九)には対馬の宗氏と朝鮮とのあいだで己酉約条が結ばれ、日本と朝鮮との外交貿易関係が回復する。その後、元和三年(一六一七)に大坂平定と日域統合を祝う使節が、寛永元年(一六二四)に家光の将軍襲職を祝う使節が日本を訪れる。これらは日本側では日本に従う朝鮮からの使節とされたが、朝鮮にとっては日本からの要請により派遣した使節、回答使であった。こうした両者の立ち位置の齟齬《そご》は、対馬藩が国書を偽造また改作することによって糊塗されていた。

国書偽造一件

ところが、対馬藩主宗義成《そうよしなり》と家臣で朝鮮との外交を掌握していた柳川調興《やながわしげおき》とのあいだで対立が生じる。寛永八年、調興は、義成に主従関係の解消を申し出て、幕府から与えられていた一〇〇〇石の知行と朝鮮貿易での歳遣船《さいけんせん》の権利とを梃に幕臣となることを計る。それを非とした義成は幕府に訴える。この争論のなかで調興が、国書偽造を暴露する。偽造は、元和三年の秀忠の朝鮮への返書の「日本国源秀忠」に「王」の字を加えたこと、寛永元年の返書の「日本国主」を「日本国王」としたことにあった。

寛永一二年三月、家光は、この一件をみずから裁定し、国書偽造を調興の罪とし津軽への流罪に処し、義成の領知を安堵する。家光は、両者成敗の可能性のあった御家騒動を、主従関係に重きを置き決着させ、朝鮮外交体制の維持とともに、その改変を行う。事件後、幕府は、日本の国書には日本年号を用いかつ「日本国源某」と記し、朝鮮の国書での将軍の呼称を「大君」とするよう朝鮮側に伝える。そして、対馬府中の以酊庵《いていあん》に京都五山の僧を輪番で派遣し、朝鮮外交の事務監察や往復書翰を管掌させる。

寛永一三年一二月、朝鮮から太平を賀す通信使が江戸を訪れ、家光の謁見を受ける。これ以降、将軍の襲職を祝う使節が来日する。「通信の国」朝鮮の成立である。

長崎支配の再構築と鎖国

寛永一〇年二月家光は、長崎奉行を、豊後府内城主竹中重義《たけなかしげよし》を罷免し、今村正長《いまむらまさなが》と曽我古祐《そがひさすけ》の二人に替える。今村と曽我は、長崎への下向に先立ち老中より一七か条の条目を与えられる。これまで第一次鎖国令といわれてきたこの条目は、長崎奉行宛のもので、鎖国令とするのは必ずしも適切でなく、その内容の多くは従来の政策を確認するものであった。内容は、奉書船以外の船および日本人の渡航禁止、異国居住の帰国者は死罪、伴天連の訴人への褒美、江戸へ行く異国人の船の番を大村藩へ申し付け、伴天連の大村藩牢への入牢、伴天連の改め、諸色買占め禁止、異国船荷物の唐人からの直接買取禁止、異国船積み荷目録の江戸への注進、異国船持ち渡り白糸の五か所糸割符商人への引き渡し、糸以外の商品取引の時期、異国船の帰帆日、異国船売残り荷物の預け預かりの禁止、五か所商人の長崎到着期日を定め、最後に薩摩・平戸などでも白糸の値段は長崎同様とする。

ポルトガル船の帰帆日を定めた規定は、平戸のオランダ船がポルトガル船を襲うことを避けるためのものであり、また最後の規定は新たに定められたもので、寛永八年に長崎に来た唐船に糸割符(パンカダ)を適用したところ唐船が長崎を避けて薩摩に入るようになったための措置であり、平戸についても貿易を再開したオランダに糸割符を適用することで、長崎を核として貿易を幕府の統制下におくことを狙ったものである。

寛永一一年五月、今村・曽我の二人に替わって榊原職直《さかきばらもとなお》と神尾元勝《かんおもとかつ》の二人が長崎奉行に任じられる。長崎下向に際し、前年とほぼ同文の条目とともに出された「肥前国長崎」への三か条の禁制は、伴天連の日本渡航禁止、武具輸出禁止、奉書船制度の確認と日本人の異国渡海禁止を定め、なお完成はしてないものの近世日本の「鎖国」のもつ基本的な構成要素を備える。さらにこの禁制が長崎の町に掲げられ、政策の周知が計られた点でも、この禁制は鎖国令と呼ぶに値しよう。

トンキンへの朱印船が武具を日本から持ち出し、交趾への朱印船がマニラやマカオへ行き来し、それを通じて日本にいる宣教師への援助がなされていると聞いた家光は、寛永一二年正月、渡航を許可され長崎で出航準備をしていた商人たちに出航の見合わせを命じる。これが、事実上の朱印船貿易の停止となる。

同年五月、江戸に戻っていた榊原と新たに長崎奉行を命じられた仙石久隆《ひさたか》に一七か条の条目を与え、従来の奉書船を廃止し、日本船の渡航を全面的に禁止し、正月にとった措置を恒久的なものとする。

なお、当時の東アジアの外交・貿易体制の共通性に注目し、これまで「鎖国」といわれてきた対外政策を「海禁《かいきん》」とすべきとの主張があるが、日本人の海外渡航の禁止とその背景にあるキリシタン禁止政策を踏まえるとき、江戸幕府の採った海外政策は、東アジアにおける共通項を含みながらも、日本独自のものとして歴史学上の用語である「鎖国」と表現すべきであろう。

キリシタン改めの強化

寛永一二年八月家光は、九州に限らず全国の大名に領内でのキリシタン改めの実施を命じるとともに、九月には譜代大名・旗本にも改めを指示する。この措置は、元和二年に秀忠が九州大名を中心にキリシタン改めを命じて以来のことであり、家光のキリシタン根絶への決意がそこには示されている。

京都では、キリシタンの訴人に、南蛮人の伴天連は銀一〇〇枚、イルマン(修道士)と日本人の伴天連は五〇枚、キリシタンは三〇枚とその家屋敷を褒美とするとの触が出る。同じ時に摘発の新たな方法としてデウスやサンタマリアに誓うことでキリスト教の放棄を迫る南蛮誓紙が登場する。さらに、担当の役人を定め、町・村の五人組ごとにキリシタン改めを行い、五人組から請書をとり、各人の代々の宗旨を確かめ、寺から請書を取る寺請《てらうけ》制が始まる。この点でこの年は幕府のキリシタン政策における一つの大きな画期となる。

寛永一一年五月、幕府は長崎の有力町人二五人に命じて港内に面積三九二四坪の扇形の人工島、出島《でじま》を築かせ、寛永一三年七月、市中に住むポルトガル人をそこに移し、日本人との日常的な接触を断ち、キリスト教の広がりを抑えようとする。

幕府は、寛永一三年五月、長崎奉行に従来の一七か条に二か条を加えた条目を与えるが、その一か条でキリシタン訴人の褒美を従来の銀一〇〇枚から三〇〇枚ないし二〇〇枚に増額し、またポルトガル人の子孫の日本残留の禁止とポルトガル人が長崎でもうけた子や、その子供を養子とした父母の日本からの追放を定める。そしてこの令に従い同年九月、ポルトガル人や日本人とのあいだに生まれた子供達二八七人がマカオに追放される。

3　島原の乱

島原の乱の勃発

寛永一四年(一六三七)一〇月ころ、肥前有馬《ありま》村で多数のものがキリシタン宗門へ立ち帰ったとの情報をつかんだ島原藩では、首謀者を捕らえ、家族ともども島原に引き立てる。それに抗した百姓らは有馬村で代官を殺害し、島原城下へ押し寄せる。しかし城は容易に落ちず、膠着状態となるなか、一揆勢は、松倉重政《まつくらしげまさ》の旧城原《はら》城を修築し、一揆の本拠とする。一揆勢は島原半島の南部を中心に膨れ上がり、その数は四〇一一軒、二万三八八八人にのぼる。

いっぽう、島原より少し遅れて天草《あまくさ》でも一揆が呼応する。一一月に入って島原の一揆の一部は、大将の天草四郎時貞《しろうときさだ》とともに天草の一揆に加勢するため天草に渡り、唐津藩松倉氏が天草支配のために富岡《とみおか》城に置いた三宅藤兵衛《みやけとうべえ》と戦い藤兵衛を戦死させる。しかし一揆勢は富岡城を落とせず、天草から島原に戻り、原城での籠城体制を固めていく。

一揆が起きたとき、病気で参勤を免除されていた鹿児島藩の島津家久《いえひさ》一人を除いて九州には一人の大名もいなかった。一揆勢に攻められた島原藩の家老は、幕府が豊後府内においた目付

(幕府が先に改易され配流された松平忠直を監視するために設けたもの)に事を報じるとともに、隣藩の佐賀藩・熊本藩に来援を要請する。これに佐賀藩・熊本藩は、武家諸法度の規定、幕府の指示のない領外派兵禁止をあげ援兵を断わり、豊後目付に指示を仰ぐ。こうした大名の対応、武家諸法度の遵守は、家光を喜ばせる。

豊後目付からの一揆蜂起の報は、一一月四日に大坂に届き、京都所司代・大坂城代らが協議し、七日に細川・鍋島らの九州大名に島原領への通路の封鎖、武具売買の禁止、領内でキリシタンが蜂起した場合の措置を指示する。同月九日に江戸に届いた報を聞いた家光は、即日、板倉重昌《しげまさ》・石谷貞清《いしがいさだきよ》の派遣を決定し、松倉勝家《かついえ》と豊後府内藩主日根野吉明には帰国を命じる。

一一日には姫路城主本多政朝《まさとも》や豊前小倉藩主小笠原忠真をはじめとする豊前・豊後の譜代大名に帰国を命じ、また細川・黒田・鍋島など島原周辺の大名に子弟ないし舎弟を遣わしてキリシタン仕置を厳重にするよう、さらに相良《さがら》・伊東・松浦・寺沢・久留島《くるしま》・秋月の各大名に帰国を、一五日には長崎奉行に有馬・立花・大村の兵をもって長崎警護にあたるよう命じる。そして一一月二七日、家光は、一揆鎮圧を前提に「彼跡以下御仕置のため」に老中松平信綱と美濃大垣藩主戸田氏鉄《うじかね》を九州に派遣する。

島原城に入った板倉・石谷は、一二月一〇日、島原・佐賀・久留米《くるめ》・柳川《やながわ》藩の兵とともに原城を攻めるが、一揆勢に退けられる。二〇日にも原城を攻めるが、またも失敗し、多くの死傷者を出す。相次ぐ城攻めの失敗にもかかわらず、松平信綱等の間もない到着の報を知った板倉は、翌年元日に原城を攻めるが、一揆勢に撃退され、前線に出た板倉が戦死し、石谷も負傷する。

原城落ちる

寛永一五年正月四日、有馬に到着した松平信綱等は、諸将を集め軍議を開き、持久戦の方針を決めるとともに、九州の諸大名に動員をかける。さらに信綱は、オランダ商館長に、オランダ船による海上からの原城砲撃を指示する。一揆側には大きな脅威となったこの砲撃に城内からは、「日本には誉れ高き武士がいるのに、なにゆえにオランダの力を借りるのか」と矢文をもって非難してくる。また領主軍の側からも反発が出て、攻撃は中止される。ただこの砲撃は、オランダ人の「御忠節」としてその後長く記憶に止まることになる。

一一日、元旦の城攻め失敗の報に接した家光は、細川忠利等九州大名に帰国し一揆討伐にあたるよう命じる。その結果、領主軍は少なく見積もっても一二万を超す大軍となる。

この間、領主軍は海陸から城内への砲撃を繰り返す。いっぽう一揆側は、正月の末ころから兵粮や弾薬が不足しだし、二月に入ると城から脱走するものも見られるようになる。一旦総攻撃は二月二六日と決まるが雨で延期され、改めて二八日と定められる。ところが二七日の午後に一揆勢が二丸出丸から兵を引いたのを機に鍋島勢が攻撃を開始し、他の大名の軍勢も相次いで城へ乗り込む。戦闘は、夕方から翌日の昼前まで続き、一揆側は女子供にいたるまですべてが殺戮の対象となる。その数は二万七〇〇〇に上った。

原城落城後、家光は、松倉勝家を改易・斬首、寺沢堅高《かたたか》から天草四万石を召し上げ、譜代大名高力忠房《こうりきただふさ》を島原へ、外様大名山崎家治《やまざきいえはる》を天草に入れる。さらに軍法に違反し抜け駆けした鍋島勝茂には閉門を申し渡す。しかし、島原の乱に動員された諸大名にはなんの恩賞もなく、ただ幕府から兵一人に一日五合の扶持米が給されるのみであった。これは、この戦いが領主間の戦いではなく被支配者である農民との戦いであったためである。

島原・天草一揆の原因や性格については、当時から領主の圧政に対する百姓一揆だとするものと、キリシタン一揆だとするものがあった。確かに、島原藩では二度にわたる検地を実施し表高四万石を一三万石近い高とし、年貢未進には体に巻き付けた蓑に火を付ける「蓑踊《みのおどり》」などで百姓を責めた。百姓が松倉氏の圧政に対して立ち上がる条件は存在した。

いっぽう、島原藩領のキリシタンは松倉氏の厳しい弾圧でほとんどが棄教していたが、密かにロザリオの組などと呼ばれた講組《こうぐみ》を組織し信仰を保持していた。また、一旦棄教したものが「立ち帰る」ものもあり、潜入してきた宣教師たちがそれを助けていた。

一揆結集の論理は、一揆に加わった庄屋・乙名《おとな》・百姓たちが天草四郎時貞に差し出した誓紙にキリシタン宗門に立ち帰ったことに偽りのないこと、宗旨のために一命を捨てて、四郎の下知に従うことが記されているように、キリスト教にあった。

また島原藩の家老は、一揆蜂起を伝えるとき「爰元《ここもと》百姓幾利支丹《キリシタン》立ち上がり、俄《にわか》に一揆の仕合」と報じた。これによって幕府は、この一揆を「公儀」が禁止するキリシタンの一揆と位置づけ、鎮圧のための上使派遣を決定する。

乱後の幕府の対応

島原の乱の鎮圧が遅れたのを受けて、幕府は、領地外で不測の事態が起こった時の軍事動員を禁じた武家諸法度第四条の解釈を、「公儀」の定めを破り国法に背くものの場合は下知がなくとも出兵し協力して鎮圧するよう改める。この時同時に武家諸法度第一七条の五〇〇石以上の大船禁止が商船については解除される。これも島原の乱における輸送と関係したものと思われる。

またキリシタン禁制強化策として、寛永一五年九月、幕領には高札を立て諸大名にはキリシタンの取締の強化を命じ、伴天連の訴人には銀子二〇〇枚、イルマンの訴人には銀子一〇〇枚、キリシタンの訴人には銀子五〇枚あるいは三〇枚の褒美を将軍から遣わすとし、かつ訴人したものは同宗であっても宗旨を転べばその咎を許すとする。

さらに島原の乱の一因が宣教師の日本侵入にあるとみた幕府は、宣教師を手引きするポルトガル人の国外追放を模索する。しかしポルトガル人の追放は、生糸や絹織物の輸入が途絶することを意味し、日本での品不足が予測され、対処として朱印船復活も考えられたが、日本人の渡海によるキリシタンとの接触の危険性から採用されず、もう一つの方策としてポルトガル人に代わる役割をオランダ人に求め、寛永一六年七月、ポルトガル人の追放に踏み切る。この決定は「がれうた御仕置之奉書」等をもって、ポルトガル人、オランダ人、唐人、そして諸大名に伝えられる。

このポルトガル船来航禁止は、江戸時代半ば以降からみれば、幕府による鎖国の総仕上であり、ここに鎖国が完成したといえる。しかし、ポルトガル人の追放はなお鎖国政策の最終段階に位置するものではなく、それ以降の沿岸防備体制構築の出発点であった。

沿岸防備体制の構築

ポルトガル船来航禁止の決定直後の寛永一六年八月、家光は、江戸城に細川忠利・黒田忠之《ただゆき》・有馬豊氏《とようじ》・鍋島勝茂・立花立斎《りっさい》(宗茂)を呼び、異国船来航時の江戸・長崎への注進、事の生じた時には島原藩主高力忠房と相談するよう命じる。この段階で高力がポルトガル船来航への備えの中核に据えられる。

幕府の予測通り、寛永一七年五月、ポルトガル船が貿易の再開を求め長崎に来航する。長崎に派遣された大目付加々爪忠澄《かがづめただすみ》と目付野々山兼綱《ののやまかねつな》は、六月一五日ポルトガル船乗組員七四人全員を呼び出し、来航禁止令を犯したことを責め、死罪を申し渡す。そして翌日、キリシタンでない水夫など一三人を残し、長崎西坂で六一人の首をはね、死罪を免れた非キリシタン一三人を唐船でマカオに送り返す。またポルトガル船は、大村藩の手で焼き沈められる。

こうした強硬措置へのポルトガルの報復を予測し、九州の諸大名には遠見番所《とおみばんしょ》の設置、ポルトガル船発見時の高力忠房・長崎奉行・大坂・隣国への通報、高力と長崎奉行の指示によるポルトガル船への対処とを指示する。さらに家光は、播磨姫路城主松平忠明にポルトガル船来航時には西国の諸大名を指揮することを命じる。そして寛永一八年二月、福岡の黒田氏に長崎警固役を命じ、翌年には佐賀鍋島氏に交代させる。これ以降両藩が長崎警固を勤めることになる。

ポルトガル船来航禁止の仕置が一段落した直後、平戸に派遣された大目付井上政重《いのうえまさしげ》は、オランダ商館長に、キリスト年号を記した倉庫や住居の取壊し、安息日《あんそくび》を公に行うことの禁止、商館長の一年交代などを命じる。さらに寛永一八年四月参府したオランダ商館長に、今後平戸に代え長崎で交易すること、伴天連の密航を知りながら訴え出ず後日に露見したときは日本への来航を禁止することが申し渡された。そしてこの年の五月、オランダ商館は平戸から長崎出島へと移される。

オランダ人は、ポルトガル人追放を実現させ、日本貿易を掌握したかにみえた。しかし一六三〇年代に入ると唐船の来航が増加し、台湾でオランダに生糸など中国製品を供給していた鄭《てい》芝《し》竜《りゅう》が、日本貿易に参入してくる。これにオランダは、唐船による伴天連の密航や漢訳のキリスト教書籍の持込みがあると幕府役人の耳に入れる。実際にも唐船による唐人キリシタンや伴天連の密航があり摘発される。こうした動きの背後には鄭芝竜との暗闘があった。しかし正保《しょうほう》元年(一六四四)の明滅亡により鄭芝竜の優位は失われていく。

こうした具体的な沿岸防備体制の構築とともに幕府は、正保元年一二月全国の大名に国絵図と城絵図の作成を命じる。城絵図には、本丸以下各郭の間数、堀の幅と深さ、城付近の高所、侍町・町屋の小路と間数、山城・平城の区別が書き付けられ、国絵図には、郡切り、村名とその村高、はえ山・芝山、縮尺を六寸一里、本道と脇道の区別、本道について冬の往還の可否、川名、山名、一里山、舟渡・歩渡の別と間数、山中の難所、国堺から他国への道程、さらに海辺については舟懸りの自由・不自由の別、風向きと舟懸りの様子、湊《みなと》と湊間の道程、遠浅や岩場などの海岸線の様子が記載されている。このようにこの時の城絵図・国絵図には、多くの軍事的要素が含まれている。

作動する沿岸防備体制

正保元年一二月、唐船で密航を企てた宣教師の自白により、マカオからポルトガル船が嘆願に来ることを幕府は知る。翌年正月家光は、姫路の松平忠明の死去にともない伊予松山の松平定行《さだゆき》に「かれうた(ポルトガル船)御用」を命じる。

正保四年(一六四七)六月、このポルトガル船は、幕府が作り上げた監視のネット(遠見番所)にかかり、長崎奉行の知るところとなり、この日のうちに高力忠房が長崎に入る。ポルトガル船の長崎入港は、長崎奉行から江戸をはじめ各所に注進され、佐賀鍋島氏の軍勢が、次いで福岡黒田氏、熊本細川氏の軍勢、少し遅れて松平定行が長崎に入り、ポルトガル船への備えはほぼ調う(図5-4)。ポルトガル船入港からわずか二〇日足らずのことである。

この間、長崎奉行はポルトガル船に舵・帆・弾薬の陸揚げを求めるが、ポルトガル側は拒絶する。それに対し幕府勢は湾口を船橋で閉鎖し、ポルトガル船を港内に抑留する。江戸から派遣された大目付井上政重が、大使の信任状を返却し、水と食料を給与し、長崎に結集した軍勢整列のなか、ポルトガル船を港外に出し出港を許可する。今回は寛永一七年のような強硬手段は取らなかったが、ポルトガル船来航禁止という方針は貫かれる。

このように寛永一七年以来、ポルトガル船来航に備えて構築された幕府の沿岸防備体制は、この時確かに作動する。この後もなおしばらくの間、ポルトガル船をはじめとする異国船来航

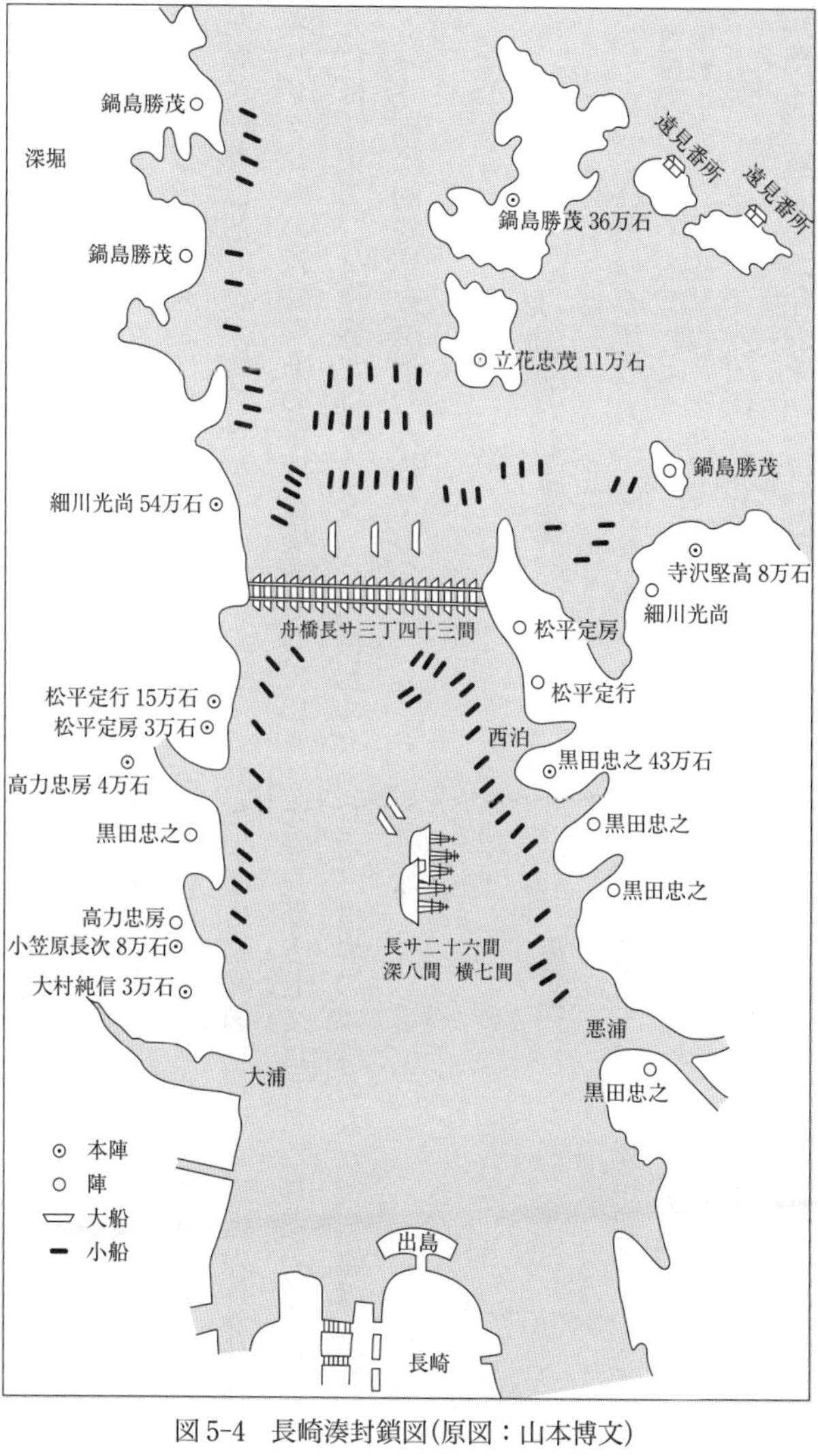

図 5-4　長崎湊封鎖図(原図：山本博文)

への緊張は続く。しかしそうした緊張も徐々に薄らぎ、「鎖国」が定着していく。

一九七〇年代半ば以降の研究では「鎖国」を東アジア史、東アジア世界のなかに位置づけることが強調され、その結果、豊かな「鎖国」像が描かれるようになった。そのなかにあって一六世紀には世界の海をほぼ制圧していたヨーロッパ勢力は、東アジア世界のなかに埋め込まれ理解されることになった。だが、これまで述べて来たように「鎖国」という近世の外交体制は、キリシタンとの対峙をその重要な要素としていたことを見落としてはならないだろう。言い換えれば、東アジア世界だけでなく、一六世紀のヨーロッパ世界の攻勢のなかで日本は「鎖国」という国際的対応を選択したのである。

4　寛永の大飢饉

飢饉の前触れ　寛永一五年(一六三八)ころから九州一円で牛疫による牛の大量死が起こり、翌年には中国地方、一七年には畿内に広がる。また同年六月噴火した蝦夷《えぞ》駒ヶ岳《こまがたけ》の降灰で、津軽では大凶作となり多くの餓死者が出る。秋田でも九月の大風で稲に大きな被害が出る。寛永一八年の土用《どよう》中津軽では五穀は実らず、前年に続いて餓死者が出る。この年は、畿内・中国・四国は日照りに見舞われるなど、全国各地で大旱《だいかん》・洪水・霜・風雨・虫害などによる被害が出る。寛永一九年に入ると、飢饉は各地で顕在化する。三月から五月にかけて津軽で夥しい死人が出、広島藩・備後三次《みよし》藩でも餓死者が出、四月には出羽に限らず、関東・信濃・西国も飢饉といわれるようになる。

寛永一九年六月には全国各地で洪水・旱魃が起き、本格的な飢饉となる。こうしたなか幕府は、大名領を含め全国を対象に飢饉対策を触れる。その第一条で、「諸国人民くたびれ候あいだ、百姓等少々用捨せしむべし」とし、当年不作のときには来年は飢饉となるであろうから倹約に勤め、諸侍も万事相慎み、町人百姓以下のものも食物の覚悟をし、飢えないように計らい、百姓等は常々みだりに米を食べぬよう命じる。これに続く箇条で、年貢未進の禁止、定以上の百姓使役の禁止、五穀の節約、たばこの本田畑作付禁止をあげ、最後にこれらのことを家中・領内寺社・町人百姓に堅く申し付けるよう命じる。

こうした飢饉対策は米作確保のためにたばこの本田畑作付禁止を命じたほかは、倹約を基調としたものであり、必ずしも積極的な政策ではない。しかし、先の高札とともに幕府が大名の仕置の内容に直接介入した初めてのことであり、注目すべきである。

寛永一九年の作柄は、ごく初めは良いとされていたが、山城では旱魃《かんばつ》、関東でも日照り・長雨・洪水・霜害、北国では長雨、会津領では大霜、土佐では虫害・風損・水損と全国に被害が広がる。七月には畿内近国を対象に、従来の法令に年貢割付けへの小百姓の立会い、田方綿作、田畑菜種作についての三か条を加えた一七か条の法令を出す。また関東では、独身、病者、人手間のない百姓の耕作を村として助け、用水不足については後の例とはしないので今年は水を遣わすようにとの指示が出る。この指示は、幕府が労働力や用水といった百姓経営の具体的内容にまで関心をもちはじめ、村内の相互扶助と村請制の強化を計った政策として注目されている。

本格的飢饉

閏九月にはいると、北は津軽・南部から九州にいたるまで不作・凶作が明らかとなり、二年続きの飢饉は避け難いものとなる。こうした事態に幕府は全国の大名等に不作で疲弊した百姓の育み、百姓への非儀禁止、損亡なき所を申し掠める百姓への厳罰を命じ、さらに江戸・京都・大坂をはじめ城下などでの酒造の半造り、在方での酒造禁止、五穀の費えになるうどん・切麦・素麺・饅頭・南蛮菓子・蕎麦切の製造禁止とともに、食物となるものを「末の考」もなく遣い散らさないよう命じる。

寛永一九年末ごろから、飢人が各地で溢れ、道路には飢人の死体が多くみられるようになる。

加賀藩の記録には「江戸より京洛に至る北国筋の海道は、人馬の餓死路次に間もなく臥せたり」とあり、また江戸でも、寛永二〇年の初めには飢人が数百人も日本橋に集まり、毎日数人ずつの死人が出ている。京都の状況は、江戸に比べ凄まじく、時の左大臣であった九条道房《くじょうみちふさ》は、その様子を二月二四日の日記に「洛中・洛外乞食人《こじきびと》充満、これ去年夏ころよりかくのごときなり、古老六七十年来かくのごときの飢饉見及ばず云々(中略)餓死に及ぶもの甚だ多く、人道を忘れ、あるいは赤子を軒下に捨て、あるいは七、八歳の幼童を路辺に放つ、その数多くは人これを養わず、自然餓死し、犬これを喰う、門戸に寄る乞食者千万人」と記す。

寛永二〇年二月、江戸の米不足と高値抑制のため、幕府は諸大名に在府家臣の扶持米の領地よりの廻漕《かいそう》を命じるとともに、江戸での買米を禁止する。ついで、日本橋に集まった乞食八〇〇人の出身地を調べ、その領地の大名に引き渡す。京都・大坂でも同じころから人返しが始まる。

「百姓成り立ち」へ

飢饉の被害が拡大していくなか、当初の倹約を中心とした幕府の飢饉対策は、「百姓成り立ち」へと展開する。寛永二〇年二月、旗本・代官に作付のための種借を命じる。また、従来禁じてきた譜代奉公を幕府領で飢人に限り認め、さらに小身の旗本に知行地に行き作付の監督と盗賊取締を命じる。

三月には、代官宛の七か条の条目と一七か条の「土民仕置条々」が出される。代官への条々では、春夏には代官所へ行き、堤川除等の普請の検分、麦作の善悪の見届を、秋には支配地の見回り、田畑の様子検分、年貢納所の申付、身上のよい百姓は田畑を買取りいよいよよくなり、身体ならざるものは田畑を売りますます身上が成り立たなくなるので、今後田畑の売買を禁止すること、身上の成り立たない百姓への援助、名主・百姓への法度の申し聞かせ、少々の違反者には堤川除、竹木の植え付、普請の申付け、重罪のものの奉行所への訴え、在々所々への目付派遣による監察を命じる。

「土民仕置条々」には、百姓に対するさまざまな生活統制が定められる。不相応な家作の禁止、庄屋衣服は妻子とも絹紬布木綿、脇百姓は布木綿、百姓乗物の禁止、華美な仏事祭礼等の禁止で風俗・倹約について定め、百姓の食物は常は雑穀、在方でのうどん・切麦・素麺・蕎麦切・饅頭・豆腐の商売の禁止、在方での酒造と酒の販売の禁止、市町へ出ての飲酒禁止、たばこの本田畑作付の禁止により食物確保と食物の面での倹約を命じ、耕作の督励、五人組・村での相互扶助、田畑作付収納、耕作不従事者の郷中差し置き禁止、田畑永代売買禁止が命じられる。これらの箇条は、百姓の生産に深く関わるもので飢饉以前には見られず、幕府がこの飢饉を契機に百姓の成り立ちを重視した政策を採り始めたことをよく示す。

加えて欠落した百姓への宿貸し禁止、地頭・代官の仕置が悪く堪忍しがたいときは年貢皆済のうえでの他郷移住の許可、年貢収納をめぐる百姓の訴訟のルールを定める。

こうした飢饉対策は関東の幕府領を対象としたものであったが、「百姓成り立ち」が領主に明確に意識され、それが政策として実施されたことに大きな意味がある。「百姓成り立ち」を意識した政策は、この飢饉を機にまたそれに先立ち藩領でもさまざまにみられるようになる。

「田畑永代売買禁止令」

「田畑永代売買禁止令」といえば、どの歴史の教科書にも載せられている江戸時代の著名な土地法令である。田畑永代売買禁止令という名からこの禁止令が独立した法令であるかのように思われがちである。しかし、事実は、前述した寛永二〇年三月に出された飢饉対策のための二つの郷村仕置定のそれぞれの一か条にすぎない。その一つは「土民仕置条々」一七か条の第一三条に「田畑永代の売買仕るまじき事」とみえるもの、もう一つは七か条の条目の第三条に「一身上よき百姓は田地を買取り、いよいよ宜しくなり、身体ならざるものは田畠を沽却《こきゃく》せしめ、なおなお身上なるべからず候あいだ、向後、田畠売買停止たるべき事」とみえるもので、それぞれ飢饉対策の一つにすぎず、後者には「永代」の言葉もない。

また教科書的には田畑永代売買禁止令は全国を対象としたものとされているが、実は前者は関東の幕府領・旗本領を対象としたもの、後者も関東の幕府領を対象としたものであり、いずれも全国を対象としたものではない。この点は、この時期の畿内の幕府領や諸藩にも同文はもちろん別の形での田畑永代売買禁止の条文をもつ触書はみられず、全国各地に残された古文書のなかに「永代売渡申田地之事」などと題する田畑永代売買の証文がこの禁令以降も多く残っており、この法令が極めて限定されたものであることを知り得る。

では、明治五年(一八七二)、明治政府が田畑永代売買禁止令を廃止したのはなぜであろうか。田畑永代売買禁止令は寛永二〇年には関東地域を対象としたものに過ぎなかったが、貞享《じょうきょう》四年(一六八七)四月、幕府が質にとった田地の年貢納入についての規定とともに、「田地永代売買、この以前仰せ出だされ候通り、いよいよもつて制禁の事」という触を全国にむけて出したことで、田畑永代売買は全国令となる。しかしその運用は、他の訴訟の過程で田畑永代売買の事実が明らかになった場合に限られており、恒久的なものではなかった。さらに貞享四年の法度を遵守した大名も多くあったが、水戸藩徳川氏、紀州藩徳川氏、加賀藩前田氏、広島藩浅野氏、南部藩南部氏、延岡《のべおか》藩内藤氏などそれに従わない大名も多くあった。

「慶安御触書」異聞

一九九〇年代までの中学・高校の歴史の教科書では、江戸時代の農政や百姓の生活の様子を知る史料として「慶安御触書《けいあんのおふれがき》」を取り上げないものはなかった。現在は教科書から姿を消すか、「百姓への御触書」「百姓の生活心得」と表現を変えて使われている。

近世史研究での位置付けは、教科書とは少しニュアンスを異にするが、そこでは寛永飢饉を経て領主階級の目が農民の経営内容にまで及ぶようになり、「夫婦かけむかいの百姓」を基礎に置く小農民維持策を基調とした農政が本格的に開始されたとされてきた。

ところが、この「慶安御触書」は八代将軍吉宗《よしむね》が編纂させた幕府の法令集『御触書寛保《かんぽう》集成』(一七四四年完成)にも、当時幕府法令を藩や村で書き留めた触留などにも見いだすことはできない。他方、「慶安御触書」が初めて確認できるのは、この名で美濃岩村藩が版行した天保元年(一八三〇)のことである。一方幕府の正史『徳川実紀《じっき》』は「慶安御触書」の名はないもののこのお触れ書を慶安二年(一六四九)のものとして収録し、明治二八年(一八九五)刊行の司法省編の『徳川禁令考』にも収められたことで、いわば江戸幕府の法令として市民権を得てしまった。

しかし近年の研究で、「慶安御触書」は元禄《げんろく》一〇年(一六九七)に甲府藩が出した「百姓身持之覚書」を引き継いだものであること、また岩村藩で刊行された「慶安御触書」は、その後、多くの藩で慶安二年に出された幕府法令として扱われ、領内の農政に利用されたことが明らかとなっている。このように、いわゆる「慶安御触書」を、慶安二年に幕府が出したものとすることはもはや許されなくなった。

5　日本型華夷秩序

日光東照宮　陽明門《ようめいもん》をはじめとする荘厳華麗な日光東照社《にっこうとうしょうしゃ》は、家康への強い尊崇の念を持つ将軍家光の手によって寛永一三年四月に完成する。これを受けて家光は御三家《ごさんけ》をはじめ諸大名、公家・門跡らを従えて社参する。また同年、朝鮮通信使も、予定になかった参詣を当初固辞するが宗義成の強い求めで参詣する。ついで家綱《いえつな》誕生祝賀のために来日した寛永二〇年の朝鮮通信使は、正式に参詣し、仁祖《インジョ》が書いた額、梵鐘・香炉・花瓶を奉納する。翌年には琉球の慶賀使も日光に参詣する。オランダ商館長は参詣していないが、寛永一三年には吊り下げ式のシャンデリアを造替に際し奉納し、その後もスタンド式灯架・ブラケット式灯架、アムステルダム製の銅製九角回転灯架を奉納する。

このように東照社は、この時期に作り上げられた日本を核とする外交秩序を見える形で示すものでもあった。

さらに家光は、東照社の社格を上げるために朝廷に宮号宣下を要請する。正保二年(一六四五)朝廷は、東照社に宮号を授け、東照宮とする。宮号授与の宣旨には「五畿七道諸国郡司等、よく崇め、よく敬い、その勤めを懈るなかれ」とある。家康の遺言にあった「関八州の鎮守」、また元和三年(一六一七)の東照大権現贈号、正一位贈位の宣命にあった「東の守護神」から「日本の神」へと大きく上昇する。さらに家光は、朝廷に日光へ毎年の勅使派遣を求め、正保三年には実現させる。この日光例幣使《れいへいし》は、大政奉還の慶応三年(一八六七)まで中断されることなく派遣される。

唐王からの援兵要請

寛永二一年(一六四四)三月、中国では李自成《りじせい》が北京を陥れるが、明将呉三桂《ごさんけい》と清の連合軍に破れ、北京をすて南へ退く。清は、この機を捉え山海関《さんかいかん》を越え中原《ちゅうげん》へと入り、都を北京に移す。しかし李自成の抗戦が続き、また明皇帝の一族が各地に王朝を建てるなど、中国全土統一はすぐにはならなかった。このうち唐王(隆武帝)は、福建に勢力をもった海商鄭芝竜の支援を得て、清に抵抗する。

正保二年暮、鄭芝竜は、使者を遣わし清軍と戦うための援兵三〇〇〇人の派遣を日本に要請する。この要請は長崎奉行から江戸にもたらされるが、翌年正月、幕府は、援兵要請には直接答えず、日本と明との勘合が百年にもわたって途絶えており、日本人の唐への渡航はなく、わずかに唐船が年来長崎に来ているが、それも密かに来ていると聞いているので、要請を軽率には将軍には言上できないので帰国するよう、長崎奉行山崎正信《まさのぶ》から使者に申し渡すよう、命じる。ただ唐王からの正式の使者が来れば、それについては検討すると伝えられたようである。

同年九月、再度援兵を要請する唐王の正使が来る。それに対し、紀伊の徳川頼宣が出兵を支持するが、大老の井伊直孝は中国や朝鮮に領土をもっても意味がないと主張し、大勢は援兵拒否へと向かい、結果、老中奉書をもって長崎奉行に軽々しく加勢を申してきたがこうしたことを軽々に江戸に伝えることはできないと申し聞かせ、国に帰すよう指示する。

こうした措置の直後、一〇月長崎に入港した唐船が、福州が落ち唐王と鄭芝竜が逃亡したとの報をもたらす。その報を得た幕府は、諸大名にことの経過を伝える。この後、鄭芝竜の子鄭《てい》成功《せいこう》から援兵の要請があるが幕府は拒絶する。

この援兵要請により幕府の中国政策は、出兵の可能性を探るなど揺らぎをみせるが、結局転換することはなく、江戸時代を通じて中国は「通商の国」として日本の外交秩序のなかに位置付けられる。

日本型華夷秩序

秀忠から家光にかけて日本を核とする近世の外交秩序は作り上げられていく。それは中国の中華思想を日本的に読み変えたものであり、日本を中華とみ周辺の諸国や民族を夷とみなすものであった。

朝鮮は「戎国《じゅうこく》」であり、日本より「一等下」の国として位置付けられ、通信使は日本への朝貢と隷属として演出される。琉球は、日本国内と同様石高が付けられ将軍から島津氏に宛行われたにもかかわらず、将軍に臣従する異国の一つとされ、その証しとして慶賀使・恩謝使が異国風を強制されて参府する。国家間の外交関係をもつことを放棄し貿易の利益を確保することを選んだオランダ人は、「譜代の御被官」と位置付けられ、年々の商館長の江戸参府が命じられ、将軍の威光に平伏《ひれふ》す異国の一つとされる。蝦夷・アイヌは「夷《い》」と位置付けられ、松前氏《まつまえ》の支配を受ける。中国については、正式の外交関係をもつことなく「通商の国」とされる。

こうして日本を中華とし朝鮮・琉球・オランダを異国、アイヌを「夷」とする日本型華夷秩序が作り上げられる。しかし、この秩序は、朝鮮を日本が「一等下」の国とみなしたように、両国で互いの地位を認めあったものではなく、日本が自己中心的に作り上げた、観念的なものであったことを見落としてはならない。またオランダ人は長崎奉行、朝鮮は対馬の宗氏、琉球は薩摩の島津氏、アイヌは蝦夷の松前氏を介して将軍に繋がるものであり、この体制は、国と国あるいは民族とのあいだに起こる軋みを和らげる緩衝材の役割を果たす。

家光の死

家光は、慶安二年(一六四九)の暮ころから体調を崩し、翌年前半は、諸礼を取りやめ、また簡略にする。いっぽう、養生のために鷹野(鷹狩り)へはしばしば出掛け、この年の後半には健康を取り戻しつつあった。しかし慶安四年に入るとふたたび悪化する。年頭の諸礼はなんとかこなしたものの、「御養生」を理由に、二日の謡初、六日の寺社の礼も取りやめる。

二月の半ばを過ぎたころから病はいっそう進み、三月一日の月次の礼、三日の上巳の節句の礼にも出ることができず、家綱が代って勤める。

家光の病が重いとの報は京都にも伝わり、朝廷では三月二三日に家光の病気平癒祈願のために石清水八幡宮へ奉幣使を送り、また内侍所で病気平癒のための臨時神楽《かぐら》が家光の妹東福門院《とうふくもんいん》和子、明正上皇によって奏される。

四月に入ると、御三家をはじめ在府の諸大名が「御機嫌」窺いに連日のように登城するようになる。一日、一五日の月次の礼、参勤交代の大名へのお目見、年頭の勅使への対顔などすべて止められ、家綱が家光に代ってそれらを勤める。

四月二〇日容体が悪化し、御三家・諸大名が登城するなか、申刻《さるのこく》(午後四時)、家光は四八年の生涯を江戸城に閉じる。

家光の死去直後、まず御三家の徳川頼宣・徳川頼房・徳川光友《みつとも》が御座間に召し出され、老中列座のなか、大老酒井忠勝から「幼君」家綱を支えるようにとの家光の上意が伝えられる。御三家に次いで、松平光長《みつなが》・松平直政《なおまさ》・前田利常が、さらに保科正之《ほしなまさゆき》・松平定行の二人が召されて、忠勝より同様の上意が申し渡される。そして翌二十一日、御三家はじめすべての大名・旗本が登城し、家光の死が正式に発表された。

こうしたなか二〇日の夜、下総佐倉城主で家光の信寵篤かった堀田正盛、老中で武蔵岩槻城主であった阿部重次、御側出頭であった内田《うちだ》正信《まさのぶ》が、二一日、旗本の奥山安重《おくやまやすしげ》、二三日、三枝《さえぐさ》守恵《もりしげ》が相次いで殉死する。

おわりに

本書を閉じるにあたって、書名である「戦国乱世から太平の世へ」のなかの「戦国」「乱世」と「太平の世」について述べておきたい。「戦国」という言葉は、この時代の史料にはあまり見えぬ言葉である。しかし、『日葡辞書』にはみえ、そこでは「戦国」を「Xecocu. センコク(戦国) Tatakaino cuni. タタカイノクニ(戦いの国) 戦争している国、または戦争の起こっている国」とする。『日葡辞書』の「戦国」の意は、私たちが今日、「戦国」「戦国時代」というときの意味合いとはかなりニュアンスが異なる。現在使っている「戦国」あるいは「戦国時代」は、紀元前五世紀から秦による中国全土の統一がなるまでの小国分立割拠の状態あるいはその時代を指す「戦国時代」に、日本の一六世紀後半の武将達による国盗り合戦の様子をなぞらえた時代呼称として、特に明治以降使われるようになった言葉である。

「戦国」に対して「乱世」は、『日葡辞書』に「Ranxei. ランセイ(乱世) Midareta yo. ミダレタヨ(乱れた世) 混乱した世の中 または戦乱に満ちている世」とあり、当時も現在の用法と大きくは異ならない。早くは保元平治《ほうげんへいじ》の乱を嘆いた慈円《じえん》が『愚管抄《ぐかんしょう》』のなかで使用しているが、本書であつかう時代に繋がる時期の用例として古いのは、応仁の乱より少しまえの正長《しょうちょう》二年(一四二九)、一公家がその日記に、前年の播磨での土民《どみん》蜂起に関わって「侍をして国中にあらしむべからず云々、乱世之至」と記して以降、多くの記録に「乱世」の言葉がみられるようになる。永禄一三年(一五七〇)に小田原の北条氏が出した定書のなかに「抑《そもそ》もか様之《ようの》乱世之時者」とみえ、また秀吉の時代にも、天正一三年(一五八五)六月、高野山に寺領を安堵し兵具の所持を禁じた秀吉の書状のなかに「連年乱世」とみえ、また信長の入京から大坂夏の陣の直前までを扱った年代記である『当代記』の慶長一二年(一六〇七)の記事に「この二、三か年中、九州・中国・四国衆、いずれも城普請専《もっぱ》らなり、乱世遠からずとの分別か」とみえる。

一方、「太平」「泰平」の語を『日葡辞書』にみると、「Taifei. タイヘイ(太平) Vouoni, tairakani. オオイニ、タイラカニ(大いに、平らかに) 静穏、平和」とある。「太平」「泰平」の語は、祈禱を求める願文等に頻出するが、同じ時代を「太平の世」「泰平の世」と意識するのは、信長の時代にも寿ぎの意を籠めた使用がみえるが、多くは江戸時代になってからのことである。公家の西洞院時慶《にしのとういんときよし》が、慶長九年の日記の再末尾に「天下泰平万歳々々」と記しているのは早い例だろう。この「天下泰平」も祈念を籠めた言葉とも受け取れるが、時慶は他の年の日記では「万歳々々無事ニ暮」とも書いており、ここでの「天下泰平」は当時の世をこのように捉えて使用されたのであろう。また大坂冬の陣直後に刊行された『大坂物語』には「慶長廿年にぞなりにける。(中略)いよ〳〵天下泰平、国土安穏、めでたき事にぞなりにける」と結ぶ。さらに夏の陣後に出された『大坂物語』の下巻末尾には「いよ〳〵四つの海八洲の外も波静かなる代なれば、かゝるめでたき天下の守護は、上古にも未だなし、末代とてもありがたし」とある。同じ夏の陣直後の慶長二〇年五月一〇日付の書状で池田利隆は「秀頼(豊臣)も八日之晩ニ切腹ニて、天下太平とハ此事ニ候」と述べ、また元和三年(一六一七)七月の島津家久が家中の者へ申し聞かせた条々の冒頭に「世上太平ニ在之故」とみえる。

大坂夏の陣をもって「太平の世」となったという認識は、一七世紀中頃から一八世紀初めを生きた河内屋《かわちや》可正《かしょう》の日記に「元和の始より天下目出度《めでたく》治りし故、御政道《ごせいどう》たゞしくまし〳〵て、諸役難儀なる事なし」また「太平の御代に生れ」などとみえるように、一七世紀後半にはほぼ定着したものとなる。

あとがき

本『シリーズ日本近世史』全五巻は、戦後直後に生まれた同世代の五人がそれぞれ一巻を担当することとし、第一巻は『戦国乱世から太平の世へ』(藤井譲治)、第二巻『村　百姓たちの近世』(水本邦彦)、第三巻『天下泰平の時代』(高埜利彦)、第四巻『都市　江戸に生きる』(吉田伸之)、第五巻『幕末から維新へ』(藤田覚)で構成した。

第一巻、三巻、五巻で近世をほぼ三区分し、その政治の流れと政治・社会の特質を通史的に叙述し、また第二巻は村を、第四巻は都市をそれぞれ取り上げ、近世社会の特質に注目しつつ近世を通して叙述する。

著者五人は、ともに戦後まなしの生まれで、戦後の科学的歴史学の大きな流れの中で、よくも悪くも育ちまた育てられてきた。今、これまでの諸研究の成果を踏まえ、また批判的にそれらから学びつつ、それぞれが現段階で持ち得た知見や思いをもって、日本の近世史をどう描きうるかを試みてみようと五人で考えた。

といって、同世代だから同じ方向性や価値観・思想を必ずしも共にしているわけではないが、どこかに私達の世代に刻印された歴史の捉え方や、その体臭があるだろうと思い、またそれを読者諸氏に感じ取っていただければ幸いである。

二〇一五年一月

藤井讓治

岩波新書新赤版一〇〇〇点に際して

ひとつの時代が終わったと言われて久しい。だが、その先にいかなる時代を展望するのか、私たちはその輪郭すら描きえていない。二〇世紀から持ち越した課題の多くは、未だ解決の緒を見つけることのできないままであり、二一世紀が新たに招きよせた問題も少なくない。グローバル資本主義の浸透、憎悪の連鎖、暴力の応酬——世界は混沌として深い不安の只中にある。

現代社会においては変化が常態となり、速さと新しさに絶対的な価値が与えられた。消費社会の深化と情報技術の革命は、種々の境界を無くし、人々の生活やコミュニケーションの様式を根底から変容させてきた。ライフスタイルは多様化し、一面では個人の生き方をそれぞれが選びとる時代が始まっている。同時に、新たな格差が生まれ、様々な次元での亀裂や分断が深まっている。社会や歴史に対する意識が揺らぎ、普遍的な理念に対する根本的な懐疑や、現実を変えることへの無力感がひそかに根を張りつつある。そして生きることに誰もが困難を覚える時代が到来している。

しかし、日常生活のそれぞれの場で、自由と民主主義を獲得し実践することを通じて、私たち自身がそうした閉塞を乗り超え、希望の時代の幕開けを告げてゆくことは不可能ではあるまい。そのために、いま求められていること——それは、個と個の間で開かれた対話を積み重ねながら、人間らしく生きることの条件について一人ひとりが粘り強く思考することではないか。その営みの糧となるものが、教養に外ならないと私たちは考える。歴史とは何か、よく生きるとはいかなることか、世界そして人間はどこへ向かうべきなのか——こうした根源的な問いとの格闘が、文化と知の厚みを作り出し、個人と社会を支える基盤としての教養となった。まさにそのような教養への道案内こそ、岩波新書が創刊以来、追求してきたことである。

岩波新書は、日中戦争下の一九三八年一一月に赤版として創刊された。創刊の辞は、道義の精神に則らない日本の行動を憂慮し、批判的精神と良心的行動の欠如を戒めつつ、現代人の現代的教養を刊行の目的とする、と謳っている。以後、青版、黄版、新赤版と装いを改めながら、合計二五〇〇点余りを世に問うてきた。そして、いままた新赤版が一〇〇〇点を迎えたのを機に、人間の理性と良心への信頼を再確認し、それに裏打ちされた文化を培っていく決意を込めて、新しい装丁のもとに再出発したいと思う。一冊一冊から吹き出す新風が一人でも多くの読者の許に届くこと、そして希望ある時代への想像力を豊かにかき立てることを切に願う。

（二〇〇六年四月）

藤井讓治

1947年福井県生．1975年京都大学大学院文学研究科博士課程単位修得．神戸大学文学部助教授，京都大学人文科学研究所助教授，同大学大学院文学研究科教授を経て
現在—京都大学名誉教授
専攻—日本近世史
著書—『江戸幕府老中制形成過程の研究』(校倉書房)
『日本の歴史12　江戸開幕』(集英社)
『徳川家光』(吉川弘文館)
『江戸時代の官僚制』(青木書店)
『幕藩領主の権力構造』(岩波書店)
『徳川将軍家領知宛行制の研究』(思文閣出版)
『天皇の歴史05　天皇と天下人』(講談社)
『日本近世の歴史1　天下人の時代』(吉川弘文館)
『徳川家康』(吉川弘文館) ほか編著書多数

戦国乱世から太平の世へ
シリーズ 日本近世史①　岩波新書(新赤版)1522

2015年1月20日　第1刷発行
2023年4月5日　第6刷発行

著　者　藤井讓治《ふじいじょうじ》

発行者　坂本政謙

発行所　株式会社 岩波書店
〒101-8002 東京都千代田区一ツ橋2-5-5
案内 03-5210-4000　営業部 03-5210-4111
https://www.iwanami.co.jp/

新書編集部 03-5210-4054
https://www.iwanami.co.jp/sin/

印刷・精興社　カバー・半七印刷　製本・中永製本

ISBN 978-4-00-431522-3　Printed in Japan

索　引

人　名

あ 行

か 行

な 行

は 行

ま 行

事　項

あ 行

か 行

さ 行

た 行

な 行

は 行

ま 行

や 行

ら 行

わ 行

年　表

西暦	和暦	事　項
1534	天文 3	5/- 織田信長誕生
1537	6	豊臣秀吉誕生(天文 5 年説あり)
1542	11	12/26 徳川家康誕生
1543	12	8/25 種子島に鉄砲伝来(天文 11 年説あり)
1549	18	7/22 ザビエル，キリスト教を日本に伝える
1551	20	3/3 織田信秀没し，信長があとを継ぐ
1555	弘治元	4/20 信長，織田信友を滅ぼし清洲城に移る
1558	永禄元	11/27 将軍足利義輝，京に戻る
1559	2	2/2 信長初めて上洛，義輝に謁見．3/- 信長，尾張統一
1560	3	5/19 桶狭間の戦い
1561	4	1/- 信長と家康の同盟締結
1563	6	この年信長，小牧山に移る
1564	7	7/4 三好長慶死去
1565	8	5/19 義輝，松永久通等に攻められ自刃．7/5 正親町天皇「大うすはらい」を命じる．7/28 足利義昭，奈良を脱出
1567	10	8/15 信長，斎藤竜興を滅ぼし，本拠を岐阜に移す．10/- 美濃国加納に楽市
1568	11	2/8 足利義栄に将軍宣下．9/- 義栄没．9/26 信長，義昭を奉じて入京．10/18 義昭に将軍宣下．10/- 信長，関所を撤廃
1569	12	1/5 三好三人衆，六条本圀寺の義昭を攻める．2/2 信長，義昭の二条城造営開始．2/末～3/16 撰銭令発布．4/8 信長，フロイスと初めて会見，京都滞在を許可
1570	元亀元	1/23 信長，義昭に 5 か条の条書をつきつける．4/30 信長の越前攻め失敗．6/28 姉川の戦い．

		9/12 石山本願寺挙兵．12/14 信長，浅井・朝倉と和睦．この年，ポルトガル船，長崎に初入港，交易開始
1571	2	9/12 延暦寺焼き討ち
1572	3	9/- 信長，義昭に17か条の「異見書」をつきつける．10/10 武田信玄，西上開始．12/22 三方原の戦い
1573	天正元	4/12 信玄没．7/18 室町幕府滅亡．7/28 天正改元．8/- 信長，朝倉義景・浅井長政を滅ぼす
1574	2	1/- 越前一向一揆蜂起．3/28 信長，蘭奢待を切り取る．4/2 石山本願寺挙兵．9/29 信長，伊勢長島の一揆を殲滅
1575	3	5/21 長篠の戦い．8/14 信長，越前一向一揆を鎮圧．11/4 信長，権大納言・右大将任官
1576	4	2/8 義昭，備後鞆に移る．2/23 信長，安土に移る．4/14 石山本願寺，義昭と通じ挙兵．7/21 京都に南蛮寺完成．11/21 信長，正三位内大臣
1577	5	2/13 信長，紀伊雑賀一揆を攻撃．6/- 安土城下に13か条の定書を下す．閏7/6 信長，京都屋敷に入る．10/10 松永久秀，自刃．11/20 信長，従二位右大臣
1578	6	3/13 上杉謙信没．4/9 信長，右大臣・右大将を辞官
1579	7	5/11 信長，安土城天主に移る．5/27 安土宗論．8/24 明智光秀，丹波平定．11/22 信長，京都屋敷を誠仁親王に献ず
1580	8	4/9 本願寺顕如，石山退去．6/- イギリス商船，平戸に来航．9/26 信長，大和で指出検地
1581	9	2/23 ヴァリニャーノ，信長に謁見．2/28 禁裏馬場で馬揃え．9/3 信長，伊賀平定．10/25 秀吉，鳥取城攻略
1582	10	1/28 ヴァリニャーノ，天正少年遣欧使節を連

		れ，長崎発．3/11 武田氏滅亡．6/2 本能寺の変．信長死去．6/13 山崎の戦い．6/27 清洲会議．10/15 大徳寺で信長葬儀
1583	11	4/21 賤ヶ岳の戦い．4/24 柴田勝家自害．9/1 秀吉，大坂城築城に着手
1584	12	3/6 小牧・長久手の戦い始まる．4/9 家康，長久手で秀吉軍を破る．6/28 スペイン商船，平戸に来航．11/15 秀吉，信雄と和睦，次いで家康とも和睦．11/22 秀吉，従三位権大納言
1585	13	3/10 秀吉，正二位内大臣．3/23 秀吉，根来・雑賀一揆を攻める．4/10 高野山を帰服させ武装解除．7/11 秀吉関白任官．7/25 長宗我部元親降伏．8/26 秀吉，越中攻め．10/2 秀吉，島津義久に九州停戦を命じる．11/- 秀吉，家康攻めを指示
1586	14	1/27 秀吉，家康と和睦．2/- 聚楽第着工．6/14 上杉景勝，大坂城に出仕．7/24 誠仁親王死去．10/27 家康，大坂秀吉のもとに出仕．11/7 正親町天皇譲位．11/25 後陽成天皇即位．12/19 秀吉，太政大臣任官，豊臣改姓を勅許される
1587	15	3/1 秀吉，九州攻めに大坂発．5/8 島津義久降伏．6/19 伴天連追放令．9/7 肥後で国人一揆．9/13 秀吉，大坂より聚楽第へ移る．10/1 北野大茶会
1588	16	4/14 聚楽第行幸．7/8 刀狩令・海賊停止令
1590	18	6/20 天正少年遣欧使節帰国．7/5 北条氏直降伏．7/13 秀吉，家康を江戸に転封．8/9 秀吉，会津に至る．10/16 大崎・葛西で一揆．11/7 秀吉，聚楽第で朝鮮使節を引見
1591	19	閏1/8 ヴァリニャーノ，聚楽第で秀吉に謁見．閏1/- 御土居築造．2/24 九戸一揆起こる．2/28 千利休自刃．8/21 身分法令発布．9/4 九

		戸一揆鎮圧．12/28 秀次関白任官
1592	文禄元	1/5 秀吉，諸大名に朝鮮渡海を命じる．1/26 秀次，聚楽第に後陽成天皇の行幸を迎える．3/26 秀吉，肥前名護屋にむけ京都出陣．3/- 秀次，人掃令発布．4/12 小西行長ら第一軍，釜山浦に到着．5/3 行長・加藤清正，漢城攻略．5/18「三国国割計画」．5/29 泗川沖海戦で日本軍敗北．6/15 行長等，平壌占領．7/22 秀吉生母没．8/20 秀吉，伏見に「御隠居所」築造開始．8/29 沈惟敬・行長，和平交渉
1593	2	1/7 明軍，朝鮮軍とともに平壌を攻撃，日本軍平壌放棄．1/26 碧蹄館の戦い．4/- 行長・沈惟敬と講和交渉．5/15 明使，名護屋到着．8/3 秀頼誕生
1594	3	1/- 伏見城普請開始．12/14 内藤如安，明皇帝に謁す
1595	4	7/3 秀吉，秀次から関白職を奪う．7/15 秀次自刃．8/3 御掟5か条・御掟追加9か条
1596	慶長元	閏7/13 畿内大地震．8/- スペイン船フェリッペ号，土佐浦戸に漂着．9/1 秀吉，大坂城で明使節を引見，明皇帝の冊封文を受け取る．9/2 朝鮮への第二次侵攻を決定．12/19 26聖人の殉教
1597	2	5/- 慶長の役始まる．8/28 足利義昭没．12/22 蔚山城の攻防戦始まる
1598	3	1/4 蔚山城の戦い．3/15 醍醐の花見．8/18 秀吉没．11/20 朝鮮より日本軍の撤退完了
1599	4	1/10 秀頼，伏見城から大坂城に移る．閏3/3 前田利家没．閏3/4 石田三成，加藤清正等の襲撃を受け，失脚．閏3/13 家康，伏見城西丸に入る．4/17 朝廷，秀吉に「豊国大明神」の神号を贈る．9/28 家康，大坂城西丸に入る
1600	5	3/16 オランダ船リーフデ号，豊後に漂着．

		6/16 家康，会津の上杉景勝攻め大坂出立．7/17 石田三成，毛利輝元を西軍の盟主として挙兵．7/25 家康，下野小山で軍を上方へ返す．9/15 関ヶ原の合戦．9/27 家康，大坂城西丸に入る．10/- 家康，諸将の論功行賞
1601	6	1/- 幕府，禁裏御料の設定を行う．東海道に伝馬制度を設ける．3/23 家康，伏見城へ移る．8/- 板倉勝重を所司代とする．10/- 安南国阮潢に返書を送る(朱印船貿易開始)
1602	7	12/4 方広寺大仏殿焼失
1603	8	1/- 家康，カンボジア王国に書状を送る．2/12 家康，将軍任官．4/- 長崎奉行に小笠原一庵．4/22 秀頼内大臣
1604	9	5/3 糸割符制開始．7/17 家光誕生．8/26 家康，諸大名に郷帳と国絵図の提出を命じる
1605	10	4/12 秀頼右大臣．4/16 秀忠将軍宣下
1606	11	3/1 江戸城の本格的工事始まる．4/20 家康，大坂の町にキリシタン禁令を出す．11/- 宗義智，家康の国書を偽造
1607	12	7/3 家康，伏見城より駿府城に移る
1608	13	12/8 関東を対象に永楽銭1貫文＝鐚銭4貫文とし，永楽銭の通用を禁ず
1609	14	4/5 島津軍，首里城を攻略．3/- 朝鮮と己酉約条．7/- 官女密通事件．7/7 琉球，島津氏の所領となる．7/25 オランダ船に貿易許可．8/22 オランダ，平戸に商館を建設．12/12 有馬晴信，ポルトガル船を撃沈，ポルトガルとの通商途絶
1610	15	8/8 島津家久，尚寧を伴い家康に謁見，次いで28日秀忠に謁見
1611	16	3/27 後陽成天皇譲位．3/28 家康，二条城で秀頼と会見．4/12 後水尾天皇即位，家康，在京の諸大名，3か条の条々に誓約．7/15 ポルトガル人の貿易許可．11/28 明国商人に長崎での

		貿易許可
1612	17	1/5 東国諸大名等に3か条の条令に誓紙を提出させる. 3/21 岡本大八を処刑. キリシタン禁令が出る
1613	18	6/16「紫衣法度」「公家衆法度」. 9/1 イギリスに通商許可. 9/15 遣欧使節支倉常長出発. 12/19「伴天連追放之文」
1614	19	1/17 宣教師を長崎へ追放. 7/26 方広寺鐘銘事件. 9/24 高山右近・宣教師・信徒等を日本から追放. 11/- 大坂冬の陣
1615	元和元	5/5 大坂夏の陣. 5/8 大坂城落城. 閏6/13 一国一城令. 7/7 武家諸法度. 7/17 禁中幷並公家中諸法度
1616	2	3/21 家康太政大臣任官. 4/17 家康没. 9/- 家康へ東照大権現の神号勅許. 8/8 幕府, キリスト教禁止とポルトガル船・イギリス船の長崎・平戸への回航を命じる
1617	3	4/8 日光東照社に家康の霊柩を移す. 6/29 秀忠上洛. 8/26 朝鮮使節を謁見. 後陽成上皇没. 9/- 秀忠, 諸大名・公家・門跡に領知宛行状交付
1619	5	5/27 秀忠上洛. 6/2 福島正則改易. 7～8月大規模な大名転封. 8/22 大坂直轄化. 8/29 京都でキリシタンを処刑
1620	6	1/23 大坂城の修築開始. 6/18 徳川和子入内. 7/6 宣教師2人を乗せた平山常陳の朱印船を平戸に曳航. 8/26 支倉常長帰国
1621	7	7/27 幕府, 武器輸出禁止など3項目をイギリス, オランダ商館長に通達. 9/- 秀忠, シャム国使を引見
1622	8	7/13 宣教師2人と平山常陳を処刑. 8/5 宣教師ら55人を長崎西坂で処刑(元和の大殉教). 10/1 本多正純改易

1623	9	6/8 秀忠上洛. 7/27 家光将軍任官. 8/24 禁裏御料1万石を献上. 閏8/1 秀忠, シャム国使を引見. 10/13 宣教師ら50人を江戸芝で火刑. 11/13 イギリス, 平戸商館を閉鎖
1624	寛永元	3/24 幕府, スペインとの通商を拒絶. 9/22 秀忠, 本丸から西丸へ移る. 11/3 家光, 本丸へ移る. 11/19 興子内親王(のちの明正天皇)誕生. 和子, 中宮となる
1626	3	6/20 秀忠上洛. 8/2 家光上洛. 9/6 後水尾天皇, 二条城行幸. 9/12 秀忠太政大臣, 家光左大臣
1628	5	5/- ポルトガル貿易中断. 6/25 オランダ貿易一時途絶.
1629	6	7/25 紫衣事件. 9/6 武家諸法度の一部改定. 10/10 家光の乳母福(春日局)天皇に拝謁. 11/8 後水尾天皇譲位
1631	8	6/20 奉書船制度の実施.
1632	9	1/24 秀忠没. 5/24 熊本加藤忠広改易. 10/23 徳川忠長改易. 12/17「惣目付」設置
1633	10	1/- 国廻衆(諸国巡見使)を派遣. 2/16 軍役令. 2/28 いわゆる第一次鎖国令
1634	11	3/3 老中宛,「六人衆」宛, 町奉行宛法度. 5/- 長崎の有力町人に命じ出島を築かせる. 7/11 家光上洛, 二条城に入る. 閏7/16 領知朱印状交付.
1635	12	1/- 朱印船貿易の停止. 3/11 柳川一件を裁定. 6/21 武家諸法度改訂. 参勤交代の制度化. 8/27 家光, 全大名にキリシタン改めを命じる. 11/10 将軍諸職直轄制
1636	13	4/10 日光東照社完成. 5/5 寛永通宝の鋳造. 5/19 長崎奉行に19か条の条目を出す. 7/- ポルトガル人を出島に移す. 12/13 朝鮮通信使
1637	14	10/- 肥前有馬村でキリシタン一揆. 11/9 肥前

		島原一揆の報江戸に届く，板倉重昌・石谷貞清を派遣．11/27 松平信綱・戸田氏鉄を九州に派遣
1638	15	1/1 板倉・石谷，原城を攻めるが，板倉戦死．2/28 原城落城．9/20 諸大名にキリシタンの取締の強化を命ず．11/7 老中制を核とする幕政機構再編
1639	16	7/4 ポルトガル人の追放．8/5 ポルトガル人に来航禁止を伝える
1640	17	6/16 貿易再開を求め長崎に来航したポルトガル船乗組員 61 人を処刑．6/- 蝦夷駒ヶ岳噴火
1641	18	5/17 オランダ商館，平戸から長崎出島へと移される
1642	19	5/14 幕府，全国を対象に飢饉対策を定める．6/29 幕府，全国対象の飢饉対策を触れる．閏 9/14 飢饉対策の触
1643	20	2/- 幕府は諸大名に在府家臣の扶持米の領地よりの廻漕を命じる．3/- 代官宛 7 か条の条目と 17 か条の「土民仕置条々」が出る
1644	正保 1	3/- 李自成が北京を陥れる．12/25 幕府，全国の大名に国絵図と城絵図の作成を命じる．この年，明の援兵要請を拒否
1645	2	11/3 朝廷，東照社に宮号を授ける．12/26 鄭芝竜からの援兵要請，江戸に届く
1646	3	3/10 日光奉幣使始まる．9/- 唐王より正式の援兵要請
1647	4	6/24 ポルトガル船長崎に来航
1649	慶安 2	鄭成功，援兵を請う
1651	4	4/20 家光没

参考文献

本文で言及し，また参考にした主なものを掲げたが，執筆にあたってはその他多くの文献を参照し教えられたことを付記しておく．

全編を通じて

朝尾直弘『日本の歴史 17　鎖国』小学館，1975

朝尾直弘『大系日本の歴史 8　天下一統』小学館，1988

朝尾直弘編『日本の近世 1　世界史のなかの近世』中央公論社，1991

熱田公『日本の歴史 11　天下一統』集英社，1992

池上裕子『日本の歴史 15　織豊政権と江戸幕府』講談社，2002

橋本政宣『近世公家社会の研究』吉川弘文館，2002

藤井讓治編『日本の近世 3　支配のしくみ』中央公論社，1991

藤井讓治『天皇の歴史 05　天皇と天下人』講談社，2011

藤井讓治『日本近世の歴史 1　天下人の時代』吉川弘文館，2011

堀新『日本中世の歴史 7　天下統一から鎖国へ』吉川弘文館，2010

山室恭子『群雄創世記』朝日新聞社，1995

はじめに

池上裕子『織田信長』吉川弘文館，2012

金子拓『織田信長〈天下人〉の実像』講談社現代新書，2014

神田千里「中世末の「天下」について」『武田氏研究』42，2010

神田千里『織田信長』ちくま新書，2014

高木傭太郎「織田政権期における「天下」について」『院生論集　名古屋大学大学院文学研究科』9，1980

松下浩「織田信長と天下布武」『淡海文化財論叢』4，2012

第 1 章

朝尾直弘『将軍権力の創出』岩波書店，1994

宇田川武久『鉄砲伝来』中公新書，1990

岡美穂子「キリシタンと統一政権」『岩波講座日本歴史 10　近世 1』岩波書店，2014

奥野高広『織田信長文書の研究(上・下)』吉川弘文館，1969・70
勝俣鎮夫「戦国時代の村落 —— 和泉国入山田村・日根野村を中心に」『社会史研究』6，1985
神田千里『戦争の日本史 14　一向一揆と石山合戦』吉川弘文館，2007
五野井隆史『日本キリシタン史の研究』吉川弘文館，2002
清水紘一『織豊政権とキリシタン』岩田書院，2001
藤井讓治「信長の参内と政権構想」『史林』95 4，2012
藤井讓治「近世貨幣論」『岩波講座日本歴史 11　近世 2』岩波書店，2014
藤木久志『日本の歴史 15　織田・豊臣政権』小学館，1975
藤木久志編『戦国大名論集 17　織田政権の研究』吉川弘文館，1985
藤木久志「村の隠物・預物」網野善彦ほか編『ことばの文化史　中世 1』平凡社，1988
藤木久志『戦国の村を行く』朝日選書，1997
藤木久志『飢餓と戦争の戦国を行く』朝日選書，2001
藤木久志『新版雑兵たちの戦場 —— 中世の傭兵と奴隷狩り』朝日選書，2005
村井章介『日本中世境界史論』岩波書店，2013
堀新編『信長公記を読む』吉川弘文館，2009
堀新「織田政権論」『岩波講座日本歴史 10　近世 1』岩波書店，2014
三鬼清一郎編『織豊期の政治構造』吉川弘文館，2000
山田邦明『全集日本の歴史 8　戦国の活力』小学館，2008

第 2 章

李啓煌「朝鮮から見た文禄・慶長の役」『岩波講座日本歴史 10　近世 1』岩波書店，2014
池享編『日本の時代史 13　天下統一と朝鮮侵略』吉川弘文館，2003
小和田哲男『戦争の日本史 15　秀吉の天下統一戦争』吉川弘文

館，2006
河内将芳『秀吉の大仏造立』法蔵館，2008
木津祐子「『伝秀吉所持扇面』の日中対訳語彙」『華夷訳語論文集語学教育フォーラム』13，2007
小林清治『奥羽仕置と豊臣政権』吉川弘文館，2003
竹井英文『織豊政権と東国社会』吉川弘文館，2012
谷口克広『戦争の日本史13　信長の天下布武への道』吉川弘文館，2006
中野等『秀吉の軍令と大陸侵攻』吉川弘文館，2006
中野等『戦争の日本史16　文禄・慶長の役』吉川弘文館，2008
中野等「豊臣政権論」『岩波講座日本歴史10　近世1』岩波書店，2014
日本史研究会編『豊臣秀吉と京都』文理閣，2001
藤井讓治「16世紀末における日本人の地理認識の転換」紀平英作編『グローバル化時代の人文学』京都大学学術出版会，2007
藤井讓治「「惣無事」はあれど「惣無事令」はなし」『史林』93-3，2010
藤木久志『豊臣平和令と戦国社会』東京大学出版会，1985
藤田達生編『小牧・長久手の戦いの構造』岩田書院，2006
矢部健太郎『豊臣政権の支配秩序と朝廷』吉川弘文館，2011
山口啓二『幕藩制成立史の研究』校倉書房，1974
第3章
石上英一他編『講座前近代の天皇2　天皇権力の構造と展開その2』青木書店，1993
笠谷和比古『戦争の日本史17　関ヶ原合戦と大坂の陣』吉川弘文館，2007
福田千鶴「江戸幕府の成立と公儀」『岩波講座日本歴史10　近世1』岩波書店，2014
藤井讓治『日本の歴史12　江戸開幕』集英社，1992
藤井讓治『幕藩領主の権力構造』岩波書店，2002
藤井讓治「八月二日付徳川秀忠仮名消息をめぐって」大野瑞男編

『史料が語る日本の近世』吉川弘文館，2002
松澤克行「近世の天皇と芸能」『天皇の歴史 10　天皇と芸能』講談社，2011
村井早苗『幕藩制成立とキリシタン禁制』文献出版，1987

第 4 章

荒野泰典『近世日本と東アジア』東京大学出版会，1988
荒野泰典編『日本の時代史 14　江戸幕府と東アジア』吉川弘文館，2003
北島正元『日本の歴史 16　江戸幕府』小学館，1975
熊倉功夫『後水尾院』朝日新聞社，1982
徳川義宣『新修 徳川家康文書の研究』徳川黎明会，1983
中村孝也『徳川家康文書の研究』日本学術振興会，1958〜1960
中村孝也『徳川家康公伝』日光東照宮社務所，1965

第 5 章

五野井隆史『敗者の日本史 14　島原の乱とキリシタン』吉川弘文館，2014
高瀬弘一郎「キリシタンと統一権力」『岩波講座日本歴史 10　近世 1』岩波書店，1975
藤井譲治『江戸幕府老中制形成過程の研究』校倉書房，1990
藤井譲治『徳川家光』吉川弘文館，1997
藤井譲治『徳川将軍家領知宛行制の研究』思文閣出版，2008
藤野保『新訂 幕藩体制史の研究』吉川弘文館，1975
三宅正浩「江戸幕府の政治構造」『岩波講座日本歴史 11　近世 2』岩波書店，2014
山本英二『慶安御触書成立試論』日本ディタースクール出版部，1999

おわりに

高木昭作「乱世 —— 太平の代の裏に潜むもの」『歴史学研究』574，1987
横田冬彦『日本の歴史 16　天下泰平』講談社，2002